刘宝存　主编

比较高等教育研究丛书

初编　第 **4** 册

美国高校创新活动的风险治理机制研究

孙　珂　著

花木兰文化事业有限公司

国家图书馆出版品预行编目资料

美国高校创新活动的风险治理机制研究／孙珂 著 —— 初版 ——
新北市：花木兰文化事业有限公司，2022〔民111〕
目 4+288 面；19×26 公分
（比较高等教育研究丛书 初编 第4册）
ISBN 978-986-518-739-2（精装）
1.CST：高等教育 2.CST：学校管理 3.CST：美国
525.08   110022078

ISBN-978-986-518-739-2

9 789865 187392

比较高等教育研究丛书
初编　第四册　　　　　　ISBN：978-986-518-739-2

美国高校创新活动的风险治理机制研究

作　　者 孙　珂
主　　编 刘宝存
企　　划 北京师范大学国际与比较教育研究院
总 编 辑 杜洁祥
副总编辑 杨嘉乐
编辑主任 许郁翎
编　　辑 张雅淋、潘玟静、刘子瑄　美术编辑 陈逸婷
出　　版 花木兰文化事业有限公司
发 行 人 高小娟
联络地址 台湾235 新北市中和区中安街七二号十三楼
　　　　　电话：02-2923-1455／传真：02-2923-1452
网　　址 http://www.huamulan.tw 信箱 service@huamulans.com
印　　刷 普罗文化出版广告事业
初　　版 2022年3月
定　　价 初编14册（精装）台币 38,000 元

美国高校创新活动的风险治理机制研究

孙珂 著

作者简介

孙珂，黑龙江哈尔滨人，博士。现为宁波诺丁汉大学中外合作大学研究中心副研究员，主要研究领域为比较教育学，特别关注与中外合作办学有关的理论与实践问题，同时承担《中国文化课》的教学工作。

到目前为止已在相关教育类学术期刊上发表学术论文 50 余篇，参与撰写了《高等教育质量保证体系的国际比较研究》《高水平中外合作大学研究——理论建构与实践探索》《国际基础教育质量评价标准与政策》等 6 部著作，并参与或主持了 20 余项国家级、省部级等重大课题的研究。

提　　要

高校创新活动无论对于知识经济的发展、综合国力的提高还是高校自身的生存和发展都具有重要意义。然而，由于创新活动本身就具有高度的不确定性，它在为社会带来巨大效益的同时也存在着极大的风险。长期以来，我国高校中的创新活动都是由个人承担风险，这对创新活动的开展会起到非常大的阻碍作用。美国是全球创新实力最强的国家，其发达的公民社会已经使其展开了充分的由社会多方利益相关者治理高校创新风险的实践，因此研究美国的高校创新风险治理机制对于促使我国开展高校创新风险治理的行动，帮助高校中的创新主体应对创新风险，具有借鉴意义。

本书尝试运用风险治理理论来研究高校创新风险问题，认为高校创新风险治理机制就是公私部门的各方利益相关者为降低或消除高校创新风险而共同采取的管理机制，包括整个治理系统的治理结构、各要素之间的关系，及其运行方式等。从这三个方面的差异表现出发，本书又将高校创新风险治理机制概括为超主体决策执行机制、协调决策执行机制、扶持和监督反馈机制、协调合作机制和自主合作机制五种类型，并以其为理论依据分析美国的高校创新风险治理的实践。

最后，本书在总结美国不同的高校创新风险治理机制的共同治理特性的基础上，指出了我国在高校创新风险治理方面的不足，并在借鉴美国经验的基础上，提出了建立和完善我国高校的创新风险治理机制的建议。

《比较高等教育研究丛书》总序

刘宝存

20 世纪 80 年代以来，科学技术突飞猛进，知识经济迅猛发展，国际竞争日趋激烈，经济全球化不断深入，文化多元化趋势增强……世界教育面临前所未有的新形势、新问题和新挑战。为了应对这些新形势、新问题和新挑战，以更好的姿态进入 21 世纪，世界各国无不把教育作为优先发展的战略领域，把教育改革与创新作为应对时代挑战和提高国际竞争力的重要举措，在全球范围内兴起了一场教育改革运动。在如火如荼的全球性教育改革中，世界各国都致力于建构世界一流的教育体系和教育标准，推动教育公平，提高教育质量，改进教学模式和方法，推动教育的国际化和信息化，促进教育治理体系和治理能力的现代化，提升教育为社会经济发展服务的能力，满足社会民众日益增长和个性化的教育需求。与以往的教育改革多聚焦于某一个层次或某一个领域的教育不同，世纪之交的教育改革运动涉及学前教育、基础教育、高等教育、职业教育、师范教育、教育管理、课程与教学等各级各类教育和教育的各个领域，是一场综合性的教育改革，而且迄今已经持续三十多年，但是仍然呈方兴未艾之势。

高等教育是一国教育体系中的最高层次，在培养高层次人才、开展科学研究和社会服务、推动国际合作与交流等方面发挥着至关重要的作用。从各国高等教育领域的教育改革看，新自由主义教育思潮成为占主导地位的教育思潮，新公共管理和治理理论被奉为圭臬，追求卓越和效率、倡导分权和扁平化管理、强调公民参与和公共责任，成为高等教育管理的价值取向。世界各国在高等教育中追求卓越，致力于创新人才的培养，特别是培养面向 21 世纪的教师、提高博士生培养的质量成为高等教育改革的重点。为了培养创新人才，各国高等学校在人才培养目标、课程设计、教学模式和方法、教学评价等方面进行改革，本科生科研、基于问题的学习、服务性学习、新生研讨课等以探究能力和实践能力为导向的教学模式和方法风行世界，建构高等教育质量保障体系成为各国的共同选择。在信息技术和全球经济一体化的推动下，各国致力于打造智能化校园，促进信息技术与教育教学、大学治理的融合；致力于发展跨境教育和学生流动，提升高等教育的国际竞争力和影响力。

北京师范大学国际与比较教育研究院是中国成立最早、规模和影响最大的比较教育研究机构，也是比较教育学科唯一的国家重点学科依托机构。该院 1999 年获批首批教育部普通高等学校人文社会科学重点研究基地，2012 年获批教育部国别和区域研究基地，2017 年成为教育部高校高端智库联盟成员单位。该院的使命是：（1）围绕世界和我国教育改革与发展的重大理论、政策和实践前沿问题开展研究，探索教育发展的规律，把握国际教育发展的趋势，为我国教育改革与发展提供理论支撑；（2）为文化教育部门和相关部门培养具有国际视野、通晓国际规则、能够参与国际事务与国际竞争的高层次国际化人才；（3）积极开展教育政策研究与咨询服务工作，为中央和地方政府的重大教育决策提供智力支撑，为区域教育创新和各级各类学校的改革试验提供咨询服务；（4）积极开展国际文化教育交流与合作，引进和传播国际先进理念和教育经验，把我国教育改革发展的先进经验和教育研究的新发现推向世界，成为中外文化教育交流的桥梁和平台。60 多年来，该院紧紧围绕国家战略，服务国家重大需求，密切跟踪国际学术前沿，着力进行学术创新，提升咨政建言水平，成为世界有重要影响的国际与比较教育理论创新中心和咨政服务基地；牢牢把握立德树人的育人方向，创新人才培养模式和方法，成为具有全球竞争力国际化人才的培养基地；充分发挥舆论引导和公共外交功能，深化国际交流与合作，成为中国教育经验国际传播中心和全球教育协同创新中心。

为了总结该院在比较高等教育领域的研究成果，我们以该院近年来的博士后报告和博士论文为基础，组织了这套《比较高等教育研究丛书》。《比较高等教育研究丛书》的各位作者现在已经在全国各地的高等学校工作，成为在比较教育领域崭露头角的新秀。首辑丛书包括十四部，具体如下：

黄海啸　美国大学治理的文化基础研究

陈　玥　中美研究型大学博士生教育质量保障体系的比较研究

翟　月　美国大学非营利管理教育课程设置研究

孙　珂　美国高校创新活动的风险治理机制研究

李丽洁　美国营利性高等教育机构的组织学分析

李　辉　美国联邦政府对外国留学生的监管研究

苏　洋　「一带一路」国家来华留学博士生教育质量监控体系研究

尤　铮　美国大学在亚洲的海外小学研究——基于对纽约大学的考察

肖　军　德国大学治理模式变迁研究

褚艾晶　荷兰高等教育质量保证政策研究

徐　娜　俄罗斯提升国家研究型大学国际竞争力的策略研究——以制度
　　　　变迁理论为视角

郑灵臆　芬兰「研究取向」的小学教师教育研究

朋　腾　俄罗斯高等师范教育人才培养模式变革研究

王　蓉　美国高校服务－学习实践的研究

根据我们的设想，《比较高等教育研究丛书》将不断推出新的著作。现在呈现在各位读者面前的只是丛书的第一辑，在条件成熟时我们陆续将推出第二辑、第三辑……。同时我们也希望在第二辑出版时不仅包括北京师范大学国际与比较教育研究院的研究成果，而且希望将国内外其他高等学校的研究成果纳入其中；不但出版基于博士后研究报告和博士论文修改而成的研究成果，而且希望出版高等学校和研究机构教学科研人员的研究成果，不断提高丛书的质量。同时，我们还希望聆听大家在选题方面的建议。

《比较高等教育研究丛书》的出版，得到花木兰文化事业有限公司的大力支持，特别是杨嘉乐女士为丛书的出版花费了许多心血，在此我谨代表各位作者向她们表示衷心的感谢。

刘宝存

2021 年 11 月 28 日

于北京师范大学国际与比较教育研究院

目
次

前　言

　　高校创新活动无论对于知识经济的发展、综合国力的提高还是高校自身的生存和发展都具有重要意义。然而，由于创新活动本身就具有高度的不确定性，它在为社会带来巨大效益的同时也存在着极大的风险。长期以来，我国高校中的创新活动都是由个人承担风险，这对创新活动的开展会起到非常大的阻碍作用。美国是全球创新实力最强的国家，其发达的公民社会已经使其展开了充分的由社会多方利益相关者治理高校创新风险的实践，因此研究美国的高校创新风险治理机制对于促使我国开展高校创新风险治理的行动，帮助高校中的创新主体应对创新风险，具有借鉴意义。

　　本书主要是运用风险治理理论来研究如何应对高校创新风险的问题。"风险治理"在当前的风险管理领域中是一个较新的理念，其与传统风险管理活动的区别就在于突破了风险管理者的单一性，将与实现风险管理目标有关的多方利益相关者吸收到风险管理活动中来，旨在通过多方互动，实现风险共治的目的。从来源上看，风险治理就是将治理理论引入风险研究领域，旨在用治理的方式来处理社会上的各种风险问题。鉴于治理本身就是一种特殊的管理方式，因此可以把风险治理看成是一个风险管理过程。这一过程由多方利益相关者共同参与，他们虽然对于所面对的风险及其应对方法有着不同的观点和态度，但他们都需要在协商和互动过程中形成共同的治理目标，并使用各种管理程序和策略来促进共同目标的实现。从类别上看，风险理论可以分为风险的客观主义理论和风险的建构主义理论两大派别，而风险治理理论属于风险建构主义理论旗下的一个理论流派，强调风险治理要关注主客观两方面的风险。风险治理的主体要由各方利益相关者组成，风险治理过程必须是一个善治的过程。总的来说，风险治理是一个过程，也是一个系统，其要素包含社会背景、治理主体、治理对象、资源条件、治理技能和治理框架等。

虽然人们对于风险治理理论已有很多理论论述，而且也将风险治理的方式运用于各领域的风险管理，但运用风险治理的理论和方法来解决高校创新风险问题的文献是十分少见的。高校创新风险是在高校创新活动中发生的风险，具体来说就是指由于高校不良的内外部环境、创新活动本身的复杂性，以及创新主体自身的能力因素、道德因素和心理因素等造成创新活动中断、撤销、失败或达不到预期目标，从而为创新主体或相关机构造成各种有形或无形损失的可能性。结合这类风险的特点，本书认为风险治理理论对高校创新风险具有适切性。首先，风险治理主体的多样性有利于协调不同利益相关者的价值诉求；其次，风险治理政策的战略性有利于应对高校创新风险的高度不确定性；最后，风险治理措施的多重性有利于应对高校创新活动的强制性和自愿性风险。

在论证了理论分析的可行性之后，本书运用风险治理理论来研究高校创新风险问题，认为高校创新风险治理机制就是公私部门的各方利益相关者为降低或消除高校创新风险而共同采取的管理机制，包括整个治理系统的治理结构、各要素之间的关系，及其运行方式等。从这三个方面的差异表现出发，本书又将高校创新风险治理机制概括为超主体决策执行机制、协调决策执行机制、扶持和监督反馈机制、协调合作机制和自主合作机制五种类型，并以其为理论依据分析美国高校创新风险治理的实践。

依据上述思路，全书分为八章，具体内容如下：

第一章为绪论，论证了对高校创新风险进行治理的必要性，同时对相关文献进行了综述，对核心概念进行了界定，确定了本书的逻辑起点，并阐明了研究方案和技术路线，澄清了研究的思路。

第二章分析了高校创新活动的风险，对高校创新风险进行了概念界定，对高校创新风险的类型、特点和构成因素进行了解析，论证了风险治理理论对高校创新问题研究的适切性，并在此基础上，从治理结构、各要素之间的关系和运行方式三个方面将高校创新风险治理机制概括为五种类型。

第三、四、五、六、七章依据上文概括出的五种高校创新风险治理机制研究了美国高校创新风险治理的实践，为每种高校创新风险治理机制找出了例证，并分别从治理结构、各要素之间的关系、运行方式以及功能和优势等几个方面对其进行了阐述。

第八章总结了美国不同的高校创新风险治理机制的共同治理特性，指出了我国在高校创新风险治理方面的不足，并在借鉴美国经验的基础上，提出了建立和完善我国高校的创新风险治理机制的建议。

本书是在我的博士论文的基础上修改而成，在写作过程中得到了导师马健生教授的悉心指导，北师大国际与比较教育研究院其他老师的宝贵建议，以及同学们的热心帮助。在此谨以此书向马老师和比较教育研究院的老师和同学们表示诚挚的谢意！由于运用风险治理理论研究美国高校创新风险问题是一种较新的尝试，因此在探索过程中虽做出了一些努力，但难免挂一漏万，留有不足之处，真心希望各位专家、学者和同行能够提出宝贵意见。

孙珂

2021 年 9 月 1 日

第一章 绪 论

第一节 问题提出

一、高校创新活动的重要意义

（一）高校创新活动对知识经济发展的重要意义

知识经济，根据世界经济、合作与发展组织（OECD）的观点，是指建立在知识和信息的生产、分配和使用基础上的经济。[1]自 20 世纪 60 年代起，随着人类社会的变化加剧，知识在经济发展中的地位日益重要，农业社会和工业社会以物质和资本为生产力第一要素的局面正在被知识的生产、分配和使用所打破，以知识为基础的经济形态逐渐形成。

知识经济的核心是以知识为基础的创新，正如经济学家克鲁格曼（Paul Krugman）所说："推动国家迈入下一个成长阶段的唯一要素是原创力、发明力、创造力、想象力和真正的创业精神"。[2]在这种情况下，能否通过发明创造生产出新的知识和产品成为决定一个国家国际竞争力的重要因素，而高校作为知识生产的重镇，在知识经济的背景下发挥着越来越重要的作用。高等教育有科研、教学和社会服务三大功能，这三个方面都与创新有着千丝万缕的联系。从科研功能上看，创新可谓是科研活动的本质特性之一。高校通过从事科研活动，能够直接创造新的知识和技术，参与知识经济的知识生产。从

---

[1] 张意湘：《知识经济与我国高等教育模式的创新》（J）。吉首大学学报（社科版），1999，（2）：32-36。
[2] 吴松龄：《创新管理》（M）。南京：南京大学出版社，2007，1。

教学功能来看，高等教育是高层次人才的培养场所。高层次人才应具备的基本素质之一就是创新能力，它为人们创造新知奠定了智力基础。创新人才是知识经济发展所需要的人才类型，而高等教育作为创新人才的培养基地，可以通过创新教育教学方法和管理制度来推动这类人才的培养，为知识经济的发展提供后备人力资源。从社会服务功能上看，高等教育可以通过创新工作方法来更好地促进知识的分配和使用，将高等教育创造的新知识转移给市场和社会，并帮助他们使用这些知识，从而推动经济的发展和人类社会的进步。

（二）高校创新活动对综合国力提高的重要意义

当今的国际竞争是综合国力的竞争，综合国力是指一个主权国家在其生存与发展过程中所拥有的各方面的实力所组成的合力，主要体现在国家的生存力、发展力和国际影响力三个方面。[3]其中，发展力中的一个重要指标就是一个国家的科技实力。邓小平曾经说过："科学技术是第一生产力"。科技实力的提高除了可以极大地推动经济的发展，而且对于国家的教育实力和国防实力也有巨大的促进作用。科技实力包括科学理论的创新能力、科学理论的应用能力，以及新技术的发明能力。高校作为创新活动的重要阵地，它是基础理论研究的主要承担者，而基础理论的研究对于其它两项能力的发展又发挥着奠基的作用，再加上高校在应用研究和新技术的开发方面也具有重要地位，因此高校创新活动对于提高国家的综合国力也有重要意义。

（三）高校创新活动对高校自身生存和发展的重要意义

随着我国经济和社会的迅速发展，广大人民对高等教育的需求也日益增长，而现有的高等教育规模已不能满足人们接受高等教育的需要，为此，在1999年6月18日，朱镕基总理在国务院总理办公会议上，提出大幅度扩张高等教育招生规模的政策，于是国家对该年高校的招生规模进行调整，调整后的招生人数比1998年增长21%，而6月份又将增加比例调整到42%，最后又将扩招比例增加到47.4%。[4]

扩招政策出台后，国家又不断调整高等教育的招生目标，如在1999年，教育部出台了《面向21世纪教育振兴行动计划》，提出到2010年高校学生要增加到950万人，每10万人要有在校大学生700人，毛入学利率达到11%左

---

3 周志华：《综合国力的诸要素及其相互关系》（J）。探索者学刊，2002，（2）：30。
4 刘复兴：《教育政策的价值分析》（M）。北京：教育科学出版社，2003，221。

右。在 2002 年，教育部又出台《全国教育事业第十个五年计划》和《教育事业'十五'规划和 2015 年发展规划》，提出到 2005 年高等教育的毛入学率要达到 15%，到 2010 年高等教育的毛入学率要达到 20%。该目标得以超额完成，在 2005 年的时候，我国高等教育的毛入学率已达到 21%。由此，教育部于 2007 年出台《国家教育事业发展'十一五'规划纲要》，再次调整招生目标，要求在"十一五"期间，在学人数要增至 3000 万人，毛入学率达到 25%左右。[5]

高校扩招政策使高等教育得到了快速发展，而这种快速发展使我国高等教育中的各种新老问题同时爆发出来，如高等教育资源的分配不均、高等教育人才培养质量的下降、精英教育与大众化教育的矛盾、高校缺乏办学自主权，以及大学生就业难等问题。这些问题的解决固然需要政府、社会等外部力量的参与，但高校本身也要通过自身的科研、教学和社会服务创新来应对眼前的困境，这不但对于每一所高校的生存和发展具有重要意义，也关系到国家整个高等教育系统的未来走向，并进一步影响到我国综合国力的提高和科教兴国战略的实现。

二、高校创新活动中的风险问题

（一）高校创新活动本身具有不确定性和高风险性

创新的本质是将新想法付诸实践的过程，而新想法并不是按计划自然而然地出现的，而往往是在经历了一段时间的艰苦研究后，以顿悟的形式突然爆发出来的，这就决定了创新活动的进行很难遵循固定的计划和时间表，使人们经常难以了解对它的投入能否以及何时能够获得人们期望的产出，因此，创新活动与其他活动相比有着更大的不确定性和不可预测性，表现出了较高的失败风险。据美国的一项调查显示，美国企业产品开发的成功率只有 20%-30%。国外还有人对 91 项技术创新进行了调查，成功的项目有 29 个，只占总数的 1/3，失败的项目有 62 个，占总数的 2/3。[6]可见，创新活动的失败率远远高于成功率，而高校创新活动作为社会全部创新活动的重要组成部分，也同样具有较高的失败可能性，加之高校承担着多重任务，使得高校创新风

---

5 闫广芬、茌庆辉：《高校扩招政策的制定、实施、效果及其调整》（J）。现代大学教育，2008，（3）：71。

6 葛新权、李静文、彭娟娟：《技术创新与管理》（M）。北京：社会科学文献出版社，2005，42。

险体现出了复杂性和多样性的特点。

在科研方面，高校教师在从事科学研究活动时，从科研立项、科研投入、科学研究、科研管理，以及成果转化方面都存在着风险，其中的任何一个环节出现偏差，都有可能导致科研成果的失败，或达不到预期目的，从而造成物质、经费或研究者名誉、时间等的损失。另外，高校的研究活动更为侧重基础研究，这种研究是以探索自然和社会运行的基本规律为目的的探索性研究，是其他类型研究的先导和知识基础，其研究成果在整个知识体系中占据着中流砥柱的地位，可以说，没有基础研究其他领域的研究也会是创新乏力的。然而，与基础研究奠基性地位相伴的是它具有投资大、周期长、见效慢等特点，这就决定了其在研究过程中具有更大的风险性，从而进一步导致了以基础研究为主要内容的高校创新活动比社会其他领域的创新活动承担了更多的风险。

在教学方面，由于教育具有长效性，高校教师以及相关的教育行政人员为了促进创新人才的培养，在创新教育教学方法和管理制度时，很难预料到其对学生的未来会出现什么影响，如果创新失败，轻则使教学效果没有改进，重则会对学生的身心造成损害，同时还会带来人力、物力和财力的浪费和损失。对于学生来说，他们在学习过程中如果想要做出某些创新，也是要冒很大的风险的，如学生在毕业论文选题时，如果选了一个具有较大创新性和风险性的题目，万一创新失败或没有得出预期的结果，便很有可能影响其顺利地拿到学位。

在社会服务方面，高校的社会服务创新也有着巨大的风险。高校为社会服务的形式主要有两类，一是与企业的合作，包括为企业提供科技信息、教育服务和知识服务等，目的是促进科学知识的传播、科研成果的转化和推动经济的发展。二是为社会的服务，包括开展成人教育和继续教育、科普服务、咨询服务、承担政府或事业单位的科研项目、向社会开放教育教学资源、[7]进行志愿性服务等，目的是利用自身的知识和资源提高人们的科学文化水平，增进社会的福利等。可见高校社会服务的形式多样，涉及许多领域，这就决定了其影响的多面性和广泛性，因此参与社会服务的教师、教育行政人员以及学生如果创新失败，不但会造成高校内部的损失，而且对整个社会也会产生各种各样的负面影响。

---

7 陈时见：《美国高校社会服务的历史发展、主要形式与基本特征》（J）。比较教育研究，2006，（12）：7。

（二）政府对高校的管理方式不当增加了高校创新活动的风险

创新活动的高风险性除了受创新活动本身的性质所决定，还会受到政府政策的影响。以我国为例，我国自建国以后长期以来实行的是以苏联为样板的计划经济体制，较强的计划性使我国政府在公共管理领域采用了一种高度统一的中央集权管理模式。这种模式将公共物品全部集中到政府手中，由政府集中控制和调配，反映到高等教育领域就是政府从高校财产的管理和使用、专业设置到教学和科研活动都进行着严密的层层监管，这虽然在一定程度上保证了高等教育资源配置的公平性，但却极大地损害了高校的办学自主权，使高校领导者的活动完全由行政命令牵着鼻子走，教师和学生缺乏创新活动所需的自由环境和有利条件，创新的勇气和积极性受到遏制。

王朝阳曾经在 2009 年对南京、无锡等高校的多位校级领导和教师进行了访谈研究，这些受访者指出，教育部在高校的课程设置方面进行了过多的干预，制定了 21 世纪的课程体系，使得高校不得不根据上面的指示调整课程计划，而教师自主进行课程和教学改革的余地很小，阻碍了高水平的创新人才的培养。另外，在职称评定方面，受访者普遍认为学校缺乏自主权，教师的职称的评聘指标完全由上级行政部门制定，导致真正有能力的教师没有评上，而没有能力的教师却评上了，[8]从而极大地挫伤了教师的工作和创新积极性。

（三）市场机制参与不足增加了高校创新活动的风险

高校创新活动不但面临着创新失败的风险，而且还存在着创新成果无法转化成现实利益的风险，而想要预防这样的风险，寻求市场机制介入高校的创新活动无疑是一个有利的选择。以高校的科研活动为例，科研活动，特别是自然科学方面的科研项目往往有着巨大的经济价值，如果这些科研项目能够引入与企业合作的机制，为高校教师提供更多的与企业人员进行交流的机会，就可以使他们深化对创新项目复杂性的认识，获取更加充足的信息，获得更加充裕的资金支持，从而大大降低科研项目中的不确定性，这不但能够更好地保证高校教师完成创新任务，提高企业的利润，而且还可以帮助高校教师的创新成果转化成现实的生产力，大大推动整个社会的科技创新进程。

然而，我国的高校创新活动一直存在着市场机制参与不足的问题，据 2005

8　王朝阳：《江苏省办立高等学校办学自主权、现状研究——基于高校访谈》（D）。苏州：苏州大学，2009，27-29。

年国家知识产权局发布的调查报告《高等学校知识产权保护的现状及对策研究》显示，在 5 年的时间里，全国高校共申请专利 18137 项，获得授权的专利有 8389 项，而获得实施的专利只有 1910 项，仅占专利授权量的 22.8%。也就是说，在高校所获得的全部专利中，有 77.2%的专利没有转化成现实的生产力，等于说这 77.2%的专利研发做的是无用功。[9]

造成这种情况的一个重要原因是企业缺乏与高校教师和科研人员的合作。我国高校的管理和运行过程似乎只是政府和高校的对手戏，高等教育的科研活动所需的人力和经费以政府投入为主，高校孤立于市场和社会，高校教师被局限在象牙塔里，从而使这种高等教育参与者过少的情况加重了高校创新活动的风险。其次，我国高校的一些教师受传统思想的影响，不愿意走出象牙塔，反对知识的资本化，拒绝市场机制的介入，这同时也是拒绝了企业参与共同分担创新风险。第三，受粗放型经济增长模式的影响，我国企业本身的发育也不完善。我国的大多数企业在发展过程中重视增加投资的外延扩张，不重视技术进步的内涵式扩张，[10]因此他们较少会寻求通过与高校进行科研项目的合作来增强自身的竞争实力，这也是市场机制参与高校创新活动不足的原因之一。

（四）教育中介组织发育不完善限制了对高校创新风险的预防

教育中介组织是指"根据一定的法律法规建立的，按照一定规范参与教育活动的，介于学校和政府之间，却又独立于政府和学校之外的，为社会提供教育服务的非政府公益组织。"[11]由于教育中介组织的成员中包含了大量的教育领域的专家或其他教育工作者，因此这些组织能够更加了解教育发展的规律及实际情况，并通过各种政策和活动来促使政府以及学校中的领导者在决策时作出实际有利于教育发展的决定。对于高校而言，由于创新活动是高校中的一项重要活动，因此高等教育领域的中介组织往往会以各种方式呼吁政府以及高校的管理者采取有效的措施，保护高校创新环境，以激励高校教师以及其他创新主体的创新积极性，并减少其创新风险。

例如，学术自由是高等教育领域的一条重要原则，也是高校中的教师和

---

9 刘洋：《关于高校专利管理工作的思考》（J）。科技与管理，2008，（4）：121-122。

10 刘力：《产学研合作的历史考察及比较研究》（D）。杭州：浙江大学，2001，100-101。

11 任海、李红冠、张志超：《教育中介组织的困境与发展出路研究》（J）。中国成人教育，2010，（15）：45。

学生进行创新活动所必须享有的重要权利。在美国，学术自由原则的正式提出可追溯到美国大学教授协会（American Association of University Professors，简称 AAUP）1915 年提出的关于学术自由的原则声明。美国大学教授协会是一个高等教育领域的中介组织，它最初由大学教师组成，旨在维护大学教师的合法权益。1915 年声明的目的是保护教师的学术自由。该文件认为学术自由包括探索和研究的自由、大学或学院中的教学自由、校外的言论和行动自由三个部分，指出高校的董事会是学术事务的最终决策者，但董事会必须代表公众的利益，因此任何想要获取公共资助的高校都不能强制教师认同或在教学中传授某一特定观点。此外，由于学者是知识创新的主要承担者，而高校为了很好地发挥教学和科研功能就必须依靠这些学者的创新活动，因此就必须保证人们探求真理并发表其研究成果的自由。[12]1915 年的原则声明成为美国有关学术自由的纲领性文件，之后美国大学教授协会还多次发表有关学术自由的文件，对相关问题进行补充说明，并最终促成了联邦最高法院通过判例对学术自由原则的法律确认。

我国的高等教育中介组织由于起步较晚，对政府的依赖性过强，专业性不足，权威性不高，使其无法承担起独立的公共服务职能。对政府的依赖性过强使其在维护学术自由方面处于失语状态，因此当教师的学术自由受到政府的威胁时，它们往往与政府同气连枝，难于有效地维护高校教师的合法权益，从而使教师的创新积极性受到打击。专业性不足又使其难以提出中肯的意见来指导高等教育的发展，无法发挥信息服务的功能，使高校教师难以及时采取预防措施降低创新活动中的不确定性，从而难以预防高校创新活动中的风险。

三、由个人承担高校创新风险的模式存在缺陷

高校创新活动不但能够带来个人收益，还能够带来巨大的社会收益，即能够极大地促进社会经济、政治和文化等各方面的进步，这就是创新活动的正外部性。所谓正外部性就是主体在活动中所获得的私人收益小于其社会收益，而社会收益又难以从产品的价格中反映出来。按照成本和收益对等原则，获得较大收益的组织或个人应该承担相应的成本，因此，如果不是由社会，而是由高校的创新活动主体承担大部分创新成本，则容易导致创新供给的不足。

---

12 American Association of University Professors. 1915 Declaration of Principles on Academic Freedom and Academic Tenure (EB/OL).
http://www.aaup.org/AAUP/pubsres/policydocs/ contents/1915.html, 1915/2012-03-27

如果在创新活动中由创新主体个人来承担大部分成本，那么在创新活动的规模或难度达到一定程度之后，主体每多生产一单位的创新成果便会多付出一些成本，这就是边际成本递增效应。如图1所示，C1是边际私人成本，C2是边际社会成本，由于社会收益难以在价格中体现出来，因此C1的斜率要大于C2的斜率。为了追求利润的最大化，边际成本必须与边际收益相等，因此主体必须根据C1与需求曲线DD相交的均衡点A将产量定为Q1，将价格定为P1。但是，为了追求社会福利的最大化，应该根据C2与DD相交B点将产量定为Q2，将价格定为P2。但如果将产量定为Q2，边际成本就会超过边际收益，使个人处于得不偿失的境地，从而促使他停止创新活动或不再增加创新活动的难度。

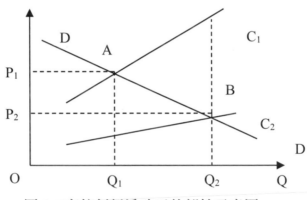

图1　高校创新活动正外部性示意图

可见，由个人承担创新风险的模式是存在缺陷的，而我国高校在创新管理过程中恰恰存在这样的情况，只重视对高校教师科研成果的考察，而不注重采取措施消除或减少教师的创新风险，其结果可能会使教师为了完成任务而粗制滥造，偷工减料，不但会使创新活动不能达到应有的目的，严重的还可能引发学术腐败问题，使高校创新活动的失败风险，转化为创新的道德风险，并对国家的人力、物力资源造成极大的浪费。鉴于此，本书迫切希望能够探索出一条由社会多方利益相关者共同治理高校创新风险的道路，并将目光投向美国这个世界上创新实力最强的国家，以期从它们的相关经验中为我国的高校挖掘可供借鉴之处。

四、选择美国高校创新风险治理机制作为研究对象的原因

选择美国高校创新风险治理机制作为研究对象的原因主要有两个：第一，

美国是世界上科技创新实力最强的国家，这从美国创造的大量尖端的科研成果就可看出。据统计，从 1901 年到 1992 年，美国产生诺贝尔科学奖得主 164 人，占世界的 40%，而这些人大多数都来自于研究型大学。[13]可见，美国的高校尤其是研究型大学是创新活动发生的重要场所，而研究美国如何能够保证高校创新活动的顺利开展便具有重要意义。第二，美国又是世界上第三部门最为发达的国家，这从第三部门组织的发展情况上就可以看出来。据统计，美国在 1997 年共有非营利组织 160 万个，其财产总额为 2 亿美元，年收入为 1 亿美元，其从业人员约占社会全部从业人员的 8%，平均 12 个人里就有 1 人为非营利组织工作。[14]美国的第三部门组织数量众多、类型多样，其中教育和研究是一个重要的类别，而这类的第三部门组织除了高校之外，还有为数众多的关注高校创新问题的中介性组织。这些组织往往由高校创新的利益相关者组成，它们活动于政府、高校、企业和其他相关组织之间，能够在高校自治和政府规制之外寻求一种多方利益相关者治理的方式来帮助高校创新主体应对创新风险，保证高校创新活动的顺利开展。

第二节　研究问题和意义

一、研究问题

研究问题的选择对于研究的展开来说十分必要。笔者通过阅读大量相关的文献资料发现，关于高校创新问题的研究非常丰富，但大多数研究都是从激励的角度来探讨如何通过金钱、荣誉等手段来刺激创新主体的创新积极性，很少有人从风险的角度来探讨如何通过风险治理的方法来帮助创新主体应对创新活动中的风险，从而保护其创新积极性。在美国，利用风险治理的理论和方法来探讨高校创新问题的研究依然是一片空白，但观察美国对待高校创新问题的实践，其相关行为已经具备了风险治理的特质。因此，本书想要从该领域纷繁复杂的现象中发现和理出高校创新风险治理机制，以为我国应对相关问题提供借鉴。就"机制"来说，它主要包括一个系统要发挥某一功能

---

13 殷小琴、孔志洪：《美国研究型大学崛起的原因与作用》（J）。浙江大学学报（人文社会科学版），2001，（4）：100。

14 郑安国等：《国外非营利组织的经营战略及相关财务管理》（M）。北京：机械工程出版社，2001，1。

所依赖的组织结构、各要素之间的关系以及运行方式等，在此基础上，本书所要研究的问题便包括：1. 美国高校创新风险治理机制有几种类型？它们各自在治理结构、各要素之间的关系和运行方式上有哪些特点？2. 几种不同的机制在美国高校创新风险治理实践中的哪些方面发挥了作用？各自有什么功能和优势？在对高校创新风险治理机制进行了理论研究，并考察了美国高校创新风险治理实践之后，本书又将目光投向了中国，探讨中国高校创新风险治理方面存在的问题，并借鉴美国经验提出了建立和完善我国高校创新风险治理机制的策略。

二、理论意义

　　"风险"是与"安全"相对的概念，根据马斯洛的需要层次理论，人的需要根据由低到高的顺序包括生理的需要、安全的需要、归属与爱的需要、尊重的需要和自我实现的需要，其中安全的需要是较低层次的需要，人们只有首先满足这种较低层次的需要，才能进一步地去追求更高层次的需要。然而，长期以来关于高校创新活动的理论研究多是从激励的角度探讨如何最大限度地调动创新主体的积极性，通过满足其自我实现需要推动人们对创新活动的投入水平，很少有从风险治理的角度研究如何帮助创新主体应对风险，为他们提供安全的创新环境，来满足创新活动所必需的基本需要，防止对人们创新积极性所造成的损害。而本书则从风险治理的角度去研究高校创新活动，为该问题的研究提供一个新的理论视角，有助于丰富对高校创新活动的理论研究，具有重要的理论意义。

三、实践意义

　　本书除了要研究美国的高校创新风险治理机制，还致力于为建构我国的高校创新风险治理机制提出建议，以期能够对我国应对高校创新风险的实践发挥积极作用，主要表现为以下方面：

（一）调动各方利益相关者的力量，共同治理高校创新风险

　　高校创新活动除了可以给参与创新活动的个人带来物质和精神利益，它还有更加重要的社会效益，有利于知识经济的发展和国家综合国力的提高，而且对个别企事业单位以及广大民众来说也具有重要的经济价值和社会价值。鉴于高校创新活动影响的广泛性，如果让创新主体个人来承担创新风险

是不公正的，因此本书旨在阐明由各方利益相关者共同治理高校创新风新的可行性，并在借鉴美国相关经验的基础上，致力于建立我国的高校创新风险治理机制，以求能够调动各方利益相关者的力量，共同治理高校创新风险。

（二）提高高校的创新成效，促进高等教育功能的实现

高等教育有教学、科研和社会服务三种基本功能，其中科研功能是直接与创新活动相联系的，拥有完善的高校创新风险治理机制，可以提高高校的创新成效，促进高校科研功能的顺利实现。此外，对于高校的教学和社会服务功能来说，一方面，社会的飞速发展已不再满足于高校向学生传递已有的知识，而是要求培养学生的创新能力，使之能够成为适应社会需要的创新型人才，而实现这个目标就要求高校的相关人员能够创新教学方法和管理制度，减少和消除在教学中的创新风险，鼓励学生的创新活动；另一方面，外部社会日新月异的变化要求高校在发挥社会服务职能的时候不断调整工作方式，以更好地适应外界变化，而这一过程也需要高校相关人员能够大胆创新，促进工作制度和方法的革新，其中的一个必然要求就是要建立风险治理机制，减少人们探索过程中的不确定性，促进高等教育社会服务创新的实现。

（三）减少创新主体的顾虑，积极投身于高校创新活动

由于创新活动具有较大的不确定性和高风险性，它很可能为创新主体带来较大的风险损失，从而可能使创新主体由于担心损失的发生而不去从事创新活动。然而正如江泽民同志在 1995 年全国科学技术大会的讲话中提出的："创新是民族进步的灵魂，是国家兴旺发达的不竭动力。"一个缺乏创新的民族是没有发展前途的，因此本书致力于构建我国高校创新活动的风险治理机制，为如何帮助创新主体解决创新活动的后顾之忧提供有益帮助，以确保更多的人才能够积极地投入到高校创新活动中，促进我国创新事业的良好发展。

第三节 相关文献综述

一、有关高校创新活动的研究

（一）国内文献综述

1. 高校创新活动的本质和原理

一些学者在现代化建设的语境下探讨了高等教育创新的本质问题，认为

高等教育创新的核心是创新人才的培养，其前提是高等教育的哲学或观念创新，其关键是教育体制的创新，其途径是教育方法和手段的创新，其保障是具有创新精神的师资队伍。[15]另有学者将高等教育创新归为文化创新的范畴，包括教育思想创新、教育目标创新、教育制度创新、教育管理创新、教育内容创新和教育艺术创新等几项内容，是实现高等教育现代化的有效途径。[16]

李金贵从系统论的角度探讨高校创新活动的原理，认为高校创新活动是一个系统，它由四个层面组成，即观念和理论层面、物质和技术层面、组织和制度层面，以及教师和管理者层面。这四个层面之间联系紧密，它们之间，以及各层面与外界环境之间不停地进行着物质、能量和信息的交换，在这种交换与互动中，高校创新系统得以不断地变化和发展。[17]王敏也将高校创新看成是一个系统，认为其最重要的组成部分是教育观念创新体系、组织制度创新体系、科技创新体系和创新人才培养体系。其中，教育观念创新体系建设是高校创新的先导，组织制度创新体系建设是高校创新的保障，科技创新体系建设是高校创新的重点，创新人才培养体系建设是高校创新的核心。[18]

纵观上述研究者的观点，他们普遍将高校创新分解为多个要素，并将人才培养看成是高校创新的核心，将教育观念的创新看成是高校创新的前提或先导，并非常重视组织制度创新在高校创新中的重要地位。

2. 高校创新活动的主体

张玉岩研究了高等教育创新主体的概念，认为高等教育创新主体是高等教育创新活动中的主要组织和实施者。某一组织或个人能否成为创新主体需要依据两项条件，第一是要具有创新动力，第二是要具有创新权力、资源和能力。基于此，研究者将政府、高校和教师都归为创新主体的行列，并且认为学生虽具有创新动力，但由于创新能力较低不能够成为创新主体。[19]

张永丽从较为微观的角度界定了高校创新主体的概念，认为高校创新活动的主体包括作为受教育者的大学生、作为教育者的大学教师和作为教育管理者的大学校长三个部分，并在马克思主义"以人为本"哲学的基础上探讨

15 罗艺方、黄建榕：《高等教育创新刍议》（J）。高教探索，2003，（2）：33-35。

16 李庆章：《高校创新与高等教育现代化》（J）。黑龙江高教研究，2003，（4）：1。

17 李金贵：《高校创新系统的构建》（J）。黑龙江高教研究，2002，（5）：88-89。

18 王敏：《我国高校创新体系建设研究》（D）。长沙：湖南大学，2005。

19 张玉岩：《高校创新主体激励机制研究——委托代理理论的视角》（D）。西安：西安科技大学，2005，21-24。

了高校创新的主体的塑造问题。[20]可见，张永丽与张玉言将高等教育创新主体概念涵盖政府和高校等宏观主体的做法不同，只将高等教育的创新主体限定为高校中的个人。

此外，还有研究者研究了高校创新团队的问题，这主要是从科研的角度来研究高校中的一类创新主体群体。根据蔡德章的定义，高校创新团队是以重大科研项目或者创新平台为载体，以杰出人才为团队带头人，以优秀中青年拔尖人才为骨干，具有共同目标、良好互动性和凝聚力以及既分工又协作的紧密型创新研究群体。实际上，这里的高校创新团队就是以优秀教师为核心，围绕科研项目组成的高校创新主体群，与这个概念近似的还有高校科研创新团队、大学创新学术团队等。总的来说，高校创新团队具有知识密集型、临时性和创新性的特点。

王磊研究了大学创新学术团队的特点，认为这种团队具有团队工作观察的复杂性、团队绩效评价的困难性、团队利益相关者的多样性、团队沟通信息的不对称性等特点。此外，研究者还用系统的方法，对大学创新学术团队的构成要素和外部环境进行了分析，用组织生命周期理论，构建了大学创新学术团队的生命周期模型，论述了不同生命周期阶段团队管理的重点，比较了几种典型的团队组织结构模式，并在此基础上分析了组织发展的战略。最后，研究者还对我国的大学创新学术团队建设的现状进行了分析，并提出了相应的政策建议。[21]

蔡德章从成员合作的视角出发，研究了影响高校创新团队组织有效性的因素，建立了成员目标优化模型和基于组织目标优化的组织有效性模型，从微观视角分析了成员合作对组织有效性的影响机制，并针对机制形成的条件和原因提出了创新团队组织有效性的对策。[22]

张艳、彭颖红研究了高校科研创新团队绩效评估的方法、标准和指标，并对我国不同高校的科研创新团队进行了评估调查，并在调查结果的基础上，提出了对高校科研团队绩效评估的建议。[23]

---

20 张永丽：《以人力本与高校创新主体的塑造》（D）。北京：中央民族大学，2004。
21 王磊：《大学创新学术团队研究》（D）。上海：华东师范大学，2008。
22 蔡德章：《基于成员合作的高校创新团队组织有效性研究》（D）。哈尔滨：哈尔滨工业大学，2008。
23 张艳、彭颖红：《高校科研创新团队的绩效评估》（J）。中原工学院学报，2006，（10）：61-65。

由于本书所研究的是高校创新活动，这个概念比高等教育创新的概念要小，其创新主体只应该限定于创新活动中的个人，而不应该包含政府、高校等宏观的创新主体，因此本书对创新主体的界定接近于张永丽的界定。此外，张玉岩认为学生由于创新能力低，不能构成高等教育的创新主体。但是本书认为，虽然学生相较于教师创新能力是偏低的，但这并不代表学生就毫无创新能力。他们的创新能力在一定的条件下不但能够发挥，而且还可以产生一定的社会价值，否则如果完全否定他们的创新能力，当前我国高校中出现的各种针对学生的创新计划和项目便成了无根之水，无本之木。另外，随着高等教育的多元化发展，学生的构成也日益复杂。在多种类型的学生中，本科生的创新能力可能是相对较低一些，但广大研究生的创新能力则并不弱。他们在学校和教师的科研课题中承担了大量的任务，为高校创新事业贡献了巨大的力量。因此，本书将学生也纳入了高校创新主体的行列，认为高校创新的主体包括教师、教育行政人员和学生三个方面。

3. 高校创新活动的动因

缪鑫平界定了高校创新活动动力机制的概念，认为高校创新活动的动力机制就是在高校创新过程中，各动力要素相互依存和相互作用所形成的有机联系方式、作用形式、结构功能及所遵循规则的总和，具有整体性、相关性、主观能动性和目的性等特征。他认为，我国高校创新动力不足有着一系列的体制原因，包括高等教育制度的集中控制模式提高了高校的创新风险；高等教育管理的等级结构使高校的制度创新出现"信息阻隔"；高等教育的"卖方市场"使高校缺乏危机感等。[24]

刘岩松将高校创新活动的各种动力要素分为外动力和内动力两类，其中外动力包括需求拉动力、竞争压动力、政府推动力和社会文化环境影响力；内动力包括利益驱动力要素、高校创新的能力要素、学校管理层的"企业家精神"、高校创新的权力要素、校园文化感染力。各种动力要素具有相互作用、相互影响和相互依赖的相关关系。最后，研究者还构建了高校创新动力机制模型、高校创新动力机制的分析模式和高校创新动力的综合评价模型，并用这些模型对西安科技大学的高校创新动力进行了评价分析。[25]

---

24 缪鑫平：《我国高校创新动力机制的缺失及培育》（J）。中国成人教育，2009，（4）：18-19。

25 刘延松：《高校创新动力研究》（D）。西安：西安科技大学，2005。

张炜研究了高校创新活动的主因，认为大学的灵魂是教师。在世界一流大学中，课程的安排、研究项目的实施、教师的聘任、学生的选择几乎都由教师决定，[26]因此高校教师能否最大限度地发挥自己的创造才能，是决定一所大学创新成败的关键。

4. 高校创新活动的激励研究

为了激励高校这一创新主体的创新行为，张玉岩以委托代理理论为研究视角，运用马科尔森的锦标激励制度设计了政府和高校间的尽职与敬业的晋升激励机制，探讨了在该机制中政府和高校之间的寻租行为，并指出引进多元评估机制是减少政府和高校之间寻租行为的有效办法。为进一步阐明在该激励机制作用下，高等教育的创新主体的创新行为是如何产生的，研究者对在高校和政府签订敬业合同之后，众多代理人高校的竞争行为进行了分析，证明了单一政府和多所高校签订敬业激励合同能够加强高校之间的竞争，使晋升激励机制不被破坏，促进高校创新主体创新行为的产生。

为了激励教师这一创新主体的创新行为，郭琳通过实证研究分析了影响首都高校教师创新行为的因素，并在借鉴国外一流大学经验的基础上，构建了四位一体的高校科技人才自主创新激励模型：根据"价值人"的假设建立了需求诱导激励机制，根据目标激励理论建立了行为导向激励机制，根据期望理论建立了行为幅度激励机制，根据归因理论和挫折理论建立了行为改造机制。[27]

5. 高校创新能力的评价

对高校创新能力的评价的研究主要集中于对高校科研能力的评价上。张亚杰研究了高校科技创新能力的评价问题，指出高校科技创新能力评价活动由以下几个基本要素构成，即评价者、被评价者、评价方向、评价方法、评价数据、评价结果和评价信息的阅读者，并在对其的研究基础上提出应该从高校科技创新能力的投入、成果与贡献以及高校科技创新活动等几个方面去构建高校科技创新能力的初步指标体系。此外，研究者还研究了高校科技创新能力评价的方法，从制度设计和信息化的角度提出了高校科技创新能力评价

---

26 杰拉德．卡斯帕尔：《成功的研究密集型大学必备的四种特性》（A）。教育部中外大学校长论坛领导小组：《中外大学校长论坛文集》（C）。北京：高等教育出版社，2002，102-123。

27 郭琳：《首都高校对科技人才自主创新的激励研究》（D）。北京：中国地质大学，2008。

的实施策略，并分别对 2003 年和 2008 年教育部直属和省部共建高校的科技创新能力进行了综合评价，并在此基础上，在 2008 年对武汉理工大学的科技创新能力进行了比较评价的实证研究。[28]

王章豹、徐枞巍研究了高校科技创新能力量化评价指标体系的构建问题，指出高校科技创新能力评价指标体系的建立要遵循系统性原则、科学性原则、导向性原则、可比性原则和可行性原则，并在此基础上构建了由科技创新基础能力、科技创新的投入能力和科技创新的产出能力三个模块构成的高校科技创新能力综合评级指标体系框架，并设计了高校科技创新能力综合评价模型与方法。[29]

周晔认为高校科技创新能力评价指标的建立应遵循系统性原则、重点和准确相结合原则、绝对指标和相对指标相结合原则、高校可比性原则，并从科技创新资源、科技经费、科研成果产出率、科技奖励与学术交流等维度构建了高校科技创新能力评价指标体系，设计了相应的评价的方法，然后用该评价指标体系和方法对全国 29 个省市的高校科技创新能力进行了评价，对河北省的高校科技创新能力进行了比较，并提出了相应的对策和建议。

李广华从科技创新的人力资源、科技投入和科技创新产出等三个方面构建了高校科技创新研究的指标体系，并用该指标体系分析了山东高校科技创新能力和山东高校原始性创新能力，评价了山东高校科技创新体系的特点、优势和存在的问题。此外，本文还建立了科技创新竞争力评价 DEA 模型，用此模型对山东高校的科技创新竞争力进行了评价，并在最后提出了提高山东高校科技创新能力的对策建议。[30]

施星国、张建华、仲伟俊构建了包括科技创新基础实力、知识创新能力、技术创新能力、科技成果转化能力、国际交流与合作能力等指标在内的区域高校科技创新能力评价指标体系，设计了高校科技创新能力的评价方法，最后利用该评价指标体系和评价方法，以及 2006 年国家教育部科技统计数据评价了全国省、市、自治区的高校科技创新能力，并提出了相应的政策建议。[31]

---

28 张亚杰：《高校科技创新能力评价研究》（D）。武汉：武汉理工大学，2009。

29 王章豹、徐枞巍：《高校科技创新能力综合评价：原则、指标、模型与方法》（J）。中国科技论坛，2005，（3）：55-59。

30 李广华：《山东高校科技创新能力评价研究》（D）。天津：天津大学，2005。

31 施星国、张建华、仲伟俊：《区域高校科技创新能力的评价研究》（J）。研究与发展管理，2009，（8）：106-113。

可见，有关高校创新能力的评价研究主要侧重于评价指标体系的构建，虽然不同的研究者从不同的维度对评价高校科技创新能力的指标进行了分类，但他们设计的指标基本上都会包括科技创新的投入和产出两个方面。此外这些研究都侧重于实证研究，都会运用所建立的指标体系来评价一所或多所高校，并在评价结果的基础上提出对策建议。

6. 高校创新活动的政策和实践

一些学者对美国高校创新体系进行了研究。如许桂清、黄睿研究了美国高校创新体系的形成，指出战后美国通过高等教育体系、管理体制、运行机制以及课程和教学方面的创新，形成了高校创新体系，为经济的发展提供了人才支持和知识支持。[32]许永龙研究了美国高等教育创新体系的基本特征，指出其最本质的特征是市场机制主导，此外还包括高等教育人事制度的开放性和程式化、大学经费来源以社会和个人为主、新兴的虚拟高等教育迅速发展等。[33]张薇考察了美国的社会文化对美国高校创新的影响，并分别从大专教育、本科教育和研究生教育三个层次来看美国不同类型的高校在教育创新方面的举措，并在此基础上提出了对我国高等教育的启示。[34]

苑大勇研究了英国的高校创新基金（HEIF）及其运作过程，并分析了英国高校创新经费资助的发展方向，认为其经费来源将日益多元化，其经费的分配会更多地受竞争、市场，以及政府管理体制改革的影响。[35]

单春艳研究了俄罗斯在市场经济条件下的高校创新活动，指出其创新路线是高等教育所提供的服务不仅要满足国家和社会的需要，还要能够满足个人的需要，并要重视企业在高等教育活动中的参与。为此，俄罗斯通过创新科研活动，实现教学、科研和商业的一体化，以及创新研究生培养体系来促进国家教育创新政策的实现。[36]

周晔比较了OECD国家的高校的科研活动，指出了OECD国家的高校虽

32 许桂清、黄睿：《战后美国高等教育创新体系的形成及其对经济发展的作用》（J）。外国教育研究，2004，（5）：9-12。

33 许永龙：《美国高等教育创新体系的研究及启示》（J）。科学学与科学技术管理，2003，（2）：90-92。

34 张薇：《论美国高校创新的理论与实践》（D）。桂林：广西师范大学，2001。

35 苑大勇：《英国大学创新经费资助研究：以高校创新基金（HEIF）为例》（J）。复旦教育论坛，2008，（6）：75-86。

36 单春艳：《俄罗斯高等教育创新活动探微》（J）。现代教育管理，2009，（4）：104-107。

然在创新活动中的作用和地位有很大差别，但在科研活动方面表现出了一些共同的特点，即高校的科研经费主要来源于政府；高校所从事的科研活动主要是基础研究；高校与产业界的科研活动分工明确。[37]

陈运平从分析高校科技创新体系、能力及其对经济增长的贡献入手，研究了江西高校科技创新体系、能力及其对经济增长的贡献，并从科学发展观、高校科技创新体系建设和产学研合作三个角度，[38]提出了相应的创新建议。

（二）国外文献综述

1. 高校创新活动与社会发展的关系

德伦斯（P.J.D.Drenth）对高等教育创新和经济发展的关系进行了理论探讨，他研究了高等教育制度创新的促进和阻碍因素，认为这种创新就是要增进高等教育和经济领域的互动，通过改革高等教育系统来进一步促进经济和工业的发展。之后，德伦斯还以欧洲高等教育为例说明了社会对高等教育创新的需求、科学和科学教育对经济和劳动力市场发展的作用、高校创新成果的转化问题，以及高校应该如何变革才能适应经济发展需要的问题。[39]关于高校创新活动与社会发展的关系问题的研究问题还包括高校与企业合作研究的影响问题，以及学习型区域和知识社区的构建问题。

一些学者从政府政策的角度研究了增进高校创新活动与社会发展的关系问题，加里斯．威廉姆斯研究了英国高校创新活动在区域发展中的作用问题，具体包括 20 世纪 80 至 90 年代社会对高校创新的需求以及经济增长缓慢对高校创新活动造成的障碍，并提出了消除高校创新障碍的两个途径：1.建立高等教育课程发展委员会（Higher Education Course Development Council），为其提供足够的资金以促进高校创新活动的开展；2.实现多科技术学院和大学之间的教师流动，以提高高校教师的整体创新素质。[40]普拉格（DJ Prager）研究了美国卡特政府促进高校基础研究和工业创新所采取的行动，这些政策主要关注使高校和工业界在科学和技术领域建立合作关系。具体来说，普拉格主

---

37 周晔：《河北省高校科技创新能力评价研究》（D）。天津：河北工业大学，2006。

38 陈运平：《高校科技创新体系、能力及其对经济增长的贡献研究：以江西省为例》（D）。南昌：南昌大学，2007。

39 Drenth, P.J.D. (2006). Institutional Innovations in Higher Education. Annals of the New York Academy of Sciences, Volume 798, Issue 1: 223-237.

40 Williams, Gareth (1981). Of adversity and innovation in higher education. Studies in Higher Education, Volume 6, Number 2, 1981, pp.131-138 (8).

要考察了高校与工业界科研合作的现状和潜力，以及联邦政府在当前和未来维持这种合作关系正在和可能发挥的作用。[41]

一些学者从实践的角度研究了美国的大学如何通过自身的变革来满足经济、社会发展的需要，如弗兰斯．凡．福特（Frans van Vught）研究了大学应该如何通过创新的方式应对社会环境的变化，并提出了"创新大学"（innovative universities）的概念。这种大学是一种愿意变革、想要适应环境赋予它的使命的大学。面对新的知识生产者、学生和雇主、其他办学者和新技术带来的挑战，大学需要在科研、教学和知识转化等各方面调整其管理策略来适应社会发展的需要，而不再抱着传统的学术价值固步自封。[42]罗伯特．劳费尔（Robert Laufer）研究了美国高等教育为应对科学发展的需要而出现的功能分化问题。他指出，后工业社会需要受过良好训练的多种层次的劳动者，因此高等教育不能仅仅培养那些能够创造新知识的人，还要培养那些能够操作新技能的人，而美国高等教育系统的功能分化恰恰是高等教育和美国社会关系发展的表现。[43]史蒂芬．T．桑卡（Steven T.Sonka）和戴维．L．齐可因（David L.Chicoine）研究了大学如何通过自身结构的创新来应对社会赋予大学的新价值。他们指出，从20世纪80年代开始，研究型大学在教学、科研和社会服务三大使命之外增加了一个新的使命，即要促进基于创新和新技术的经济发展，为此许多大学开始进行结构调整来适应这一新使命的要求，最突出的一点是各个大学纷纷建立了技术许可办公室来促进创新成果的转化。然而，单纯建立技术许可是不够的，更重要的是大学要制定新的组织战略，调动大学中的教师、学生和其他工作人员的创新力，更好地履行大学的新使命。[44]

另外，还有学者从方法论层面入手，研究如何构建一个网络分析工具，用来分析高等教育机构、地方企业、合作关系和环境等因素的相互影响和相互作用。[45]

41 Prager, DJ (1980). Research, innovation, and university-industry linkages. Science Volume:207 Issue:4429 Pages: 379-384.

42 Vught, Frans van (1999). Innovative universities. Tertiary Education and Management, Volume: 5, Issue:4, Page: 347.

43 Laufer, Robert (1972). Higher Education in Post-Industial Society: Innovation and Conflict in American Higher Education. Brandeis Universy. 1972.

44 Sonka, Steven T.. Chicoine, David L.(2004). Value and University Innovation. American Journal of Agricultural Economics, Vol.86, No.5, Dec.2004.

45 Caniëls, Marjolein C.J., Bosch Herman van den(2011), The role of Higher Education

2. 美国高校创新的效果和创新成果推广

德鲁克等人研究了美国高校创新的效果问题，他们通过对包括高校在内的公共组织领域创新和企业创新进行比较，得出结论认为美国高校创新比企业的创新效果更好，美国高校创新体系的形成和发展可以作为美国创新领域的典型案例。

一些学者对创新成果在美国高校中的推广问题进行了研究。如戈登．莫瑞（Gordon Murry）研究了美国高校创新成果的推广速度问题，认为21世纪的高校中创新成果的推广速度与前几个世纪的高校没有什么不同。高校由于缺少竞争压力，创新成果的推广速度较慢；企业由于竞争压力大，创新的速度是高等教育的两倍。[46]马尔柯姆．盖茨（Malcolm Getz）、约翰．J．齐格弗里德（John J Siegfried）和凯瑟琳．H．安德森（Kathryn H Anderson）研究了美国238所高校在计算机和通信技术、图书馆、学生生活、课程、课堂服务和财务系统等六个方面的创新成果推广速度，发现在高等教育中，一项创新成果得到推广平均需要26年，并且图书馆和计算机方面的创新成果推广速度是课程教学方面的两倍，而财务系统的创新成果推广速度是最慢的。[47]约瑟夫．菲利普．威尔斯（Joseph Phillip Wells）研究了课程创新在美国高等教育中的推广问题，具体来说侧重于影响创新成果推广的影响因素。威尔斯向美国150所人文学院发放了调查问卷，以了解这些学院开设大一学生研讨课程的情况。研究结果显示，学院的规模和类型对于新课程的采用影响不显著，而对其影响较为显著的是学院的地域分布，以及学院在社会上的影响等。[48]

3. 美国科研创新的研究

奥利弗．富尔顿（Oliver Fulton）和马丁．特罗（Martin Trow）研究了美国高校科研创新活动的分配问题，发现承担较多科研任务的高校是高质量的四年制本科院校，而就教师所承担的科研任务和其他任务来说，二者并不是

Institutions in building regional innovation systems. Papers in Regional Science, Volume 90, Issue 2, pages 271-286.

46 Murray, G. (2008). On the Cutting Edge (of Torpor): Innovation and the Pace of Change in American Higher Education. AACE Journal, 16 (1), 47-61. Chesapeake, VA: AACE.

47 Getz, Malcolm, Siegfried, John J, Anderson, Kathryn H. (1997). Adoption of innovation in higher education. The Quarterly review of economics and finance (1062-9769) Getz yr:1997 vol:37 iss:3 pg: 605.

48 Wells, Joseph Phillip (1973). Freshman seminars: the diffusion of a curricular innovation in American higher education. Columbia University. 1973.

非此即彼的关系，也即承担较多科研任务的教师所承担的教学和管理任务并不比承担科研任务少的教师少。[49]

宫田（Miyata）等人研究了美国高校科研创新的资助问题，认为经济不发达、接受联邦资助较少或对科技计划感兴趣的州更愿意资助大学的科研创新活动。由于大学仅靠技术认可活动获得的收入来支持科研创新活动是不够的，因此中央政府就必须负有保证科研活动的质量的责任。另外，为了促进长期的区域经济发展，为高等教育提供资助，并与工业界人士保持非正式的联系也是非常重要的。[50]

二、有关治理问题的研究

（一）治理理论研究

最早的有关治理问题的论述是世界银行 1989 年《撒哈拉以南非洲：从危机到可持续增长》的报告，认为非洲发展中各种问题的根源是"治理"的危机，即权力的配置方式过于集中，垄断、专制等现象普遍存在，各种利益集团与政府之间的寻租现象严重，政府的公益性差、行政效率低，导致世界银行的援助计划收效甚微。为此，世界银行呼吁那些治理不善的非洲国家改善国家的治理结构，加强各种利益集团，即基层、社群、妇女组织、专业协会、工商业协会和其他中介组织的参与，改善政府与社会的关系，促进公共事务管理成效的提高。[51]

到了 20 世纪 90 年代，治理作为一种理论形态在西方理论界流行起来。斯托克研究了治理理论兴起的原因，即经济的发展和经济的全球化、公民需求的增加和复杂化、技术的发展、社会的多样化和复杂化。[52]俞可平认为治理理论的兴起是因为西方国家在社会资源配置中看到了市场的失败和国家的失效。[53]

49 Fulton, Oliver, Trow, Martin (1974). Research Activity in American Higher Education. Sociology of Education, vol. 47(Winter): 29-73.

50 Miyata, Yukio(2000). An empirical analysis of innovative activity of universities in the United States. Technovation, Volume: 20, Issue: 8, Pages: 413-425.

51 黄华：《西方治理理论的价值取向与理论困境》（D）。吉林：吉林大学，2006。

52 AlbCrt, M.. Govemance without Governament? Reflections on the Orders of the European Union (EB/OL). http://aei.Pitt.edt 盯 2431/01/002881_l.PDF, 2009-03-23/2012-03-27

53 王诗宗：《治理理论及其中国适用性：基于公共行政学的视角》（D）。杭州：浙江大学，2009。

西方治理理论的代表人物之一罗茨列出了六种治理运用的领域，第一，治理是指作为最小国家的管理活动，即国家减少发挥作用的领域，削减开支，以最小的成本获得最大的效益；第二，治理是指一种公司管理的方式，即指导、控制和监督企业运行的组织制度；第三，治理是指一种新公共管理的方式，即政府在提供公共服务时吸收市场和私人部门参与；第四，治理即善治，强调建立高效率、法制化和负责任的公共服务体系；第五，治理是指一种社会控制体系，即政府与民间公、私部门的互动；第六，治理是指一种自组织网络，即在信任与互利基础上形成的社会协调网络。[54]

总的来说，治理理论旨在打破传统的以政府为主体的单一权威结构，主张建立由多方利益相关者通过协商互动产生权威的多中心治理结构。这种协商互动的方式消解了传统民族国家与国际社会、政治与社会、公共部门与私人部门、计划与市场之间的二元对立，因为原来由政府所承担的公共事务管理责任正越来越多地被公民社会和一些非政府组织所承担，从而导致一些公共事务权责方面的界限日益模糊。治理过程中的各方利益相关者所建立起来的将是一种通过合作和博弈过程实现的自主合作网络，这一网络在某个特定的领域具有发号施令的权力，并通过与政府合作的方式，分担政府的管理责任。[55]

然而，也有研究者指出了治理理论所存在的理论困境，如黄华在研究中提到，治理理论偏重直接民主，但却仍然需要间接民主；治理理论提倡多中心治理，但官僚制作为一种有效的组织方式仍然发挥着重要作用；治理理论在重新构造合法性的同时，亦使责任的归属困难重重，且仍然面临着"治理失败"的可能性；治理理论虽然追求全球治理，但并未改变国际政治中强权政治的现实。

王诗宗研究了治理理论在中国的适用性问题，认为中国的社会组织虽然目前只有"镶嵌的自主性"，但已经构成了政府之外的另一种力量。在市场化进程的推动下，公民的参与空间也得到了一定程度的拓展。此外，由于地方政府有一定的自主性，并承担着为公民直接提供公共服务的任务，因此在与社会力量合作方面有一定的主动性，从而为治理理论在中国的运用提供了可

54 罗伯特．罗茨：《治理与善治》。北京：社会科学文献出版社，2000，87-96。
55 关光辉：《高校办学自主权问题与对策研究》（D）。天津：天津职业技术教育学院，2007，20。

能性。最后，研究者利用三个现实的案例论证了上述观点，并指出中国的治理是有限度的，它只能在局部或地方的公共事务治理中发挥作用，并不能迅速改变中国行政的整体面貌。

曾箭华研究了全球治理的问题，认为全球治理是"在全球范围内的不同层面上，由各种公共的或私人的机构或组织及个人，通过包括国际法在内的国际机制，以管理和解决全球性的冲突、生态、人权、移民、毒品、走私、传染病等问题及其他各种全球共同事务、维持正常的国际政治经济秩序、以达到国际社会的"善治"为目的，为解决相互冲突或不同利益矛盾而采取的调和或联合行动。"[56]全球治理有权威横向再定位、权威纵向再塑造、治理模式转向社会主导和管理方式转向协商性与网络化等几个特征。基于此，研究者论述了全球治理理论的结构，从横向上看，全球治理理论由主体、客体、途径、价值、效果五要素组成，其中全球治理的主体又包括民族国家、正式的国际政府间组织、非正式的全球公民社会组织以及跨国公司。治理的途径包括机制和法律两种方式。从纵向上看，全球治理又可以分为全球层次治理和区域层次治理两个层面。

（二）高校治理研究

有关高校治理的研究就是用治理理论来研究高校的管理问题，这主要表现在两个方面，第一个方面是对高校的外部治理问题进行的研究，即运用治理理论研究政府、高校和社会之间的关系。在这方面，研究者所取得的共识是认为计划经济时代政府对高校的集权式管理模式不利于高校的发展，因此有必要运用治理的方式重塑政府、高校和社会之间的关系。首先，政府必须转变职能，由"大政府"向"小政府"转化，因此必须将办学自主权还给高校，由原来的集高校的举办者和管理者于一身的角色转变为高等教育的监督者和协调者，并联合其他的各种社会力量对高校进行治理。[57]

其次，一些学者认为必须引入市场机制参与对高校的治理。如盛冰认为政府应该允许由社会和市场来提供一部分高等教育，因此可以引入民间资本，大力发展民办高校。另外，为了促进公共资源的优化配置，也应该在高校中

---

56 曾箭华：《全球治理理论的兴起及其中国视角》（D）。上海：华东师范大学，2006，12。

57 龙献忠：《从统治到治理——治理理论视野中的政府与大学关系研究》（D）。武汉：华中科技大学，2005。

引入竞争机制，[58]使高校存在危机感，激发高校的办学活力。

第三，还有学者认为公民社会也应该参与高校的治理。如史雯婷认为，随着社会的发展，高等教育在社会中的地位日益重要，因此社会第三部门开始寻求通过参与高等教育管理来发挥对高等教育的影响，从而打破了政府垄断高等教育管理的权力格局。此外，高等教育的准公共性也要求高校走出象牙塔，通过吸收社会力量参与高等教育来对高校的管理权进行重新分配。[59]

有关高校治理研究的第二个方面是研究高校的内部治理问题。许多学者都认为，要实现高校的内部治理就是要打破传统的官僚制或科层制模式，推动高校的民主化管理。具体来说就是要实现校务公开制，吸纳广大教师、学生和社会各界人士参与高校的管理活动。在这方面，美国的大学管理模式可谓高校内部治理的一个典型范例。于杨研究了美国大学共同治理的理念与实践，认为美国大学共治的内涵就是基于教师和行政部门双方特长的权力和决策的责任分工，它代表教师和行政人员共同工作的承诺。也就是说所有利益相关者都对学校事务有一定的发言权，所有人的各种意见都被考虑后才能做出最后决定。研究者还探讨了美国大学共治的结构，着重探讨了大学董事会、校长、学术评议会、教师评议会、行政职员评议会、学生评议会、校友会等在大学共治结构中的地位、权力及相互关系。此外，研究者还探讨了大学共治的过程和大学共治中存在的问题，并在对其结构和过程的比较中提出了对我国的启示。[60]

杨咏梅从高校内部治理的视角研究了高校学生管理模式创新问题，首先分析了当前学生管理方面存在的问题，继而从全球大学的发展趋势、当前大学生基本素质的提高、高校学生自治组织发展状况、高校学生管理的法治化和治理理论运用于高校学生管理的意义等几方面对将治理理论运用于高校学生管理的可行性进行了分析，并在此基础上，运用治理理论，从共融化、专门化、法治化、民主化四个角度构建了高校学生管理的新模式，主要的途径是创建"我—你"型师生关系，构建垂直式、一级管理的工作体制，形成以人为本、民主、法治的治理环境、推进大学生自治和学生参与等，以期使高校

---

58 盛冰：《高等教育的治理：重构政府、高校、社会之间的关系》(J)。高等教育研究，2003，(1)：49-50。

59 史雯婷：《从高等教育的社会治理看第三部门的发展》(J)。江苏高教，2004，(3)：52-55。

60 于杨：《治理理论视域下现代美国大学共同治理理念与实践研究》(D)。长春：东北师范大学，2008。

学生管理达到"善治"的目的。[61]

三、有关风险问题的研究

（一）风险的理论流派

风险存在于人类活动的各个领域，因此各个领域的专家也都尝试着从不同的视角对不同领域的风险问题进行研究。可以说风险研究是一个跨学科的研究，这也决定了在不同学科的视域中，风险的内涵、损害的后果，以及风险的评估和管理方式都是不同的。总的来说，有关风险的理论可以划分为以下两种类型，这两种类型概括出了风险研究的几种基本范式。

1. 风险的客观主义理论

风险的客观主义理论将风险视为事件或活动可以带来破坏的属性，以及具有这种属性的事件或活动发生的概率或可能性。持这种观点的理论又可以分为两派，即风险的技术理论和风险的经济学理论。

（1）风险的技术理论

保险精算学是从有害事件发生的可能性或概率的角度来认识风险的。在这里，有害事件仅指物质损害，这种损害可以用科学的方法加以预测，如可以通过计算当年的车祸死亡人数来推算第二年的车祸死亡人数。保险学中的风险理论主要采用归纳法，从经验中发现相关的统计概率和规律，然后利用此规律对有害事件在未来一段时间发生的可能性进行评估，以此来指导风险分摊的实践。因此保险学中的风险理论对统计技术有较大的依赖性，而且为了预测准确，有害事件发生的可能性在一定时间内必须具有相当的稳定性。

健康和环境科学在对风险的看法方面与保险学的看法相似，但不同的是其在计算有害事件概率时必须要探讨事件发生的因果关系，即是什么原因导致了有害事件的发生，而不是单纯分析事件发生的可能性。与保险学的风险理论一样，健康和环境科学中的风险理论也要从经验中发现规律，但其所要采用的方法和技术更复杂，通常不是简单地统计分析，而是要借助实验和调查等来探索事件中的因果关系。[62]因此，健康和环境科学中的风险理论在参与

---

61 杨咏梅：《从管治到善治——基于治理理论的高校学生管理模式创新研究》（D）。上海：华东师范大学，2006。

62 谢尔顿．克里姆斯基（Krimsky, S.）、多米尼克．戈尔丁（Golding, D.）：《风险的社会理论学说》（M）。北京：北京出版社，2005，65-68。

政策制定方面显得更有价值，一些有关环境保护或健康保护方面的政策或标准的制定往往是建立在相关的风险评估和分析的基础上。

以上的几种风险理论都依赖于技术理性，并通常要借助于自然科学的实证方法来对风险问题进行分析，从而在相关政策制定上可以发挥巨大的工具作用。这是因为通过量化的方法收集到的信息能够更加使人信服，并且它所倡导的制定标准和改进技术的方法对于降低风险有一定的价值。因此，许多研究者尝试将这种量化的风险分析方法引入政策制定过程中，如摩根．M．格兰杰（Morgan M.Granger）认为在制定相关政策时，有必要用定量的方法对风险问题进行分析。之后，他还开发了一系列需要量化的指标，以及对这些指标进行处理的方法和技术。其中，他特别强调在风险分析中利用统计技术和计算机技术的重要性，而在没有条件获得统计资料的时候，人们便要遵从"专家判断"，并探讨了人们获得专家判断的机制。[63]

风险的技术理论虽然被广泛应用在政策制定方面，但它也存在着一些不足之处，首先，它只关心物质损害，而忽视了精神损害以及人们所关注的其他损害；其次，这种主要利用统计技术的风险分析方法过于简单化，它难以处理人类活动及其后果之间的复杂关系；第三，这种强调技术理性的风险理论将专家的意见抬到了较高的位置，忽视了普通人的观点和看法。

（2）风险的经济学理论

风险的经济学理论对风险的理解与风险的技术理论相近，但经济学理论不只关注实质性的物质损害，更关注人们对结果的主观满意度，即风险损害除了包括客观的物质损害，还包括了心理或社会后果，这与技术理论家眼中只有"物"、没有"人"的情况是不同的。风险的经济学理论中的典型分析方法是成本——收益分析，即分析一项风险管理政策或措施所能获得的收益是否比所付出的成本要大，并且还可以对具有不同风险——收益比值的政策选项进行比较。因此，成本——收益分析主要的目的就是服务于决策过程，并且通过对成本——收益的计算来影响社会资源的分配。如凯斯．R．孙斯坦（Cass R.Sunstein）在其《风险与理性：安全、法律及环境》（Risk and Reason: Safety, Law, and the Environment）一书中指出，个人对风险的感知往往是非理

---

63 Granger, Morgan, M. (Millett Granger) (1990). Uncertainty: a guide to dealing with uncertainty in quantitative risk and policy analysis. Cambridge; New York: Cambridge University Press, 1990.

性的，即对本不必担心的事情产生过分的恐惧，而对本应提高警惕的事情却掉以轻心。因此，为了使社会能够有效地防范风险，决策者在制定有关风险的法律和政策时就必须利用成本——收益分析法，精确地计算不同的行动方案的后果，并配以政府机构改革，建立全局性的风险规制体系，[64]以确保成本——收益分析能够在人们应对风险的过程中发挥更大的作用。

风险的经济学理论也存在着一些不足之处，首先，该理论的哲学基础是理性行动者范式，即每个行动者都是理性人，都追求着自身效益的最大化，但这一假设本身并不符合生活实际；其次，一些风险事件所引起的不只是经济后果，还有巨大的心理后果和社会后果，而这些经常是难以被测量的；第三，该理论的功利性过强，忽视伦理价值的重要性。

2. 风险的建构主义理论

风险的建构主义理论与风险的客观主义理论的最大的不同是它认为风险是由人主观建构出来的，而不是独立于人的意识而客观存在的东西。人们的心理特点不同，所生活的社会和文化环境不同，其对风险的定义也会不同。总的来说，建构主义的风险理论包括三类，即风险的心理测量理论、风险的社会学理论和风险的文化学理论。

（1）风险的心理测量理论

风险的心理测量理论主要是通过心理学中的测量方法来调查人们对风险的态度和反应，并试图解释有的人为什么宁可放弃效益最大化的选择而倾向于风险小的选择。如丹尼尔．卡尼曼（Daniel Kahneman）和阿莫斯．特沃斯基（Amos Tversky）进行了实验研究，发现损失对于人们的影响比收益更大，他们将这种心理现象称为"损失厌恶"，并用这一假设来解释为什么虽然赌博的损失可能性和收益可能性均为 1/2，但人们还是排斥赌博，并随着赌注的增加，人们的排斥情绪也随之增加。[65]

风险测量理论一反风险的客观主义理论对专家的推崇，承认普通人的风险感知的意义，认为公众对风险的感知包含了更多的价值因素的考虑，如公平、正义和合理性等。最初，人们认为心理测量理论主要考察的是个人对风

---

64 凯斯．R．孙斯坦：《风险与理性——安全、法律及环境》（M）。北京：中国政法大学出版社，2005。

65 Kahneman, Daniel and Tversky, Amos (2000). Choices, values, and frames. New York: Russell sage Foundation; Cambridge, UK: Cambridge University Press, 2000.

险的主观估计，难以对政策制定过程做出贡献，但是随着社会的发展，人们发现一些公共风险政策的出台确实受到了公众观点的极大影响，加之人们对专业人士的"信任危机"问题的凸显，人们越来越重视通过心理测量方法来了解公众对风险的认识，以便对公共政策的制定有所助益。

（2）风险社会理论

风险社会理论的代表人物是德国社会学家乌尔里希.贝克（Ulrich Beck）。贝克将风险定义为科学技术对环境产生的威胁，并进一步扩大风险的概念，将其视为现代性对人类的影响，同时也是人类应对现代性给其带来的灾难的一种方法。[66]因此，风险具有"建构"的属性，它并非纯来自自然灾害，同时也是人类决策的结果，即所谓的"人造风险"。风险既证明了人类理性的力量，也暴露出人类理性的局限性。卢曼（Luhmann）也是风险社会理论的一个代表人物，他也将风险与现代科技的发展联系起来。他认为随着社会的发展，风险已不再像过去那样只是个别冒险者的事，而是具有普遍性的现象。风险既具有客观基础，即能够用实证的方式加以测量，又具有"建构"的属性，即是由人们建构起来应对现代的各种不确定性，并理解这种不确定性社会的方式，从而代替了过去的人们所采用的魔法、巫术、宗教等表征形式。[67]

（3）风险文化理论

风险文化理论利用文化人类学的视角来研究风险问题，从而将风险与文化联系了起来。该理论认为不同的文化模式决定了人们对风险的认识，在一种社会被看作是有风险的活动，在另一种社会可能并不被视为风险。风险文化理论将对风险的判断与社会利益和价值联系起来，这些不同的社会价值决定了人们对风险的感知，以及对收益的看法。风险文化理论的代表人物是玛丽.道格拉斯（Mary Douglas），她认为人们对风险的感知并不完全取决于个人，而是受其所处的文化影响的结果。人们在认识风险时并不是仅仅考虑其经济含义，而是会同时考虑其道德维度，而该维度便紧密地与人们的文化观联系起来。[68]风险文化理论开辟了一个研究风险问题的新范式，它能够弥补客

---

66 杨雪冬：《风险社会与秩序重建》（M）。北京：社会科学文献出版社，2006，15。

67 Luhmann, Niklas (2005). Risk: a sociological theory/Niklas Luhmann, translated by Rhodes Barrett, with a new introduction by Nico Stehr & Gotthard Bechmann. New Brunswick, N.J.: Transaction Publishers, 2005.

68 Douglas, Mary (2003). Risk acceptability according to the social sciences. London: Routledge, 2003, c1985.

观主义的风险理论所存在的不足，但是该理论与所有建构主义的理论一样，缺乏经验的证据来证明其观点，而且对现实的决策以及具体的风险问题的解决发挥的作用不大。

（二）风险治理研究

风险治理理论是属于建构主义风险理论旗下的一派风险理论，它的理论基础或前提假设结合了风险的心理测量学、风险社会理论以及风险文化理论的观点，即既重视个人对风险的看法，又重视当前社会现实和文化传统对人们风险感知的影响，同时还将风险问题放在社会的宏大视阈下，将其作为一个社会问题甚或全球问题来看待和处理。风险治理理论是风险研究和"治理"理论的结合，主要探讨在风险决策和管理的过程中，如何通过"治理"的方式来应对风险。奥尔特温.雷恩（Ortwin Renn）认为，"风险治理"就是将"治理理论"的实质精神和核心原则运用到风险决策领域和管理领域中去。风险治理由多种要素构成，包括利益相关者、规则、习惯、过程和机制，以及收集、分析和交流风险信息的方式和进行管理决策的方式。由于风险治理过程中的政策和行动既有来自政府的，又有来自非政府部门的，因此风险治理在运作过程中并没有一个单一权威统一作决定，而是要求不同利益相关者的通力合作。风险治理并不只是考虑风险问题本身，同时还要考虑一些背景因素，如法律和政策、政治文化、市场环境、社会习俗和人们的不同动机和观念等，因为正是这些背景因素影响和在一定程度上决定了不同的人们对风险的认识，并进一步制约着风险的应对策略。具体来说，风险治理的基本构成要素包括：[69]

1. 制定、影响、批评和执行风险政策和决定的各个利益群体的结构和功能；

2. 个人和群体对风险的看法；

3. 与风险结果有关的个人、社会和文化问题；

4. 现有的规制和决策模式，即所谓的当前的政治文化；

5. 对现有的组织和机构评估、监督和管理风险的能力要求。

风险治理与传统的风险规制相比有很大的不同，传统的风险规制是一种命令和控制模式，而风险治理则是一种合作模式。根据雷蒙德．J．伯比（Raymand J.Burby）和彼得．J．梅（Peter J.May）的观点，风险治理和风险

---

69 Bouder, Frédéric, Slavin, David and Löfstedt, Ragnar E.(2007). The tolerability of risk: a new framework for risk management. London; Sterling, VA: Earthscan, 2007.

规制的区别具体表现在以下几个方面（见表1）：[70]

表1　风险治理和风险规制的比较

	风险规制	风险治理
理论范式和规划目标	以技术理性为基础,旨在形成风险管理能力	以交往理性为基础,旨在形成降低风险的生态系统
对于地方政府和私人部门是否能承担促进可持续发展的义务的假设	认为它们能够承担的义务较少	认为它们是否能够承担义务并不重要,因为相关的政策是通过合作和协调来制订的
政策来源	中央政府	中央政府、地方政府和公民
中央政府政策的重点	强调政策和规制的过程和具体行动,特别突出具体的行动、条件和程序	强调政策的结果,特别突出规划的组成部分,并要求公民参与到决策中来
中央政府影响人们行为的手段	对于不符合标准的行为予以惩罚,并依赖于已有的规则和程序	吸引人们参与规划过程,并发布有关风险以及解决风险问题办法的信息
在规划过程中详细说明的事项	详细说明规划的技术程序,以此对风险问题进行评估,并借以来制定和评价其它政策。特别强调依赖已有的规则和程序	详细说明规划中的互动过程,以此来确定政策问题以及行动计划。说明地方政府和组织对不同问题的自行处置权。说明可以灵活应用指导方针的情况。特别强调培养实现政策目标的各种能力。
潜在的问题	由于不同的地方情况不同,总规则在执行时可能存在低效率或不适应性。对人们行为的监督能力较弱。政策可能会引起人们的不良反响	地方政府和公民在参与规划和政策过程中可能会存在利益分歧。可能会出现"集体不负责任"和意见不一致的情况,以及缺乏必要的资源等

可见，风险治理和风险规制的最终目的都是要实现中央政府的政策目标，但在实现目标的过程中，中央政府所要承担的义务有所不同。在风险规制过程中，中央政府要扮演家长式的角色，由它来制定具体的政策和规则，并利用惩罚和监督等强制性手段，要求地方政府和公民必须执行这些规则；而在

---

70 Burby, Raymand J. and May, Peter J.(2009). Command or Cooperate? Rethinking Traditional Central Governments' Hazard Mitigation Policies. Urbano Fra Paleo. Building safer communities: risk governance, spatial planning and responses to natural hazards.Amsterdam; Washington, DC: Ios Press, 2009. 23.

风险治理过程中，中央政府只需制定行动目标，至于地方政府如何实现这个目标则由地方政府与公民，或由中央政府、地方政府和公民共同协商决定。由此可见，风险治理和风险规制蕴含了两种不同的前提假设，风险规制假设地方政府和公民与中央政府在政策目标上是有分歧的，而风险治理假设中央政府和地方政府的目标是一致的，两者不存在利益分歧。

总的来说，上述理论都认为，风险治理就是在确定的目标下，各方利益相关者通过上下互动的方式，来建构相应的政策和措施来达到降低或消除风险的目的，然而罗尔夫．利兹考格（Rolf Lidskog）、琳达．索纳德（Linda Soneryd）和伊娃．阿格勒（Ylva Uggla）等人却进一步发展了风险治理理论，认为不但风险治理的具体手段是通过协商方式来建构的，连所要解决的问题本身也是建构出来的。这些研究者指出，在当今社会的风险管理实践中存在着两对矛盾，其一是政府的风险规制与其它利益相关者要求参与规制的矛盾，其二是在风险决策过程中专家知识与公众意见的矛盾，指出想要解决矛盾就要实施风险治理。接着，研究者讨论了在环境问题上的风险治理机制，认为制订和实施规则是治理环境风险问题的重要手段，而在制定规则的过程中，不同的利益相关者共同参与对风险问题的界定，共同决定哪一类的知识是有效的和相关的，并且共同探讨不同利益相关者本身应扮演的角色。可见，风险治理并不是对已经界定好了的问题的反应，而是利益相关者以不同的方式共同创造新的需要被治理的问题的过程。[71]

为了将风险治理理论运用到实践中，国际风险治理委员会（International Risk Governance Council）提出了风险治理的 IRGC 框架，即风险治理具体运行的基本过程模式。IRGC 框架在两个方面做出了重大创新，其一是将社会背景问题包括在了风险治理过程中；其二是将风险问题进行了分类，即简单风险问题、复杂风险问题、不确定风险问题和模糊风险问题，并要求根据风险问题的不同性质来运用不同的风险治理策略。

具体来说，IRGC 框架包括四个步骤，第一是预评估阶段，目的是收集有关某一风险的相关问题、现存的评估指标、方式和习惯，并通过分析这些信息，对风险问题进行界定；第二是风险评估阶段，目的是为风险决策提供信息，判断某一风险是否需要被处理，如果需要如何处理；第三阶段是风险的

71 Lidskog, Rolf, Soneryd Linda and Uggla, Ylva (2010). Transboundary risk governance. Sterling, VA: Earthscan, 2010.

可容忍性和可接受性判断阶段，目的是根据风险的严重程度，来决定采取什么样的方式应对风险；第四阶段是风险管理阶段，目的是制定和采取相应的措施和行动，对风险进行规避、控制、转移或保留。[72]

IRGC 框架只是风险治理的一种典型模式，随着风险治理理论和实践的发展，人们也可能会提出风险治理的其它模式。但无论具体的模式如何，风险治理过程都蕴含着一些基本要素。如风险治理的一个核心环节就是多方利益相关者的参与和协调，约翰．弗瑞斯特（John Forester）和瑞什米．克里什曼．赛克西（Reshmi Krishman Theckethil）专门研究了公共参与的核心要素，即对话、争论和协商。在对话过程中，参与者要阐明自己的观点，并了解他人的观点；在争论过程中，参与者要论证自己观点的正确性，并找出他人观点的不足；在协商阶段，参与者要形成一致意见，[73]确定具体的解决问题的办法。

何华玲将风险社会理论与治理理论联系起来，认为当前中国社会正处在社会转型和现代化建设的关键时期，社会转型期社会的急剧变化和现代性本身的因素使我国面临着"风险社会"的挑战。在这种情况下，传统的中央集权和政府规制模式已不适应现代社会发展的需要，为此必须突破官僚制体制的束缚，建立一种具有动态性和适应性的公共治理机制，吸收政府、社会、企业和公民个人等利益相关者共同参与公共事务的管理。只有在所有利益相关者充分开展博弈的基础上，才能够极大地提高公共治理的效果，从而更好地规避风险，促进我国的和谐社会构建。[74]

（三）其他研究

还有一些研究者利用上面所提到的各种范式和理论对各个领域的具体风险问题进行了研究。如马丁．冯（Martin Fone）和彼得．杨（Peter Young）研究了公共部门风险管理的问题，阐述了公共部门风险管理的职能，并认为公共部门中每一个人都有责任参与风险管理，促进风险问题的有效解决，而且在管理过程中还必须引入风险管理文化和机制，这样才能促使组织实现最优化的发展目标。在具体管理过程中，研究者将合同、责任、承诺和协议

---

72 Renn, Ortwin and Walker, Katherine D.(2008). Global risk governance: concept and practice using the IRGC framework.Dordrecht, The Netherlands: Springer, c2008.

73 Forester, John and Theckethil, Reshmi Krishman (2009). Rethinking Risk Management Policies: From "Participation" to Processes of Dialogue, Debate, and Negotiation. Paleo, Urbano Fra. Building safer communities: risk governance, spatial planning and responses to natural hazards. Amsterdam; Washington, DC: Ios Press, 2009.

74 何华玲：《风险社会的公共治理问题探析》（D）。苏州：苏州大学，2007。

（COCAs）作为组织风险暴露方式、风险评估的基础和风险控制的方式，并借助一些典型案例来对相关问题进行了阐述。[75]

杨文晓研究了科技风险的产生与规避问题，认为科技风险是在科技实践活动中，由于各种主观和客观方面的不确定性因素，带来的对主体目标的达成的阻碍性。科技风险可以分为前期风险、中期风险和后期风险，具有巨大的危害性、有限的可控性和关联效应性等特征。研究者从科技发展本身的不确定性、人类社会发展的不确定性以及人类道德取向的不确定性三个方面探索了科技风险产生的原因，并从如何加强宣传教育、建立健全风险管理机制、促进风险良性投资、预防科技成果误用、完善法律制度等方面提出了规避科技风险的建议措施。[76]

刘芳君从系统论的角度研究了技术创新风险问题，描述了技术创新风险的系统复杂性特征，指明了技术创新的内部风险和外部环境风险，探讨了各种风险的控制策略，认为要从技术创新战略的制定、项目决策、对创新度的把握方面来控制决策风险；从知识产权模式、项目过程管理和人力资源激励等方面控制技术创新活动中的制度风险；从市场环境、政策环境、社会文化环境等方面控制技术创新的外部环境风险。[77]肖斌研究了技术创新风险的社会分摊问题，构建了技术创新风险的社会分摊机制，认为该机制应遵循风险与收益对称性、个体收益与社会收益相统一性、风险承担主体多元化和风险承担主体相依性等原则，并将该机制分为横向社会联合分摊机制和纵向社会转移机制。此外，研究者还提出了技术创新风险社会分摊的方式，包括政策支持、金融投资、信息知识和伦理规范四个方面，并在此基础上探讨了我国技术创新风险社会分摊存在的问题和对策。[78]

耿方辉研究了高新技术企业技术创新风险管理问题，介绍了高新技术企业的发展现状、高新技术企业技术创新风险的特点，提出了高新技术企业全面风险管理框架，并在框架的基础上研究了技术创新风险的识别方法，提出了风险评估模型，并从高新技术企业的创新主体、外部环境等方面提出了高新技术企业技术创新风险的管理策略。最后，研究者通过 FSK 公司

75 马丁．冯、彼得．杨：《公共部门风险管理》（M）。天津：天津大学出版社，2003。
76 杨文晓：《试论科技风险的产生与规避》（D）。厦门：厦门大学，2009。
77 刘芳君：《技术创新风险的系统研究》（D）。武汉：武汉理工大学，2007。
78 肖斌：《技术创新风险社会分摊研究》（D）。长沙：湖南大学，2006。

技术创新风险管理的案例研究，为高新技术企业技术创新风险管理问题提供了例证。[79]

李钊研究了我国民办高校的办学风险问题，认为当前民办高校存在的风险包括管理决策风险、财务风险、教育质量风险、政策制度风险和市场风险等。民办高校作为非盈利性的高等教育组织，其办学风险有着危害性更加严重、急迫性、复杂性、社会敏感性和群体性等特点。民办高等学校办学风险出现的原因包括办学理念不科学、内部管理不规范、融资渠道不通畅等内部原因，以及政策法规不完善、管理体制不健全、社会歧视与偏见等外部原因。在分析原因的基础上，研究者提出了防范民办高校办学风险的对策，并强调政府所应承担的相应责任。[80]

综上所述，我们可以发现国内外对相关问题的研究存在着一些不足之处，表现在：

第一，有关高校创新活动的研究集中在高校创新活动的本质和原理、高校创新活动与社会发展的关系、高校创新活动的主体、动因、激励、创新能力评价、政策和实践等，无论研究的是关于高校创新活动理论，还是中外高校创新活动的实践问题，从风险的角度对高校创新活动的研究都比较少。

第二，很少有学者将风险治理理论引入到有关高校创新风险方面的研究，使人们对如何应对高校创新风险的问题缺乏认识。

第三，很少有学者关注我国高校创新风险治理的现状，有关应对高校创新风险的策略的研究也较为少见，较难以指导我国应对高校创新风险问题的实践。

第四节　核心概念的界定

一、高校创新活动

想要了解高校创新活动的概念首先要了解"创新"的含义。"创新"概念的最早提出者是美籍奥地利经济学家约瑟夫．熊彼特（Joseph Schumpeter）。他在其1912年的《经济发展理论》一书中将创新与经济发展联系起来，认为

79　耿方辉：《高新技术企业技术创新风险管理研究——以 IT 类企业为例》（D）。济南：山东大学，2009。

80　李钊：《民办高校办学风险防范研究》（D）。武汉：华中科技大学，2008。

创新是"一种新的生产函数的建立，即企业家对生产要素的新的组合，也就是把一种从未有过的生产要素和生产条件的新组合引入生产体系。"[81]创新是企业获得利润的重要途径，一个企业的创新成功将使社会的其它企业普遍进行模仿，从而引发创新潮流，推动社会整体经济的发展。熊彼特的创新理论包括以下几个观点：[82]

1. 循环流转。熊彼特认为生产过程是一个循环往复的流转过程，如果没有创新和变动，企业的总收入就等于总支出，生产管理者所得到的只是"管理工资"，没有不断增长的利润，也就不存在企业家。

2. 创新与企业家。熊彼特认为创新就是通过生产要素的重新组合，以获得更多的潜在的利润。企业家的作用就在于实现这种重新组合，产生更多的利润。

3. 创新与破坏。熊彼特认为创新是一种创造性的破坏，即破坏旧的结构，创造出新的结构的过程。对经济发展而言，经济发展的前提就是一批企业在发展中被淘汰掉，新的企业不断生长。

熊彼特的创新概念主要是从经济学的角度进行界定的。此后，又有人将创新的概念引入了科技领域，如曼斯菲尔德（E.Mansfield）指出，创新是对"一项发明的首次运用"。厄特巴克（J.M.Utteback）指出："与发明或技术样品相区别，创新就是技术的实际采用或首次应用。"[83]而 OECD 则进一步推进了对创新的定义，指出创新是"发明"的首次商业化应用，[84]从而将发明与实际应用联系起来。

美国管理学家德鲁克将创新定义为"赋予资源以新的创造财富能力的行为"，从而从管理学的角度界定了创新的概念。德鲁克将创新分为了两种，一是技术创新，二是社会创新，后者指创造一种新的管理机构、管理方式或管理方法，使人们在资源配置中获取更大的经济价值和社会价值。这种社会创新不同于技术创新，它不需要科学技术，但其发挥的作用比技术创新大得多。[85]

---

81 熊彼特：《经济发展理论》（M）。北京：商务印书馆出版，1990，73。
82 康永杰：《创新教育及比较研究》（M）。北京：科学出版社，2006，26。
83 傅家骥：《技术创新学》（M）。北京：清华大学出版社，2003，3-5。
84 张玉岩：《高校创新主体激励机制研究——委托代理理论的视角》（D）。西安：西安科技大学，2005，10。
85 朱晓东：《大学知识创新体系研究》（D）。南京：东南大学，2005，36。

在上述研究的影响下，创新概念的应用日益广泛，从最初的经济、科技和管理领域扩展到了包括教育在内的社会各个领域。创新的含义演变为社会主体对原有生活方式、生产方式的扬弃，其本质在于对原有事物的否定之否定和整个系统的优化。[86]这样，创新成为了一个哲学层面或方法论意义上的概念，它不仅仅指某一具体活动，更成为了人类的一种生活方式和行为方式。

随着人们对高校中的创新问题日益关注，许多学者开始致力于研究高校创新活动的概念。张武升教授指出，教育创新是主体为了一定的目的，遵循教育发展的规律，对教育整体或其中的某个部分进行变革，从而使教育得以更新与发展的活动。[87]这个定义从主体、目的和价值的角度对教育创新进行了界定，但它涉及的是整个教育领域的创新，并没有突出强调高校创新的特点。

安心、赵巧琴指出，高等教育创新的实质是教育领域为适应创新教育的需要，对教育的各方面所进行的深刻变革及教育系统的整体优化。他们将高校创新分为了三个层次，即教育理念创新、教育制度创新和教育活动创新。[88]这个概念虽然是针对高校创新而提出的，但它也没有体现高校创新的特点，偏重于高等教育的教学功能，对科研和社会服务关注较少。

张炜教授认为，高等教育创新是将高等教育的新思想、新理论等因素发展成为有用并得到社会承认的成果的一系列活动组合的复杂过程。因此，高等教育创新可以是任何相对于以前状态有着明显区别的高等教育的知识、过程或结果。高等教育创新的产出是创新型人才和新的教学或科研成果、服务、方法。[89]这个定义比较全面，它既考虑到了高等教育活动的特点，又包含了高校创新成果的不同形式，同时又照顾到了高校科研、教学和社会服务等诸多领域。

上述研究所界定的都是高等教育创新的概念，而高等教育创新的概念与高校创新活动的概念相比偏大，因为它仅考虑将新思想转化成现实成果的过程，而不管创新主体是个人还是高校，抑或是政府部门。因此，本书将高校创新活动仅限定于高校内部个人的创新，将高校创新活动界定为：高校创新

86 李兴江、李泉：《创新及创新体系的构建》（J）。西北师大学报（社会科学版），2002，（5）：120-121。

87 张武升：《教育创新论》（M）。上海：上海教育出版社，2000。

88 安心、赵巧琴：《论高校创新的三个层次》（J）。辽宁教育研究，2003，（8）：38-39。

89 张炜：《高校创新的范式与管理：集成创新》（J）。中国软科学，2004，（2）：1。

活动是高校中的教师、教育行政人员和学生，在科研、教学和社会服务等活动中，对认识和操作对象的各要素进行重新组合，以期将新思想和新理论具体化为有实用价值，并得到社会承认的成果的一系列复杂过程，其成果既可以是新观念，也可以是新制度和新技术。

二、风险治理

"风险治理"是将治理理论引入对风险问题的研究而形成的概念。在西方语境中，"治理"（governance）一词源于希腊语和拉丁语，原意是控制、引导和操纵，它与"统治"（government）一词大体相近，主要指用政权来控制和管理国家，强调政府在公共事务管理活动中的权威性和强制性。自 20 世纪 90 年代以来，"治理"一词被西方学者赋予了新的含义。治理理论的创始人之一詹姆斯．Z．罗西瑙（J．N．Rosenau）在其代表作《没有政府的治理》和《21 世纪的治理》中将"治理"定义为一系列活动领域里的管理机制，它们虽未得到正式授权，却能有效发挥作用。[90]全球治理委员会（Commission on Global Governance）在 1995 年发表的《我们的全球伙伴关系》报告将治理定义为公私机构管理其共同事务的诸多方式的总和。它是使相互冲突的或不同的利益得以调和并且采取联合行动的持续过程。它既包括有权迫使人们服从的正式制度和规则，也包括人们和机构同意的或以为符合其利益的各种非正式的制度安排。[91]佘伊和多纳休将"治理"定义为政府和非政府部门集体决策的结构和程序。[92]综上所述，我们可以将"治理"定义为公私机构的各方利益相关者为实现共同目的而共同采取的管理活动，它既包括各种正式和非正式的制度和规则，又包括在共同决策和行动过程中各方利益相关者的关系、角色、责任与合作方式。

通过上述定义的考察，我们可以看出，治理是一个比统治更宽泛的概念，具体表现出以下区别：首先，统治的主体是政府，由政府通过发布法律和政策来调节公共事务中的各种关系，这种管理的基本模式是命令和服从，具有较大的强制性；治理的主体除了政府还包括其他的公共和非公共部门，如企

---

90 颜丙峰、宋晓慧：《教育中介组织的理论与实践》（M）。上海：上海人民出版社，2006，54。

91 王诗宗：《治理理论及其中国适用性》（D）。杭州：浙江大学，2009，39。

92 Bouder, Frédéric, Slavin, David and Löfstedt, Ragnar E.(2007). The tolerability of risk: a new framework for risk management. London; Sterling, VA: Earthscan, 2007.17.

业和第三部门等，由这些公私部门共同协商决定公共管理的政策和各种安排，并共同采取行动来执行共同作出的决定，因此它既具有强制性，又具有志愿性。其次，统治由于是由政府来发布政策和命令来管理公共事务，因此各种规则和制度安排都是正式的；治理是由多方利益相关者共同参与，它们共同决定作出的安排既包括正式的，又包括非正式的。第三，统治过程的权力运行方向总是自上而下的，它由政府统一发号施令，对公共事务进行着自上而下的管理；治理的权力运行方向是上下互动的，它要求各方利益相关者通过协商、合作、确立共同目标、建立伙伴关系等方式进行管理。

除了"统治"的概念以外，与"治理"概念密切相关的概念还有"管理"和"规制"等。"管理"活动出现得较早，有人类共同劳动的地方就有管理。古今中外的许多学者都非常关注管理问题，并分别从不同的角度对管理进行了定义。综合已有的研究成果，我们可以将管理定义为：为了实现个人无法完成的目标，综合运用计划、组织、指挥、协调和控制等多种管理职能，合理分配和协调相关资源，以实现组织目标的过程。可见，"管理"所涵盖的内容十分宽泛，"治理"也可以被视为一种特殊的管理，即一种强调管理主体的多元性和合作性，以及对各种正式和非正式管理手段的综合运用的管理形式。

"规制"（regulation）的概念也是一个与"治理"关系密切的概念。"规制"是指政府行政部门对微观主体行为实行的一种干预或管制，它既包括相应的法律制度，又包括对微观主体的活动进行干预、限制或约束的政策或命令，其目的是矫正和控制经济过程或社会过程中的问题。从权力分配上看，"规制"与"统治"有相似之处，其主体都是政府，都是政府自上而下的对公共事务进行管理和调节，所不同的是，"统治"的涵盖方面更为广泛，统治的主体既包括政府中的行政部门，又包括立法部门和司法部门；既包括国家权力机关进行宏观决策方面的政治，又包括政府对具体公共事务的决策和管理，而"规制"的主体则仅指行政部门，而且侧重于具体公共事务的决策和管理。此外，从"统治"和"规制"所确定的行为模式来看，"统治"的范围更广，它既包括出台"授权性"的规则，即规定被统治者享有做与不做的权利，又包括出台"义务性"的规则，即规定被统治者必须做什么或不许做什么。"规制"由于是为了矫治公共事务中的各种问题，促进其由不好的状态向好的状态转化，因此它所涉及的政策和行为具有更多的义务性和强制性，即经常以命令或禁令的方式来制约被规制者的行为。"规制"与"治理"并非不相容，而是可以成为"治理"的手段之一。由于"治理"需要利益相关者的多方参与，而政府也是其中的一个重要参与者，因此政府可以利用"规制"手段来协助其他利益相关者采取其它措施共同对某一公共事务进行治理，以达到最佳的协同治理效果。

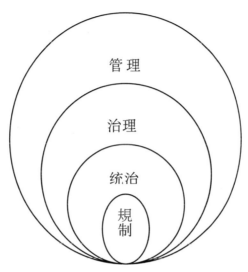

图2　"治理"、"统治"、"管理"与"规制"概念的关系图

长期以来，人们对风险问题的应对采取的是"风险规制"的方式，即由政府出面，通过相应的法律制度或行政行为对风险问题进行干预和管理，约束和限制各个组织和个人的行为，以达到消除或减少风险的目的。然而随着实践的发展，人们逐渐认识到，这种以政府为主体的"风险规制"机制是不完善的，因为政府在"规制"过程中往往会忽视现代社会中的某些风险问题，或风险问题的某些方面，而这些方面在其他利益相关者看来是很重要的。因此，自20世纪90年代"治理"的概念产生以来，人们就将"治理"理论引入了对风险问题的研究，提出了"风险治理"的概念。"风险治理"就是公私机构的各方利益相关者为消除或减少某个领域存在的风险，而共同采取的风险管理活动，它既包括各种正式和非正式的制度和规则，又包括在共同决策和行动过程中各方利益相关者的关系、角色、责任与合作方式。可见"风险治理"就是用"治理"的理念和方法来应对风险问题，强调多方利益相关者共同参与，通过协商和合作，采取共同行动来消除或减少风险。风险治理不是一个具体的政策，而是人们应对风险的互动过程，它既包括应对风险的各种制度和规则，又包括在这一过程中利益相关者的合作方式。

第五节 研究方案和技术路线

本书以"风险治理"理论为理论基础。"风险治理"理论是治理理论与风险问题研究的结合，强调以多方利益相关者共同参与和协商的方式来对风险问题进行决策和管理，强调多方互动的过程。具体来说，选择这一理论作分析框架的原因包括：

1. 高校创新活动具有巨大的社会效益性，因此完全由个人来承担风险是不公正的，因此有必要调动社会各方利益相关者的力量，共同应对高校创新风险，这不但可以通过共同采取的各种措施来为创新主体提供有效的信息和支持服务，减少创新中的不确定性，而且在风险损失产生后，还可以有多方主体共同承担损失，从而减少单个主体的承担风险量。

2. 高校创新风险具有极大的复杂性和高度的不确定性，因此只由个别利益相关者为创新主体提供零散的信息和帮助，不足以有效地应对风险。"风险治理"理论强调从战略的高度来应对风险问题，将这一主张用于治理高校创新风险，有利于克服单一风险管理措施的分散性，提高对高校创新风险的治理力度。

3. "风险治理"既有关于治理风险的基本理论分析，又提出了操作层面的风险治理模型，如国际风险治理协会（International Risk Governance Council）提出的 IRGC 框架，这无论是对关于高校创新的风险治理的理论研究，还是对我国高校创新风险治理机制的建构都是由重要参考价值的。

4. "风险治理"理论在提出之后已被多个学者用来分析各个领域的风险问题，如罗尔夫．利兹考格（Rolf Lidskog）、琳达．索纳德（Linda Soneryd）和伊娃．阿格勒（Ylva Uggla）用"风险治理"的理论分析了瑞典的移动通信技术和防辐射问题、环境变化调节问题、转基因作物问题，以及波罗的海的石油运输风险问题。这些分析虽不是关于教育领域的，但可以为分析高校创新风险问题提供思路和方法上的借鉴。

本书在研究路径上属于质性研究，主要采用的方法为文献分析法，通过分析国内、国外的相关文献，构建高校创新活动风险治理的理论，并在理论框架的基础上利用比较教育的视角，对美国在应对高校创新风险方面的经验进行研究，最后在上述理论研究和比较研究的基础上，为建构我国的高校创新风险治理机制提出建议。

第二章　美国高校创新风险治理机制的理论框架

第一节　高校创新风险的内涵及类型

一、高校创新风险的概念

　　"风险"的概念最早出现于意大利，在古意大利文中为 risicare，意思是胆敢冒险。[1]在 17 世纪的时候，该词由法国传到了英国，又在 19 世纪早期传到了美国。"风险"一词最早用于航海业，主要指可能遇到的自然灾害或触礁事件等，后来逐渐被运用于保险学、法学和经济学等领域。美国学者海尼斯（Haynes）在 1895 年的著作《风险——一项经济因素》中指出："风险一词在经济学和其他学术领域中，并无任何技术上的内容，它意味着损害的可能性。某种行为能否产生有害的后果应以其不确定性界定，如果某种行为具有不确定性时，其行为就反映了风险的负担。"美国经济学家罗伯特．梅尔（Robert Mehr）在其所著的《保险概论》中将风险界定为"损失的不确定性"。[2]可见，有关风险的定义都与行为的有害后果或损失有关，且这种损失既不是必然发生，也不是必然不发生，其发生的概率在 0 到 1 之间，因此具有不确定性。

1　贾英健：《风险社会的人学研究》（M）。哈尔滨：黑龙江人民出版社，2008，95。
2　3C 框架课题组编：《全面风险管理理论与实务》（M）。北京：中国时代经济出版社，2008，24。

以上学者大多是从风险的客观属性方面来看待风险的，随着人们对风险的认识不断发展，还有学者从风险的主观属性方面来看待风险，如文化学者玛丽．道格拉斯（Mary Douglas）将风险定义为"关于未来的知识与对于最期望的未来所持共识的共同产物"。[3]可见道格拉斯是从人类认识的角度来认识风险的，以此为依据，她认为不同文化背景下的人由于对社会有着不同的认识，他们对风险也有着不同的认知。

德国社会学家乌尔里希．贝克（Ulrich Beck）将风险与现代性联系起来，认为风险是"一种应对现代化本身诱发并带来的灾难与不安全的系统方法。与以前的危险不同的是，风险是具有威胁性的现代化力量以及现代化造成的怀疑全球化所引发的结果。风险及其结果在政治上具有反思性。"[4]与道格拉斯的观点类似，贝克也是从人类认知的角度认识风险，他虽然认为风险有一定的客观基础，但它更多的是一种人类建构出来的用来认识和解决社会问题的工具。

综合上述定义，我们可以看出风险既具有客观方面又具有主观方面，并在不同的领域表现出了不同的形式。高校创新风险也是风险的一种形式，它是在高校创新活动中发生的风险，具体来说就是指由于高校不良的内外部环境、创新活动本身的复杂性，以及创新主体自身的能力因素、道德因素和心理因素等造成创新活动中断、撤销、失败或达不到预期目标，从而为创新主体或相关机构造成各种有形或无形损失的可能性。

二、高校创新风险的特点

（一）高不确定性

风险与不确定性是相伴而生的，即行为的最终结果有多种可能状态，人们不确定究竟会出现哪种可能状态，反之，如果人们确切地知道将来会出现何种情况，便无所谓风险了。然而，在有些情况下，人们可以根据经验或统计数据对未来的情况进行估计，由此不确定性又可以被划分为可度量的不确定性与不可度量的不确定性。可度量的不确定性是指人们通过各种方法能够了解事件发生的概率或可能的范围，从而为人们应对风险提供依据，降低损

---

3 Douglas, M. and Wildavsky, A.(1982). Risk and Culture. Berkeley: University of California Press. p.5.

4 Beck, Ulrich(1992). Risk Society: Towards a new modernity. Translated by Mark Ritter. London: Sage Publications. p.21.

失的可能性；而不可度量的风险则是人们对其缺乏明确的认识，对事件发生的概率以及可能的后果一无所知，不知道要采取什么措施才能减少或避免风险，因此，不可度量的不确定性要比可度量的不确定性具有更大的风险。

高校创新风险中的不确定性很大一部分是不可度量的，以创新人才培养为例，由于教育具有长效性，一种创新的教育方法究竟是否会对人才的培养产生影响，会产生什么影响，这种影响有多大都难以立即被人们所感知，而是要等几年或十几年的时间其效果才能显现出来，这便在一定程度上导致了高校创新风险的不可度量性，使人们难以知道在高校创新活动中的投入是否会产生预期的回报。

（二）自愿性与强制性相结合

有些活动是人们自愿参加的，在这种活动中遇到的风险便具有自愿性；另外一些活动是别人强制人们参加的，在这种活动中遇到的风险便具有强制性。对于一个企业来说，它所面临的风险大多数是自愿性的，因为企业是否要生产或销售某种商品一般都由企业自己决定，而没有人强迫其必须从事某种商业活动。与企业不同，高校创新活动的风险是自愿性风险和强制性风险的结合，一方面，高校中的教师或科研人员可以出于获取经济利益的需要，自愿与企业合作从事某一科研项目；另一方面，由于高校具有科研功能，科研工作是高校教师工作任务的重要组成部分，这就决定了其为了保住工作，必须从事一定数量和质量的创新活动，从而使创新活动具有强制性。

（三）投机性

根据行为的不确定性结果是否具有获利性，可以将风险划分为纯粹性风险和投机性风险。高校创新风险属于一种投机性风险，即这种风险虽然有可能给创新主体带来损失，但也有可能为创新主体带来高额的风险收益。风险收益不同于一般性的收益，它所带来的价值会超过一般的货币时间价值，这也是很多人甘愿为此而冒险的重要原因。

一般来说，风险越大收益就越高，因为如果没有较高的可能收益，谁也不会甘愿冒巨大风险，付出高额的风险成本。高校创新风险除了发生在教学和社会服务领域的之外，主要集中在高科技开发上，这类活动往往要投入较大的成本，但是一旦成功其收益远远高于一般性投资活动，而且其除了会带来经济收益以外，所带来的社会效益是难以估量的。因此，高校创新风险是一种投机性风险，无论是社会还是个人都因其巨大的收益性而对创新活动趋之若鹜。

（四）准公共性

高等教育具有准公共性，这意味着其所提供的物品既具有纯公共物品的性质，又具有私人物品的性质。纯公共物品的基本特征是其不能被任何人所专有，如高校中的基础科学研究就属于纯公共物品，因为其科研成果往往不能由某一社会群体直接消费，而是惠及全体社会成员，且在其生产过程中边际成本始终是零，因此社会对它的需求是无限的，其生产应遵循社会效益最大化原则。

高校所提供的其他大多数物品则具有准公共性，以高校的教学为例，高校通过教学活动可以使接受高等教育的学生直接受益，他们毕业后的收入水平可以比没有接受过高等教育的人更高，因此具有私人物品的属性。另一方面，高校的教学服务又具有公共性，即如果大量的年轻人接受高等教育将能够促进国民素质的全面提高，这对整个社会的发展无疑是有利的。高校教学活动这种既能使特定群体直接受益，又能使全社会受益的属性就是准公共性。此外，高校教学活动的准公共性还表现在其排他性具有一定的限度。例如，在一定限度内，教室中增加一个学生并不会影响教学质量，从这个角度看，教学活动具有公共性。然而，当学生人数超过了一个临界点，学生数量的增加便会导致教学质量的下降和边际成本的上升，从这个角度讲，教学活动又有了一定程度的排他性，从而使其具有准公共性的属性。

高校除基础科学研究之外的研究活动也具有准公共性，这是因为这些研究大多数是受政府、企事业单位和民间团体的委托而从事的科研活动。这些组织之所以要求高校承担这些科研项目是因为其能够帮助这些组织解决急需解决的问题，因此这些组织是高校科研活动的直接受益者，他们对这些物品的享有使高校科研活动具有私人性。然而，当新知识和新技术被开发出来以后便具有了非竞争性，尤其是当一些技术被申请专利之后便必须被公开，成为科技界的共享知识，能够对人类整体知识的进步作出贡献，因此又成为了具有公共性的物品。

高校的社会服务在准公共性上与基础科学研究之外的科研活动有相似之处，这是因为这些社会服务活动大都是为了满足地方社会的需要，帮助当地社区的企事业单位以及公民解决各种问题，因此其服务是具有针对性的，具有一定的可排他性。另一方面，高校提供的社会服务又具有非竞争性，以高校开办的科普讲座为例，它的服务对象虽然是当地民众，但在入场时并不会设置任何身份限制，凡是对讲座感兴趣的人都可以参加，因此属于公共物品的范畴。

高校各项活动的准公共性决定了高校的创新活动也具有准公共性的特征，一方面，高校在各方面工作上的创新确实可以使其直接服务对象受益，如由于教学创新而提高了教学质量，使接受高等教育的学生在未来的就业市场上更具竞争力；由于进行了科研创新，使委托高校进行这项科技研究的企业发了大财；由于进行了社会服务创新，丰富了当地社区民众的卫生保健知识，使其能够改掉不良习惯，过上更加健康的生活。然而另一方面，高校的创新活动除了可以使个别人或组织受益，还能够提升国民素质，促进国家的科技进步，更好地促进公共利益的实现。可以说，高校创新活动的"私人性"是为了以此来拓宽高校资源筹措渠道，提高高等教育的服务水平，从而更好地为国家和社会服务。

高校创新活动的准公共性意味着高校创新活动的风险也具有准公共性，这种特性决定了它不应该完全由个人或市场来承担。准公共性意味着会产生外部性，即其社会成本和收益不能灵敏地在价格上反映出来，这样创新主体承担了过多的成本，却无法通过提高价格来弥补，必然会阻碍创新活动的开展，进而会影响社会整体利益的实现。鉴于此，作为公共利益代言人的政府以及社会上的其他利益相关者必须要承担一定的风险管理责任，这样不但有利于保护创新主体的积极性，同时也是维护社会利益的有效途径。

三、高校创新风险的构成因素

（一）风险因素

风险因素是指能够引起或增加损失机会，或加重损失程度的条件。在高等教育领域，高校创新活动的风险因素包括：

1. 环境风险因素

引起或增加高校创新活动损失机会，或加重损失程度的环境因素，包括自然环境风险因素、经济环境风险因素、政治环境风险因素、社会文化环境风险因素等。自然环境风险因素是指在自然环境中引起或增加高校创新活动损失机会，或加重损失程度的因素，如地震、水灾、旱灾、泥石流、风灾、冻灾、瘟疫等。自然环境风险因素的影响具有一定的普遍性，即这种因素一旦发挥作用，不但对高校的创新活动会造成影响，还会普遍影响到该地域范围内的人类的大多数活动，而且还具有破坏性大的特点。

经济环境风险因素是指在经济活动中引起或增加高校创新活动损失机会，或加重损失程度的因素。经济环境风险因素既可以是由于政府经济政策变化而导致的风险因素，如政府由于经济不景气而减少了对高校的拨款，导致高校的一些创新活动缺乏经费支持；也可以是由于市场供求关系的变化而导致的风险因素，如由于经济形势的变化，市场对某些行业的人才需求减少，导致高校的一些专业的举办发生困难，并进一步影响到了这些专业的教学创新活动。

政治环境风险因素是指在国家的政治活动中引起或增加高校创新活动损失机会，或加重损失程度的因素。如由于国家爆发了战争，导致整个高等教育事业遭受沉重打击，高校的设施和设备遭到损毁，师生员工四散逃难，高校的创新活动也陷入停滞状态。

社会文化环境风险因素是指在社会文化中引起或增加高校创新活动损失机会，或加重损失程度的因素。例如，由于官员在我国社会中长期占据着较高的地位，他们掌握了社会的资源配置权，能够比普通人获取更多的个人利益，因此使社会中逐渐形成了一种官本位文化。当这种官本位文化渗透到高校中来后，校园中逐渐形成了不重学术重官僚的风气，这种风气阻碍了学术活动的开展，为大学的创新活动带来了更大的风险。

2. 主体风险因素

所谓创新主体是指创新实践活动中的能动的一方，即从事创新活动的人。一个人要成为创新主体必须具备两个条件，第一是他要具有创新的能力和意愿，这就排除了两类人，一类是没有创新能力的人，如婴幼儿、有智力障碍的人等；另一类是虽有创新能力但无创新意愿的人，这类人即使面临创新机会可能也不会把握，从而不会成为创新主体。一个人成为创新主体的第二个条件是他正在进行创新活动，如果一个人既有创新能力，又有创新意愿但却由于种种原因并没从事创新活动，他也不会成为创新主体。对于高校创新活动来说，主体从事创新活动是创新风险产生的前提，否则如果没有人从事创新活动，创新活动就不会发生，创新的风险便也无从谈起。在高校创新活动正在进行的前提下，主体风险因素主要是指由于高校创新主体的主观原因引起或增加高校创新活动的损失机会的因素，包括主体能力风险因素、主体道德风险因素和主体心理风险因素等。

（1）主体能力风险因素

主体能力风险因素是指由于主体自身能力上的缺陷引起或增加高校创新活动的损失机会的因素。创新活动充满了复杂性和不确定性，要想提高成功的概率就必须要求创新主体有较为完善的能力结构。周昌忠通过对传统心理学的研究成果进行综合，分析了创新能力的静态结构，即人们进行从事创新活动所必需的相对稳定的能力要素。他认为，与人类的创新活动密切相关的能力包括对问题的敏锐性、统摄思维活动的能力、迁移能力、侧向思维能力、形象思维能力、联想能力、记忆力、思维的灵活性、评价能力、"联结"和反"联结"能力、产生思想的能力、预见能力、语言能力和完成能力等。可见，人们要完成创新活动需要多种能力，如果是因为主体缺乏其中的一种或几种能力而导致创新失败，则这种能力的缺乏就是创新的主体能力风险因素。

（2）主体道德风险因素

主体道德风险因素是指由于主体缺乏诚信或学术道德引起或增加高校创新活动的损失机会的因素。道德风险的概念最初起源于保险业，它是指投保人对投保财产的爱护程度降低，但由于信息不对称，保险公司无法知晓的状况。现在，道德风险的概念被广泛运用于众多领域，高校创新活动领域也存在着这种由于信息不对称而出现的主体道德风险因素。主体道德风险因素的产生是因为委托人和代理人掌握的信息两不对等，即我们常说的信息不对称。高校创新主体在高校中所从事的创新行为往往不是个人行为，而是受高校或相关部门的委托而发生的行为。由于高校中的创新活动具有较高的复杂性和专业性，非专业人士很难对创新活动及其成果有深入的了解，这使创新主体所掌握的相关信息要多于创新项目的委托者，从而出现了创新主体为实现自身利益的最大化，对创新成果进行造假的现象。信息的不对称只是为道德风险因素转化为实际损失提供了可能性，这种转化的根本原因在于创新主体不良的道德品质。一般来说，高校为了监督创新主体的创新活动会更多地掌握主体的信息，但高校能够掌握的只是其受教育水平、所学专业等外显的信息，至于其道德品质和心理状态等信息则难以获得，这就使高校在信息掌握方面处于更加弱势的地位，为其监督创新主体的创新活动留下了更多的死角，从而使创新主体有机会利用信息优势从事对创新成果进行造假的行为。

（3）主体心理风险因素

主体心理风险因素是指由于主体的心理原因引起或增加高校创新活动的损失机会的因素。高校创新活动想要取得成功不但要求创新主体有较高的能力，并能够遵循学术伦理，还要求其有必要的心理品质，使其不但能够创新，还乐于创新、勇于创新。具有较高创新性的人往往在心理品质上有着与普通人不同的特点，卡特尔（Cattel）等人对一些科学家进行了研究，发现他们与普通人相比更加内向、聪明、刚强、自律、多愁善感和勇于创新。吉尔福特等人通过对具有较高创造性的人进行心理分析，发现他们普遍具有以下一些特征：第一，具有较高的独立性，不轻易与人雷同；第二，有较强的求知欲，喜欢探索新事物；第三，有强烈的好奇心，喜欢研究事物的运动机理；第四，具有丰富的知识，愿意观察；第五，在工作中有较高的条理性、准确性和严格性；第六，有丰富的想象力，对智力活动和游戏有广泛的兴趣；第七，具有幽默感，有较高的艺术天赋；第八，具有坚强的意志品质，能够排除外界的干扰。

可见，具有较高创新性的人都有一些共性的心理特征，而这些心理特征对于创新活动来说是必不可少的。很难想象，一个对周围世界不感兴趣、见怪不怪的人会对创新感兴趣；也难以想象，一个意志薄弱、畏难不前的人能够主动迎接创新的挑战。所以说，很多人并不是不具备聪明的头脑，而是由于缺乏创新心理品质而不去创新，或遭遇创新失败，而由于不良的心理品质导致的创新损失便称为创新的主体心理风险因素。

3. 实践风险因素

高校创新活动的实践风险因素是指由于实践的复杂性和不可预测性而引起或增加高校创新活动的损失机会的条件。高校创新活动从本质上说是一种创造性实践，它与重复性实践的区别在于，重复性实践的深度和广度大体保持在相同的水平，人们依据已有的经验，并遵循大体相同的程序就可以完成这种实践；创造性实践的深度和广度处于更高的水平，需要突破原有的行为规范和模式才能完成，这就决定了创造性实践没有现成的经验可循，因此便提高了失败的可能。

在当代社会，创新实践已经突破了传统的技术领域，日益成为由多种要素和环节构成的复杂系统。以高校创新系统为例，该系统并不是孤立存在的，而是国家创新体系的重要组成部分，并且不断与外部环境进行物质、能量和信息交换，因此是一个开放的系统。高校创新系统的开放性决定了系统的复杂性，因为创新的成功与否不但受内部要素的影响，还要受外部环境的影响。外部环境中的任何不利变化都可能会影响创新系统的运行，从而影响创新活动的成败。

从创新系统的内部结构上来看它也是一个复杂系统。创新系统包含多领域、多主体、多客体和多种手段，这些要素是异质性的，无法简单线性求和，而是通过前后匹配、上下耦合的非线性叠加过程才构成创新系统这一整体。从创新实践的实施环节上来看，不同的环节也不是线性演进的过程，而是各环节上下反馈、相互协同的过程，这便导致创新过程中的因果关系是复杂的，原因和结果往往交织在一起，存在着相互反馈、干扰、互动的关系。具体来说，高校创新系统中的因果关系既有内部要素之间的因果关系，也有要素与系统之间的因果关系，还有系统与外部环境因素之间的因果关系，而这三者又相互交织在一起形成了更加复杂的因果关系，其结果就是使人们并不能由一个原因单向地推导出一个结果，创新过程极可能因为突发事件偏离预定的轨道，创新活动的结果无法精确计算和预测。

高校创新活动也是如此，由于高等教育有着多重功能，且高校中包括门类众多的学科，因此高校中的创新从功能上看既涉及教学、科研和社会服务领域的创新，从学科门类上看又涉及自然科学、社会科学和人文学科领域的创新。高校中的创新主体也有多样化的特征，既包括教师，又包括学生和教育管理人员。此外由于创新的主体是人，而人因具有情感、意志、个性等非理性因素而成为高度不确定性的存在，这就使本来具有高度复杂性的创新系统出现了更多无法预测的因素。许多人认为可以通过完善创新管理来提高创新成功的可能性，然而由于管理的对象是人以及人与人之间的关系，人的不确定性使任何创新管理都不可能保证创新的成功，因此高校加强管理所发挥的作用也是有限的。总之，高校创新系统内部的要素和环节是复杂的，这些要素和环节的耦合失真和匹配错位经非线性放大后会影响创新的实现，提高创新活动失败的可能性。

（二）风险事故

风险事故是直接造成损失的偶发事件，是风险因素导致的直接后果。在高等教育领域，高校创新活动的风险事故包括：

1. 创新失败

创新失败是指创新活动的目标未实现，或未产生相应的创新成果的情况。

由于高校创新活动具有高度的不确定性，因此有时创新结果会超过创新目标，即所谓的"超额完成任务"，而有时创新结果会低于创新目标，从而成为可能的创新失败现象。然而，并不能认为创新结果与创新目标不一致就是创新失败，还要考虑创新主体是否对结果满意，以及创新结果是否符合人类的根本利益，如果创新结果不符合上述的每一项标准则意味着创新的失败。

另外，创新失败还包括创新活动看上去成功，实则失败的情况。如创新主体对创新成果造假，便说明创新成果是虚构的或剽窃的，而并不是真的。在这种情况下，针对创新活动的投入不能获得相应的产出，还可能会误导知识的发展，为其他人的创新活动造成障碍。创新成果造假表现在多个方面，第一种就是创新成果剽窃，也就是说该创新成果不是创新主体自己通过努力得出的，而是将别人的成果盗为己用。创新成果剽窃行为并没有增加人类知识的总量，却使剽窃者未经努力就轻易获得其不应该享有的荣誉和利益等，这不但导致资源的无效利用，而且对社会公平也是一个严重的损害。创新成果造假的第二个表现就是创新成果编造，即编造者所呈现给人们的结论与创新活动的真实结果不一致，导致结果的虚假性和不可重复性。例如，一些研究生为完成学位论文而做的实验遭到了失败，如果重新设计实验就有可能错过正常毕业的时间，为了能够按时获得学位，一些学生便篡改或编造实验结果，给人们呈现出虚假的结论。

总之，由于创新的本质具有不确定性，且创新活动的开展会受到各种因素的影响，因此高校创新活动从设计到实施的任何一个环节、任何一个方面出现问题都有可能导致创新失败，而创新活动一旦失败，不但对其投入无法收回，创新主体也可能会面临各种各样的不利影响。

2. 创新成果无法转化

新技术和新产品的成功开发并不是高校创新活动的终点，要真正实现创新活动的价值必须要实现创新成果的转化，使其能够转化为现实的生产力，推动经济和社会的发展。然而，我国的创新成果转化率是非常低的，据调查显示，我国科技成果的供给率只有 0.3，这意味着高校所创造的大多数科技成果都没有被转化利用，[5] 这使得对高校科技开发所进行的投入大部分做了无用功，资源的浪费和损失是巨大的。

---

5 见 2001 年上海市教委课题报告《产学研合作中的系统工程问题研究》（内部稿）。

　　创新成果转化是发生在一个系统结构中的过程，这个系统由高校、企业和中介机构等多种组织组成，不同的组织又自成体系，各自有自己的结构和功能，从而使该系统成为一个具有多层次的复杂系统。创新成果转化系统的复杂性增加了创新成果转化的难度，表现在以下几个方面：[6]首先，创新成果转化系统具有开放性。创新成果转化系统是一个开放的系统，这意味着它不是封闭的，而是与外部环境存在着物质、能量和信息的交换。开放的系统必然具有复杂性，这是因为它一直处于运动变化之中，从而为创新成果转化增加了各种变数。

　　其次，创新成果转化系统信息的不对称性。创新成果转化系统存在着不同的主体，这些主体由于性质不同所掌握的信息也必然不同，从而导致系统信息的不对称性。信息的不对称性增加了创新成果转化的复杂性，使高校无法确切地知道其选择合作的企业是否可靠，也无法确切地知道其生产的创新成果能否有效地满足企业发展的需要。

　　第三，创新成果转化系统的目的具有复杂性。这是因为高校是非营利组织，它提供的一些物品虽然也具有私人性，但它更多地是从国家和社会的整体利益的角度去安排自己的工作，至于是否创造利润则是它的次要目标。高校的公共性决定了它承担了大部分的基础研究，绝大多数基础研究的成果无法在短期内转化成现成的利润。企业是以营利为目的的，这就使它更关注能更快实现利润的应用研究和开发研究，至于难以实现利润的基础研究则较少关注。高校与企业组织目标的这种不一致性加大了创新成果转化的难度，高校中的创新活动不能满足企业的需要，而企业所需要的创新成果又不能为高校所足量生产，造成了高校创新成果转化的困境。

　　第四，创新项目的来源具有复杂性。高校的许多创新项目都是受外界委托的，而创新项目的委托人并不一定来源于教育部门，也可能来源于国家的其他部门、事业单位和企业等。如果高校的创新项目的委托人本身就是企业，想要实现创新成果转化比较容易，然而如果创新项目来源于其他部门，创新成果就涉及到在不同的子系统之间进行转化的问题，而不同的子系统由于可能存在的制度和运行方式上的差异，创新成果的跨系统转化是困难的。在这种时候，如果该项创新成果既没有被市场利用，又没有被其委托部门用来解

6　徐辉、费忠华：《科技成果转化及其对经济增长效应研究》（M）。广州：中山大学出版社，2009，49-51。

决任何问题，就意味着针对该项目投入的资源被浪费掉了，创新成果并没有发挥应有的价值。

第五，创新成果转化系统交流的复杂性。随着信息通讯技术的发展，世界各地的联系变得更加紧密，这意味着一所高校生产的创新成果不一定只能为本地区、本国所利用，创新成果转化可以在世界范围内进行。然而，信息技术的发展只是缩短了信息交流的时间，一些产业的发展仍然离不开物资的运输。因此，创新成果转化的各子系统的交流方式依然具有复杂性，各子系统之间的空间距离依然有可能成为阻碍创新成果转化的因素。

第六，创新成果转化系统中人的复杂性。人是创新成果转化过程的重要因素，如果没有人的参与，创新成果从生产到转化都是不可能实现的。人是理性和非理性的综合体，在对事情进行决策时不但有理性因素的参与，而且还会受情感、爱好和传统观念等非理性因素的影响。非理性因素对人的行为的影响增加了其行为的不可预测性，同时也增加了系统的复杂性和创新成果转化的困难。

3. 创新活动受到人为干扰

这里所说的创新活动受到人为干扰是指由于高校创新主体的创新活动与某些利益相关者的利益或要求不一致，这些利益相关者便利用手中的权力干扰主体的创新活动，或者创新主体在当前的政策环境下从事创新活动不利于自身利益的实现，最终导致创新活动受到干扰或阻碍的现象。在高校中，教师的学术自由受到侵犯的现象是创新活动受到人为干扰的典型代表。对于学术自由受损害的教师来说，他们并非没有能力完成创新活动，其创新成果也并非不能转化，而是由于害怕高校内外部的掌权者损害自己的利益，而根本不敢尝试进行相关的创新活动，因此这种由人为干扰所造成的创新风险又可以称为学术自由风险。

总的来说创新活动受到人为干扰可以表现在两个方面，第一个方面是创新成果的公布受到干扰，即由于创新主体的研究结论与当权者的利益相悖，当权者为了维护自己的利益，禁止创新主体公开自己的研究结论，导致创新活动的开展受到阻碍。

创新活动受到人为干扰的第二个表现是主体从事创新活动的机会受到干扰，如学生在高校的教学中希望有所发明创造，但由于该高校不注重学生创新能力的培养，只强调学生对知识的记忆，这样学生为了在考试中取得好成绩，只能花大量的时间进行背诵，而没有时间从事相关的创造性活动，这样学生从事创新活动的机会便受到了人为干扰。

（三）风险损失

风险损失是由风险事故发生所造成的损失。在高等教育领域，高校创新活动的风险损失包括：

1. 实质损失

高校创新活动的风险事故直接造成的有形物质的损失，包括实物损失和人身损失两个方面。实物损失是指由风险事故造成的校舍、场地、图书和教学科研仪器设备等物资的损失。这些物资是高校开展创新活动的物质条件，也是风险事故发生后最看得见、摸得着的损失。

高校创新活动的另一类实质损失是人员伤亡。这里的人员是指由风险事故所影响的全部人员，既包括教师，又包括学生和教育管理人员；既包括创新主体，又包括辅助人员以及所有受风险事故影响的人员。

2. 经费损失

高校创新活动的风险事故引起的费用支出的增加或收入的减少，前者又包括三个方面，第一是针对人身伤亡的费用支出，包括付给伤亡人员的医疗费、护理费、丧葬费、抚恤费、补助和救济费、停工工资等；第二是风险事故的善后处理费，包括处理事故的事务性费用、现场抢救费、清理现场费、事故罚款和赔偿费用等；第三是由于设施设备损毁而支付的修理或重新购置费用等。

由风险事故引起的收入减少既可能针对高校，也可能针对创新主体个人。前者如高校由于创新失败，导致政府减少了对高校的财政拨款；后者如大学教师由于创新失败而丢掉工作，失去收入来源。

3. 无形损失

高校创新活动的风险事故造成的创新主体无形利益的损失，包括三个方面，第一是给创新主体造成的时间损失。由于创新活动都是要耗费一定的时间的，如果创新活动没有取得成功，就等于是让创新主体白白浪费许多时间而没有取得成果，从而造成了时间损失。

第二是给创新主体造成的机会损失。所谓机会损失也可以看成是创新活动的机会成本。机会成本的概念为奥地利学者弗.冯.维塞尔最早提出，它是指人在做某事时而不得不放弃的东西。创新主体在面对一项创新活动时往往有很多选择，如可以选择从事这项创新活动或从事其他非创新性的活动，从事这项创新活动或从事其他创新活动。主体每做出一项选择就意味了放弃了其他选择，因此便会面对放弃其他选择所带来的成本。如果主体在其所选择的创新活动中获得成功，创新所带来的收益便会抵偿其所付出的机会成本，而如果创新没有取得成功，主体便会血本无归，面临巨大的机会成本损失。

第三是给创新主体造成的晋升损失。所谓晋升损失是指由于风险事故导致创新主体没有获得晋升或遭到降职。这一点在大学教师身上体现得较为明显，由于当前的高校都把教师的创新活动与职称评定结合起来，如果他们创新失败，轻则不能评上更高级的职称，重则则会遭遇降职的危险，这便是创新主体遭遇的晋升损失。

第四是给创新主体造成的名誉损失。这种名誉损失在知名学者身上体现得较为明显。由于人们往往对知名学者寄予厚望，而且知名学者的行为也有着更大的社会影响，因此一旦其创新失败，或被查出有学术不端行为，即使其并没有任何经济上或职称评定上的损失，也会面临名誉上的损失，其社会声誉受到影响。

四、高校创新风险的分类

高校创新风险从不同的维度可以划分为不同的类型，具体可包括以下几个方面：

（一）科研风险、教学风险和社会服务风险

从高校功能的角度看，高校创新风险可划分为科研风险、教学风险和社会服务风险两类。在现代社会，高校的科研功能越来越受到人们的重视，因为科学技术在生产过程中的地位越来越重要，并且在很大程度上影响到一个国家的综合国力，而高校作为高层次专业人才的聚集地，正在越来越多地承担着科研的重任。科研的本质是创新，这就决定了科研风险是高校创新风险的重要组成部分，高校中的创新主体能否在科研活动中有效地应对相关风险，对于高校的生存和发展，乃至社会的不断进步具有重要的影响。

教学功能是高等学校的基本功能，也是传承社会文化，培养未来社会建设者的重要活动。在当今社会，人们不再仅仅要求教学活动能够使年轻人掌握已有的科学文化知识，还要求他们能够具有创新精神和实践能力，成为创

新型人才。培养创新型人才意味着对传统教学方式、方法的扬弃和变革，而通过扬弃和变革所产生的新的教学方式方法究竟能否适应培养创新人才的需要则具有不确定性，这便决定了教学风险也成为高校创新风险的组成部分。

高校的另一个功能是社会服务功能，这既包括为企业的服务，又包括为非盈利性组织和社会公众的服务，其目的是促进地方经济和社会的发展。高校想要更好地为社会服务，也需要从理念、形式和制度等各方面进行创新。随着社会环境的不断变化，高校的社会服务创新能否适应社会发展的需要，能否获得政府、企事业单位和公众的支持成为社会服务创新成败的关键，因此，高校的社会服务也存在着风险，如果其不能满足外界的需要，不能获得人们的支持，不但会使高校在这方面投入的人、财、物资源受到损失，还会对高校的社会声誉带来影响。

（二）观念创新风险、制度创新风险和技术创新风险

从创新成果的角度看，高校创新风险可划分为观念创新风险、制度创新风险和技术创新风险。人类的实践活动分为精神生产实践、社会交往实践和物质生产实践三种形式，相应的实践成果就有观念、制度和技术三种形式。由于高校创新活动本质上也是一种实践活动，因此可以从实践成果的视角将高校创新活动的风险划分为观念创新风险、制度创新风险和技术创新风险。

观念创新风险是高校为了改善人类的精神生产实践，在创造新观念、新知识过程中发生的风险。观念是人类对自然发展规律、社会发展规律和人类自身发展规律的反映，创造新知识、新观念是高校创新活动的核心，高校所进行的基础研究活动大部分属于观念创新的范畴。观念创新是其他形式创新的基础和先导，它一方面在整个创新体系中占有重要地位，另一方面又由于它具有长效性而不像技术创新那样更加受到人们的关注，从而使其在实践中面临更多的风险。

制度创新风险是高校为了改善人们的交往实践，在创造新的管理制度的过程中发生的风险。高校是一个具有多种功能和由多元主体构成的复杂组织，要想使组织成员共同努力，有效地实现组织目标，就必须通过创新管理制度来改善人员的交往实践。然而，由于制度创新是为了处理人与人之间的关系，而人又是非常复杂的，这就使高校在制度创新中面临着很多不确定的因素，从而使制度创新存在着较大的风险。

技术创新风险是高校为了改革人类的物质生产实践，在创造新技术、新

产品的过程中发生的风险。技术创新在当代社会的重要性越来越大，它通过各种实体和非实体要素的革新渗透到生产力的各个方面中去，从而成为推动生产力发展的直接动力。正因为技术创新与生产结合起来才有价值，因此技术创新的风险不但涉及技术开发本身的成败，还关系到新的技术是否能够转化为生产力，所以高校在承担着越来越多的技术创新任务时便面临着越来越多的创新成果转化风险。

（三）客观风险和主观风险

从风险与人类意志的关系来看，高校创新活动既有客观风险又有主观风险。所谓客观风险是指风险是客观存在的，不以人的主观意识为转移。例如，高校在从事科研活动时忽然遭遇了强烈的地震，导致实验设备的损坏和科研人员的伤亡，使整个科研团队遭受了重大的生命财产损失。这种由地震造成的创新风险是客观存在的，因为以人类现有的科技水平还无法准确地预报地震，因此地震是一种不可抗力，无论人们喜不喜欢都会发生，这便决定了由这种因素造成的风险的客观性。

高校创新活动的风险除了具有客观性还具有主观性，即与人对风险的认识有关。有学者指出："即使让我们了解了风险，也无法消除或解决是否必须接受风险这个问题。如像风险评估专家清楚表明的那样，没有像风险就存在于自身这样的事物。风险存在的现实创造了风险，带来了关于风险的争论。这并不是说没有客观风险。问题不在于存在着抽象意义上的风险，而是人们接受风险的事实……客观风险越大，其存在越依赖价值体系。"[7]可见，由于人们的地位、态度和能力不同，他们对风险的认识也不会相同，即使是同一个事件对于不同的人来说也有着大小不同的风险。

（四）不可控风险和可控风险

从风险的可控程度角度看，高校创新风险可分为不可控风险和可控风险。不可控风险是指由不可抗力引起的，人们难以控制和管理的风险，如由于地震、海啸、台风等自然因素为高校创新活动带来的损失可能性。这些自然因素在人类现有的科技水平上是难以预料的，人们难以控制这些因素，因此由这些因素为高校创新活动带来的风险属于不可控风险。

---

7 "Two infinities of risk", in B.Massumi (ed), 1993, The Politics of Everyday Fear, Minneapolis: University of Minuesota Press, 225.

可控风险是指由一些可以控制的因素引起的创新风险。例如，为了防止学生在撰写学位论文时出现剽窃行为，高校可以引入论文检测系统对学生的论文进行把关，从而可以有效地避免在学生创新活动中可能出现的道德风险。

（五）宏观风险和微观风险

从风险发生的层次来看，高校创新风险可分为宏观风险和微观风险。宏观风险是指在较高层次和较大范围内发生的风险，如由于国家遇到经济危机缩减了对高校的拨款，使整个高等教育领域中的创新活动都面临经费不足的风险；微观风险是指在较低层次和较小范围内发生的风险，如某一所高校的个别科研项目所面临的风险。宏观风险和微观风险是相对的概念，我们可以将整个高等教育领域面临的创新风险视为宏观风险，将某一所高校面临的创新风险视为微观风险；也可以将某一所高校面临的创新风险视为宏观风险，而将其中的一个学院所面临的创新风险视为微观风险。

（六）组织风险和个人风险

从承担风险的主体来看，高校创新风险可分为组织风险和个人风险。组织风险是指发生的损失由组织承担的风险。如高校的领导者创新高校的管理制度，但是该创新活动并未取得成功，而高校领导的职业生涯并未因这件事而受到损害，因为创新失败所发生的损失没有由领导个人承担，而是由组织承担了，这类风险被称为组织风险。

个人风险是指发生的损失由个人承担的风险。如高校的教师一般都承担着科研任务，为了便于管理，高校为每个教师都规定了发表论文的指标，如果某教师没有完成该指标，则他便会面临创新失败的风险，轻则影响职称评定和工资提升，重则会遭遇解聘，遭受严重的经济损失。

（七）不可接受风险与可接受风险

从主体的承受能力角度看，高校创新风险可分为不可接受风险和可接受风险。不可接受风险是指以高校或创新主体现有的状况无力承受的风险。例如，如果高校缺乏良好的学术自由环境，当教师提出的创新观点与高校领导或外部利益集团的利益相左，教师有可能因此而受到迫害，其生命财产安全会遭到严重威胁，那么这种创新风险对于教师来说就是不可接受的。

可接受风险是指以高校或创新主体现有的状况能够承受的风险。如教师和学生在从事科研活动时不小心弄坏了一个烧杯，烧杯的价格较为低廉，这种损失完全在科研经费可以承受的范围内，这种损失的可能性就是一种可接受的风险。

（八）教师风险、教育行政人员风险和学生风险

从创新主体的角度看，高校创新风险可划分为教师风险、教育行政人员风险和学生风险。对于高校的创新活动来说，教师可谓是最重要的主体，因为他们是高校科研、教学和社会服务等各种工作的主要承担者，可以说没有教师就没有高校。当教师在高校各个领域从事创新活动时，他们自然而然要面对着创新风险，尤其在科研领域，由于当前的高校一般都把教师的科研成果作为考核教师工作的重要指标，因此如果教师没有成功地完成科研任务，就会面临被降职甚至丢掉工作的风险。

高校的工作人员除了教师还包括许多教育行政人员，这些人员承担的重要工作之一就是对教师和学生从事的创新工作进行管理，而管理是否有效是创新能否成功的重要条件之一。为了促使高校更有效地发挥自己的功能，使高校中的人员更好地完成创新任务，教育行政人员在对高校进行管理时不能一味地遵循惯例和传统，还要适时对管理制度和方法进行创新。这种管理创新关系重大，因为如果创新失败，不但教师和学生的创新任务难以完成，整个学校工作的正常运转也可能受到影响。

在高校的许多创新活动中，学生都是重要的参与者。如，学生想要顺利拿到学位就必须完成学位论文，而学位论文都要求有一定的创新性，因此学生撰写论文的活动也可以被看成是一种科研活动，一种学生的创新活动。另外，在当今高校，学生的创新活动越来越重要，尤其对于研究生来说，他们日益成为各种科研项目和课题的主要承担者之一，对高校的创新活动日益发挥着不可忽略的作用。因此，如果学生的创新活动失败了，轻则影响自己顺利完成学业，重则会对高校的科研活动或其他活动造成影响，可见学生的创新活动也是有风险的。

第二节　风险治理及其对高校创新风险的适切性

既然高校创新活动是一个效益与风险并存的活动，我们就应该努力增加其效益，降低其风险。在当前的风险管理领域中，风险治理是一个较新的理念，它突破了传统管理活动中管理者的单一性，将与实现管理目标有关的多

方利益相关者吸收到管理活动中来，旨在通过多方互动，实现风险共治的目的。然而，风险治理的理论和实践是否可以用来应对高校创新风险呢？了解其产生和发展，分析它对高校创新风险的适切性可以帮助我们找到关于这个问题的答案。

一、治理理论的产生和发展

风险治理即是治理理论在风险研究中的运用，因此，了解治理理论的产生和发展是理解风险治理的前提。

（一）治理理论产生与发展的现实动因

治理理论起源于 20 世纪 70 年代的公共管理危机。当时，在凯恩斯主义的影响下，各国政府的职能不断扩张，它们不但要从事政治管理活动，而且还广泛介入社会事务的管理，从政治领域到经济、文化、教育、福利领域，可谓无所不包。伴随政府职能的扩张是政府机构的膨胀、人员的增加和政府开支的不断攀升，然而与此同时，经济形势的恶化使政府的经费捉襟见肘，政府职能增加和政府收入减少的矛盾使政府陷入管理危机当中。

其次，由政府全面垄断公共服务的供给也产生了管理效率低下的问题。一般来说，由多个服务供给者自由竞争有利于激发服务供给者不断提高服务质量，能够起到优化资源配置，增加社会利益的作用。然而，由政府全面承担公共服务的责任造成了服务主体的单一化，它在排除外部竞争的同时也将提高服务质量的动力排除在外，造成了服务质量低下，资源浪费等诸多问题。

第三，政府官僚制管理模式本身已难以适应信息化社会的需要。官僚制是一种传统的政府管理模式，这种模式强调上下级之间的命令和服从，强调工作人员对规章制度的遵从。这种模式适用于工业时代程式化、标准化的社会需要，在网络和计算机技术推动下的信息化社会却逐渐成为阻碍经济发展和社会进步的桎梏。在信息化社会中，互联网的使用打破了地域的界限，使在某一地方产生的信息瞬间传导到其他地方，使人们足不出户就能了解和控制千里之外发生的事情和人们的行为。在这种情况下，行政的对象越来越具有灵活性和动态性，信息的传递具有发散性和多向性，而官僚制中的信息传递方式依然是自上而下的单向式，这使得作出决策的高层领导者难以知道基层的真实情况，而了解情况的基层人员又不能迅速地将信息反馈给高层，从而造成信息传播途径的阻塞，使行政部门不能及时调整行为方式应对当代社会不断变化发展的需要。

第四，全球化进程的深入发展向公共管理的政府单级模式提出了挑战。信息技术的发展推动着全球化进程的不断深入，使世界各国的交流更加便利，从而促进了商品、资本、劳动力、技术和信息全球流动。在这种情况下，世界日益成为一个统一的整体，在一个地方发生的事情可能会迅速影响到其他地方，从而使许多地方性的问题可能最终演变成全球性危机。全球性问题的出现使政府单靠自己的力量已经难以有效地解决问题，而是要更多地借助各种国际、国内组织的力量，从而为打破以政府为单一主体的格局，实现多方利益相关者对公共事务的治理开辟了道路。

正是在上述因素的影响下，人们日益认识到传统的政府管理模式的不足，从而要求政府适当放权，将一些社会管理职能下放给其他部门；另一方面，随着公民社会的发展，第三部门的力量不断壮大，这也使其有能力独自或与政府合作对一部分社会事务进行管理。这样，公共事务管理的舞台由过去的政府独白逐渐转变为不同主体的对话和协商，从而为治理理论的产生注射了一剂催化剂。

（二）治理理论产生与发展的理论动因

1. 对简单二分法的批判

受简单二分法的影响，社会科学研究的许多领域都将本领域中的概念以二元对立的方式呈现，如政治经济学中的政府对市场、政治学中的公共对私人、国际关系学中的主权对无政府等。然而，随着20世纪70-80年代社会中经济、政治等各方面危机的出现，人们发现在简单二分法基础上建立的社会科学理论已经难以有效地解决社会中日益复杂的问题。因此，学者们将目光投向了"治理"，希望能够以此超越以往研究中非此即彼的认识方式，为各种问题的解决寻找"第三条道路"。

2. 新公共管理理论的兴起

面对西方国家20世纪70、80年代的政府失灵问题，人们开始反思传统的公共管理理论，并吸收借鉴企业的管理模式，提出了新公共管理理论。新公共管理理论有许多称谓，如"管理主义"、"企业化政府"、"后官僚制模式"等，其基本思想就是将公共管理的重心从政府向社会和市场转移，主要包括以下几个观点：[8]第一，转变政府职能，重新界定政府角色。人们认为政府失灵的重要原因之一就是政府承担了过多的社会管理职能，而这些工作已经超出了政府的能力范围，从而造成了管理的低效率。为此，政府的职能应该有所转变，从社会事务的具体管理者转变为宏观调控者，旨在就社会发展的大政方针进行决策和指导，具体的事务则要下放给社会和市场，实现政府、社会和市场对公共事务的共同"治理"，以打破官僚制行政管理模式的局限。第二，将市场竞争机制引入公共事务管理。人们认为，虽然政府是公共服务的提供者，但并不是所有的公共服务都适宜由政府来提供，政府对公共事务过分干预反而会造成服务供给的低效率。为了弥补政府的失灵，应该在公共服务领域引入市场机制，通过不同服务提供者的自由竞争，实现其优胜劣汰，不断提高服务的质量。第三，提倡以顾客为中心的政府管理方式。除了在公共事务管理过程中引入更多的非政府主体，政府自身的工作方式也要有所改变，即要改变政府工作时的官僚作风，提高其服务意识和效率意识，通过利用企业的管理理念和方法来不断改善政府的服务质量。

3. 新自由主义思潮的影响

新自由主义也是在对政府角色的思考的基础上形成的一种社会思潮，西方 20 世纪 70、80 年代发生的滞胀危机是该理论迅速崛起的直接动力。新自由主义是在以业当．斯密为代表的古典自由主义基础上建立起来，以反对凯恩斯主义为主要特征的理论体系。该理论一方面强调以市场为导向，另一方面又不完全放弃政府在社会管理中的作用。新自由主义由许多理论流派组成，其核心思想包括以下几个方面：第一，以自由主义为基本价值观。新自由主义重视个人的自由选择，认为个人的自由高于一切，是一切价值的源泉。正如新自由主义代表人物弗里德曼所说的那样，人们在自由的条件下才能充分发挥创造性，才能促进科学技术和文化艺术的发展，因此，"若要让社会裹足不前，最有效的办法莫过于给所有的人都强加一个标准"。第二，发展私有制，反对公有制。个人自由的最重要的组成部分是经济自由，它是其他一切自由的基础，而私有制则是保证经济自由的重要条件。由于财产的私有，人们可

8　龙献忠：《从统治到治理——治理理论视野中的政府与大学关系研究》（D）。武汉：华中科技大学，2005，29。

以自由支配自己的行为，而不用受别人的控制，从而可以自由施展自己的才华，为自己的目标努力。相反，在公有制社会中，人们都成了公共财产的一部分，并不得不服从国家这个独裁管理者对人们的控制和支配，从而走上了一条"通往奴役的道路"。总之，公有制并不能提高生产效率，反而会使社会经济停滞不前，只有私有制才能促进经济的发展，并在市场的调节下实现经济的平衡。第三，主张引入市场机制，限制政府权力。新自由主义认为资本主义市场经济制度是最为合理的，因此应该充分发挥市场机制的作用，限制政府的权力。新自由主义者认为，在完善的市场体制下，供求机制和竞争机制可以灵敏地反映出资源配置情况的变化，并通过价格信号引导资源的合理流动，因此政府不应该对市场进行过度干预，否则就会是价格信号失真，导致资源的不当配置。鉴于此，政府的权力应该受到限制，使之只在有限的范围内发挥作用，这就为市场力量参与社会治理开辟了道路。

（三）治理理论的主要内容

"治理"概念的早期含义与"统治"类似，现代治理概念的真正出现还要追溯到 1989 年世界银行《撒哈拉以南非洲：从危机到可持续增长》的报告。该报告认为非洲发展问题出现的根源是"治理危机"，即权力配置的方式过于集中，而想要解决这个问题就要进行治理改革，即改变国家在资源管理中的权利配置方式，鼓励各种集团参与到社会事务的管理中去。之后，"治理"的概念被广泛地运用到政治问题的研究中，如世界银行 1992 年的年度报告《治理与发展》、经济合作与发展组织 1996 年的报告《促进参与式发展和善治的项目评估》、联合国开发署 1996 年的年度报告《人类可持续发展的治理、管理的发展和治理的分工》、联合国教科文组织 1997 年的文件《治理与联合国教科文组织》等。在这些国际组织的推动下，有关治理的研究蓬勃发展，并不断被政治学、管理学、国家关系学、城市规划学等多种学科所借鉴和利用，成为当前学术界的时代新宠。[9]

由于治理的概念已经被引入了多个学科领域，不同领域的学者往往从不同角度来理解治理的内涵，因此使关于治理的界定和论述五花八门。综合不同学者的观点，可以将"治理"理解为公私机构的各方利益相关者为实现共同目的而共同采取的管理活动，它既包括各种正式和非正式的制度和规则，又包括在共同决

---

9 王强：《政府治理的现代视野》（M）。北京：中国时代经济出版社，2010，197-198。

策和行动过程中各方利益相关者的关系、角色、责任与合作方式。通过考察人们关于治理问题的不同论述，可以总结出几个关于治理的基本主张，具体如下：

1. 治理的主体是包括政府在内的多方组织和人员。这一主张可以从两个方面来理解，一方面，治理主体中的政府并不局限于中央政府，而是涵盖多级地方政府，而且中央政府和地方政府之间可以建立多样化的联系；另一方面，治理主体还可以包括政府部门之外的一系列社会组织。在当今社会，这些社会组织正在越来越多地参与公共决策，提供公共服务。

2. 治理是一个自组织的行动者网络。所谓自组织的行动者网络就是指治理主体的合作关系完成了"制度化"，形成了一个具有长期性、稳定性的联盟。治理主体能够在一定机制的作用下将其各自的目标、人力和物力整合起来，发挥对公共事物的管理职能。

3. 治理主体在行动过程中存在权力依赖关系。治理主体的权力依赖关系主要表现为集体行动中的各主体相互依赖，为了达到目标要共同协商、分工合作，并实现人力、物力等资源的交换和互助。一般来说，在治理过程中，政府的角色主要是把握行动的大政方针，社会组织成为行动的主要管理者，而公民个人则广泛地参与治理的各个环节，如决策、管理和执行等。

4. 治理可以采用各种正式和非正式的管理工具。治理既可以通过国家的法律、政策等正式的管理工具保证实施，也可以采用签订契约、行业自治等非正式的途径实施，不同的途径并不是相互孤立的，而是可以充分结合，互相配合。

5. 治理会导致公私界限的模糊。由于在治理情境中，公私部门往往要合作解决社会问题，这种合作关系导致了公私部门的相互渗透。一方面，政府在分权的过程中可能会把原来由政府履行的职能下放给其他部门，将原来的某些政府部门改造成独立的法人；另一方面，原来的社会组织由于履行了更多的提供公共服务的职责，而更多地接受了政府的资助或支持。

"治理"实际上是一个政府的放权过程，旨在通过政府与社会之间的合作来实现对权威的自觉认同，克服原有社会管理过程的低效现象。然而"治理"是否能够达到这一目标便决定了这种"治理"活动是否是"善治"，实际上就是政治国家和公民社会对某一社会事务的治理是否达到了最佳状态。那么，究竟怎样一种状态才是一种"善治"状态呢？综合各学者对"善治"的论述，我们可以发现"善治"的几个特点：[10]

---

10 俞可平：《治理与善治》（M）。北京：社会科学出版社，2000，9-10。

1. 合法性（legitimacy）。治理虽然强调多方利益相关者的参与，尤其重视非政府组织在治理过程中的主体地位，但这依然要以治理过程的合法性为前提。合法性与合法是不同的概念，它是指社会秩序和权威被自觉认可和服从，与符合法律法规没有必然的联系。治理过程要真正发挥作用必然要求一定范围内的人们对治理权威的自觉服从，这一权威可以是政府，也可以是任何居于权威地位的社会组织。只有人们自觉服从权威才能够自愿按照其要求行事，共同致力于实现治理目标，促进社会事务的顺利运转。

2. 透明性（transparency）。治理的初衷是打破政府对公共事务管理的垄断，通过转变管理方式，最大限度地实现公共利益。公共利益的实现要求每一个公民都能够获得与自己利益相关的治理信息，以保证治理活动能够维护自己的权益，这就要求治理活动要具有透明性，使人们能够较为容易地参与决策和管理过程，并对治理过程进行有效地监督。

3. 责任性（accountability）。与单一管理主体相比，多元管理主体模式的缺点在于有可能造成权责不明，某些管理主体越权管理，某些管理主体推卸责任的现象。为了避免这一问题，好的治理过程必须要具有责任性，即某一特定职位所应具有的权力和责任要明确，既不会发生应该履行责任而未履行的现象，也不会发生不该履行责任而履行的现象，从而增大管理的效率。

4. 法治性（rule of law）。法治是与人治相对的概念，它是指法律是社会管理的最高准则，法律面前人人平等，消除个别人或阶层在法律之上的特权。法治的根本目的是保证公民的自由、平等和其他基本权利，而这又是维护公共利益的重要前提，因此也是好的治理过程所要具有的特点。

5. 回应性（responsiveness）。治理过程的回应性是指治理主体在治理过程中要对人们的要求作出回应，甚至要主动去了解人们的要求，这样才能保证治理过程的灵活性，使之能够及时对自身进行调整，以适应外界环境的变化。

6. 有效性（effectiveness）。有效性是善治的基本特征，它主要衡量治理活动能否达到预定的目的，因为很显然如果不能通过治理活动解决要解决的问题，这种活动便是毫无意义的。

二、风险治理的理论与实践

风险治理就是将治理理论引入风险研究领域，旨在用治理的方式来处理社会上的各种风险问题。鉴于治理本身就是一种特殊的管理方式，因此可以把风险治理看成是一个风险管理过程。这一过程由多方利益相关者共同参与，他们虽然对于所面对的风险及其应对方法有着不同的观点和态度，但他们都需要在协商和互动过程中形成共同的治理目标，并使用各种管理程序和策略来促进共同目标的实现。

（一）风险治理的产生背景

用风险治理的概念代替风险管理的概念是与人类正不断走向风险社会的趋势分不开的。随着生产力的不断提高，人类的交往范围日益扩大、程度不断深化，人类社会的发展正逐步具备"风险社会"的特征，主要表现在以下方面：

第一，科技风险不断增多。在现代社会中，科学技术在社会发展中的作用越来越大，人们的生产生活越来越离不开科学技术，人们在享受科学技术给人类带来的福利的同时也发现了更多传统社会不曾见过的科技风险。一方面，由于科学技术是在不断发展的，这种发展实际上是一种发现未知和创造新知的过程，为此，人类随着科技发展的脚步不断面临以往所不曾遇到的新情境，不断遭遇新的不确定性的考验，从而面临着更多由科学技术给人们带来的新的风险。另一方面，由于科学技术在人们生产和生活中的地位日益重要，人类不得不通过创新活动来发展科学技术，以解决各种新出现的问题。然而，可以说"创新"与"风险"本身就是一对孪生子，创新的高度不确定性提高了其失败的可能性，创新活动的任何一个环节出现问题，都可能使人们以往为其投入的资源和努力付之东流。

第二，人造风险不断增多。在传统社会，由于人类实践活动的范围较小、程度较低，人类活动对自然界的影响也较小。在这时，自然界在人类的面前是强大的，自然风险成为人类所面临风险的主要形式。在现代社会，随着人类改造自然的能力不断增强，许多自然风险可以一定的手段和技术来降低或避免，因此在这时，人造风险超越自然风险成为人类所面临风险的主要形式，这种风险"是由我们不断发展的知识对这个世界的影响所产生的风险，是指我们没有多少历史经验的情况下所产生的风险"。[11]以日本 2011 年 3 月 11 日发生的地震海啸灾害为例，地震海啸属于自然风险事故，它在给日本带来人员伤亡和财产损失的同时，还引发了福岛的核泄漏事故。核电站属于人类的活动产品，因此核泄漏属于人造风险。本次核泄漏事故给日本带来的负面影响远超地震海啸

---

11 〔英〕安东尼．吉登斯：《失控的世界》（M）。南昌：江西人民出版社，2001，22。

给日本带来的影响，它不但使更多人的生命健康受到威胁，还使核污染的影响波及到全世界，极大地影响了日本灾后重建，延缓了其灾后经济复苏的速度。

第三，相关化风险不断增多。随着人类交往方式和交往工具的不断进步，人类的活动不再局限于某一地区或某一国家的范围内，世界各地正日益连成一体，全球化的趋势由此出现。全球化的发展实现了商品、资本、市场和技术的全球性流动，也使人们的跨文化、跨国家、跨部门和跨行业合作成为可能。在这种情况下，人类的实践逐渐联系成一个覆盖广阔的网络，网络上的任何一个链条出现问题都有可能影响全局，这使个别活动所具有的风险具有了相关性和全球性，也使人类社会日益成为一个在全球性问题面前需要共担风险的社会。

鉴于当代社会所面临的风险的新特征，这些风险往往不是单一主体就能解决的，需要借助不同国家和地区、不同部门、不同阶层、不同学科领域等的各种组织和个人的力量。风险治理恰恰为社会多方主体参与风险管理奠定了基础和平台，将不同主体各自携带的历史文化传统、价值观念、工作方式等因素纳入共同的风险背景，使人们能够合作解决所面临的风险问题。

（二）风险治理的理论

风险理论可以分为风险的客观主义理论和风险的建构主义理论两大派别，而风险治理理论总的来说属于风险建构主义理论旗下的一个理论流派。风险治理的理论起点包括三个前提假设，它们是：第一，风险由客观方面和主观方面组成，因此要对风险进行有效地治理就要既关注风险的客观方面，又关注风险的主观方面，即考虑处于风险中的各个主体身上所具有的社会文化因素。对风险客观方面的关注主要侧重于风险事故所产生的实质结果，以及该结果发生的可能性。对风险的主观方面的关注则要将人的价值因素和道德因素考虑进来，并以此来了解人们对特定风险的看法。第二，由于不同的人对同一风险的看法是不同的，因此风险治理的主体要由各方利益相关者组成，尤其要重视公民社会在风险治理中的主体作用。第三，风险治理过程必须是一个善治的过程，这一过程必须体现参与性、透明性、有效性、可靠性、战略性、可持续性、公平性、法治性、现实性、道德性和可接受性等原则。

风险治理是一个过程，也是一个系统。这个系统要有效运转需要具备各种基本要素，主要包括以下方面：[12]

12　Bouder, Frédéric, Slavin, David and Löfstedt, Ragnar E.(2007). The tolerability of risk: a new framework for risk management. London; Sterling, VA: Earthscan, 2007.76-77.

1. 社会背景。由于风险治理理论总的来说属于风险的建构主义理论，因此，它在重视风险的客观方面的同时，更加注重风险的主观方面，即要求在对风险进行治理时将风险背后的社会背景因素也考虑进去。风险治理侧重于对背景因素的分析和评估，这一过程既可以被整合到正式的风险处理过程中去，也可以作为风险治理的前提条件，作用于人们的风险决策。在第一种情况下，不同的风险治理主体在互动过程中要充分考虑到不同主体的风险观，了解他们眼中的风险是怎样的，以及他们所认为的风险的可能结果。在第二种情况下，背景因素主要影响风险的决策和管理方式、不同治理主体在风险管理过程中的角色和职能，以及人们对有效的风险治理所需要的主体能力的认识。具体来说，要将社会背景因素与风险治理联系起来，就要强调"风险——收益"评价，并在不同的风险之间进行权衡。

2. 治理主体。风险治理强调运用治理的方式来对风险进行管理，这就决定了风险治理的主体是多方利益相关者，尤其强调社会组织在风险治理中的作用。在风险治理的过程中，政府要发挥宏观调控作用，即它并不是直接负责对风险的治理，而是发挥大政方针的导向作用，将具体的治理权力下放给相关社会组织。

3. 治理对象。风险治理的治理对象是风险，然而由于风险治理的主体是多方面的，在很多情况下，不同主体对不同的风险重要性的排序是不同的，为了更好地使人们在决策过程中达成共识，使人们能够在不同的风险之间进行有效权衡，就要将风险分为不同的类别。风险治理领域的著名学者奥尔特温．雷恩（Ortwin Renn）将风险分为四种类型，即简单风险、复杂风险、不确定性风险和模糊风险。分类标准主要是建立风险的因果关系的难度，即到底是哪种风险因素导致了哪种潜在结果；这种因果关系的可靠性；以及人们对风险认识的差异性，如对不同的人来说，一种风险对其受害者来说是否有着不同的含义，不同的人在判断是否要针对某问题采取措施时是否持有不同的价值观等。例如，当一种风险有着明确的因果关系，且人们对它的认识基本一致，对其治理方法的认识也基本相同，这种风险就是简单风险；相反，如果一种风险的因果关系不明，即人们不知道到底是什么原因导致了某种特定的结果，或不知道特定的风险因素到底会导致什么结果，而且针对该用什么方法治理这种风险的问题存在严重的意见分歧，甚至对这种风险要不要治理的问题争吵不休，那么这种风险就属于模糊风险。

4. 资源条件。对风险进行治理要以必要的资源和条件为基础，这不仅仅指资金和物质条件，还包括知识资源和制度条件等，具体表现为：第一，物质条件。物质条件主要是进行风险治理所必要的资金，以及与风险管理有关的基础设施，如搜集和处理信息的工具等。第二，制度条件。制度条件包括法规、规则和惯例等。在风险治理过程中存在着许多惯例、标准、典范和法规等等。这些事项主要规定在风险治理时各方主体的权利和义务，为人们应对风险确定了一个必要的制度前提。第三，人力条件。人力条件即进行风险治理的人力资本，也就是凝结在人身上的知识和能力。任何人想要做成任何事都要以必要的知识和能力为基础。因此，参与风险治理的人必须要接受过一定的教育和训练，从而为风险治理提供一个知识和经验库。然而，参与风险治理的人并不必须是专家，也可以是广大公众，他们可以为风险治理贡献不同的价值观。第四，组织条件。以上所说的物质条件、制度条件和人力条件只有有效地组织起来才能发挥最大的作用，因此是否具有高度的组织凝聚力是风险治理有效进行的重要前提。

5. 治理技能。治理技能是负责风险治理的组织和机构处理各种相关问题和情境的能力，也就是风险治理过程中来自政治、经济和社会各领域的行动者能否有效地运用上述各种社会条件，充分发挥应有作用。具体来说，治理技能包括以下几个方面：第一，变革力。变革力就是适应新情境的需要，对现有制度进行变革的能力，也就是面对环境变化，打破成规和制度惰性的能力。第二，洞察力。洞察技能就是善于发现新的实践，并能够预见变革的能力，如能够注意到新的方法，能够进行预见和远景规划，能够打破思维定式等。第三，突破力。突破力就是重构人们人生观、世界观的能力，也就是敢于发起影响外部世界的变革，而不仅仅是通过限制自己避免或减少外部力量的影响。

6. 治理框架。治理框架描述了整个治理系统中的关系结构，正是在这种结构中，人们利用治理技能来整合已有的各种资源和条件，从而成功制定和执行风险治理政策。治理框架分为好几个层次，包括：第一，联系。治理框架中的最基本的关系单位是各种联系，即将知识的来源和使用者、权威和风险的承担者联系起来。在这里，由于风险治理的对象主要是指各种社会风险，因此风险的承担者主要是公民社会。风险治理不仅将公民社会作为风险的承担者，同时还将其作为风险治理的重要主体，将公民社会纳入决策过程，将其与其他要素建立联系，可以有效地减少分歧和冲突，避免产生新的风险。

第二，网络。网络是比联系更大的一个关系层级，它介于自组织系统和等级制之间，是地位平等的集团之间的一个合作性的闭合结构。第三，体系。体系是一个比网络更大的关系层级，也是风险治理的规则系统，各个主体就是在这个规则系统中从事风险治理活动的。

为了使风险治理更具有操作性，国际风险治理委员会（International Risk Governance Council）对治理框架的理论进行了发展，制定了风险治理的 IRGC 框架，详细规定了风险治理的具体规则和程序（见图 3）。IRGC 框架将风险治理划分为四个程序，即预评估阶段、风险评估阶段、可容忍性和可接受性判断阶段和风险管理阶段。由于每一个阶段都由多方利益相关者共同参与，所以每一个阶段都伴随着交流的过程，这不但可以使非正式参与风险治理过程的利益相关者理解风险决策的理论基础，还可以帮助正式参与风险治理过程的利益相关者作出有关风险的合理选择，平衡现实与他们的个人利益、关注点、信念和资源。IRGC 框架只是一个理论上的制度设计，在现实中，人们可以根据所面临的具体情况对该框架进行调整。

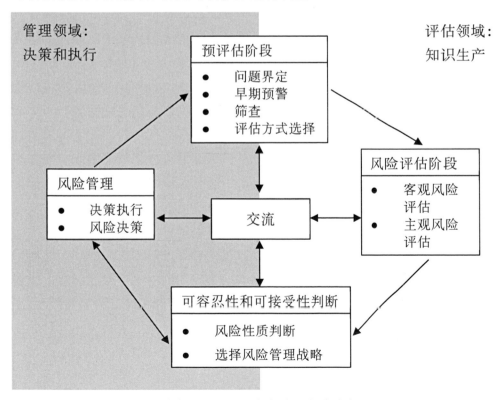

图 3　IRGC 风险治理框架图

IRGC 框架的第一个阶段是预评估阶段，该阶段主要是通过了解社会以及不同利益相关者提出的有关特定风险的问题，考察衡量这一风险的现有指标、程序和惯例等，为风险决策提供知识基础，以便判断某一风险是否需要治理，如果需要的话应该怎样治理。对于不同的利益相关者来说，他们对于哪些问题可以被称为风险来说认识是不同的。为了使风险治理有的放矢，预评估阶段的第一个步骤就是风险界定，使不同利益相关者对于风险问题达成共识，能够认同所从事活动的目标、活动可能产生的风险，以及该风险对于达到活动目标的重要意义。预评估阶段的第二个步骤是早期预警和监督，该步骤主要考查是否可以通过一些信号来识别风险的存在，同时还要考察是否存在对环境进行监督的制度性措施，以便发现这些早期预警信号。预评估阶段的第三个步骤是预筛查，主要考察针对某一风险是否存在已经广泛使用的早期风险检测机制，以及是否存在针对这一风险的评估和管理程序。预评估阶段的第四个步骤是评估方式选择，主要是选择主要的理论、惯例和程序规则来评估某一风险及人们对它的看法。

IRGC 框架的第二个阶段是风险评估阶段，该阶段的第一个部分是评估风险的客观方面，即将损害的潜在原因与可能的结果联系起来，并考察结果发生的可能性。由于风险的来源以及风险治理机构的组织文化不同，风险评估的方式可以多种多样，但总的来说可以包括三个核心步骤：风险事故识别和估计、风险敞口评估、风险损失评估。得出风险评估结果是困难的，尤其在因果关系不明、有太多变数，或其影响难以被人们理解的情况下。因此，正确识别风险的性质是风险评估，乃至整个风险治理过程的关键，因此有必要借用上文提到的风险类别——简单风险、复杂风险、不确定性风险和模糊风险，来判断风险的复杂程度。

风险评估阶段的第二个部分是评估风险的主观方面，也就是要了解不同利益相关者对风险的看法和态度，如情感、希望、恐惧和认识等，同时还要分析风险可能造成的社会后果、经济意义和政治影响等。因此，评估风险的主观方面就需要研究人们的风险观，并对风险的社会经济意义进行跨学科分析。

IRGC 框架的第三个阶段是可容忍性和可接受性判断阶段，这一个阶段是最具争议性，也是最为灵活的。这个阶段可以独立设置，也可以与前面的风险评估阶段或后面的风险管理阶段合并，具体如何做取决于哪类主体可以更好地完成相关任务。这个阶段的主要任务是对风险的性质进行界定，即判断它的损失的严重程度，从而确定其可容忍性和可接受性，并在此基础上来选择风险管理战略。正如上文所说，风险的性质可以分为四类，即简单风险、复杂风险、不确定性风险和模糊风险。每一类风险都有其所适用的安全原则，人们据此可开发出有针对性的风险管理战略。简单风险可以采用常规管理战略（routine-based）进行管理，如遵循传统的决策程序，学习他人在这方面的典型做法，或采用较为耗时的试误法。复杂风险可以采用风险知识管理战略（risk-informed）和以缓冲能力为中心的管理战略（robustness-focused），主要是让风险的承担者获得有关风险的专业知识，并且通过增强其缓冲能力，如设计丰富多样的安全措施等，来降低风险发生的可能性。不确定性风险可以采用以预防为主的管理战略（precaution-based）和以恢复能力为中心的管理战略（resilience-focused），主要通过采取预防措施以避免难以挽回的后果，此外，由于人们对不确定性风险的发生机制缺乏清晰的认识，难于预料它何时会发生在人们身上，因此只能通过提高人们在遭遇风险事件后的恢复能力来尽量减小风险损失。模糊风险可以采用基于对话的管理战略（discourse-based），旨在加强人们的交流和社会对话，来增强相互冲突的观点和价值观的相互容忍和理解。

IRGC 框架的第四个阶段是风险管理阶段，主要是设计和执行应对风险的计划和措施，以达到规避、抑制、转移和自留风险的目的。风险管理先要就风险管理措施作出系统的决策，这就要求人们重新考虑风险评估阶段所获得的知识，以及人们对某种风险做出的可容忍性和可接受性判断，列出所有可能的风险管理措施。然后，人们要根据有效性、负外部性最小化、可持续发展等标准对这些备选措施进行评价。不同的选项在不同的标准上得到的分数可能不同，因此，人们要根据价值判断给每项标准赋予权重，然后再对不同的选项进行评估，这样人们就可以选出一个或几个较好的选项。在作出决策之后，人们就可以执行决策，并对执行情况进行定期监督和评审。

（三）风险治理的实践

在风险治理理论发展的同时，许多学者也开始进行对风险治理实践的研究，涉及到通讯、运输、气候变化和公共健康等方面的风险问题。例如，利兹科克（Lidskog）等人研究了瑞典对气候变化适应风险的治理问题，这可以说是利用风险治理的理论和方法来应对现实中风险问题的典型案例之一。[13]

---

13 Lidskog, Rolf, Soneryd, Linda and Uggla, Ylva.Transboundary risk governance. Sterling, VA: Earthscan, 2010. 73-89.

1. 社会背景

由人类活动引起的气候变化已经成为当今时代最紧迫的环境问题之一。例如，在整个 20 世纪，人们多次提到由温室气体的排放导致的全球变暖问题，并认为这对人类来说是一个巨大的风险因素。从 20 世纪 80 年代以来，气候变化问题已经成为了一个政治议题。"联合国气候变化框架协议"（United Nations Framework Convention on Climate Change，简称 UNFCCC）认为，要解决这个问题一是减少排放量，二是适应环境，如控制洪水和改良作物等。一直以来，在上述两种策略中，人们更倾向于前者，认为后者过于消极。近些年来，随着西方环境政策领域重新思考可持续发展和其他普遍性话题，适应环境策略也逐渐开始被人们接受，并被视为政策选项之一，和减排政策的必要补充。

在 2004 年，欧洲环境署（European Environment Agency）发布了一份报告，阐述了气候变化对欧洲环境和社会的影响。在报告中，欧洲环境署强调了制定欧洲、国家、地区和地方适应环境政策的需要。次年，欧盟委员会公布了新一阶段的"欧洲气候变化计划"（European Climate Change Programme），对适应环境问题进行了肯定，指出即使是减少温室气体排放方面最激进的政策也不能阻挡气候的变化。然而，欧盟委员会在该计划中只是表明了自己对适应环境策略的立场和态度，并未出台关于这个问题的任何建议或战略。

2. 制度条件

在风险治理所要求的资源条件中，较为重要的一方面就是制度条件，即已经存在的相关法规、规则和惯例等。在气候变化适应这个问题上，国际上最重要的规定是由"联合国气候变化框架协议"提出的，该协议的第 4.1(b) 条款指出，所有的签约方都要采取措施推动针对气候变化的有效适应。然而，由于人们对适应环境策略对不同地方到底会产生什么影响并不了解，所以协议对要采取的措施到底是什么措施说的并不清楚，对于有效的适应到底是什么样的也没有说清楚。直到 1995 年，"联合国气候变化框架协议"的签约国大会（Conference of the Parties）才将针对环境变化负面影响的适应界定为"一个短、中、长期战略过程，这一过程必须是高效的，考虑到社会经济影响，并且在发展中国家执行时还要考虑各国的实际情况"。根据这个定义，适应过程包括了规划、能力建设和为适应做准备等活动，而且其他一些行为，如教育和福利的发展也可以被看成是促进适应的措施。但是一个国家在推行适应战略时究竟要采取哪些措施还要由本国自己去决定。

瑞典在各种政策文件中则缺乏对这个问题的表述，只是在最近才进行了有关气候变化适应环境问题的调查。在 2005 年，瑞典成立了气候和脆弱性政府委员会（Government Commission on Climate and Vulnerability），该委员会出台的报告要求修改现有的法律，加强相关公共机构在气候变化适应方面的责任，如每个郡的管理委员会都要建立一个气候适应代表团，而其他公共机构则要协助郡管理委员会履行自己的责任。然而，报告只是对气候适应问题提出了建议，并不是拥有国家强制力的法律，因此在瑞典气候变化适应的风险治理过程中，主体并不是政府，而是其他利益相关者，由他们在互动中对适应环境问题进行了界定，确定了不同主体在该问题治理过程中的角色，并制定了相应的计划和议程等。

3. 治理网络

由于气候变化适应问题在国际和瑞典本国的政策文本中都缺乏论述，这就决定了风险治理过程中的各要素所形成的是一个非正式的网络。在 2004 年，瑞典环境保护署为了准备第四届全国气候变化交流会，要求瑞典气象和水文研究院（Swedish Meteorological and Hydrological Institute，简称 SMHI）进行脆弱性分析，以及气候变化适应需要和措施的研究工作。之所以进行这项工作是因为，在过去气候变化适应的问题并没有被认真对待，第三届全国气候变化交流会的评论中指出瑞典在这方面的工作是低效的。

在 2004 年 12 月，瑞典环境保护署组织了一个工作组，研究和讨论了 SMHI 提交的报告初稿。参加这次研讨的还有其他公共机构、自治区和各类贸易组织。报告草案的主要内容是，有必要区分对当前气候变化的适应，和对未来气候变化的适应。此外，报告还指出，如果单独考虑适应当前气候变化的措施，瑞典可谓是乏善可陈。在工作组中，各方利益相关者讨论了应对气候变化的计划的不确定性问题，以及当这些计划成为积极的防范性措施时会有什么影响。来自 SMHI 的代表指出，应该由气象学家来研究气候变化的不确定性问题，并预先提交报告，而其他利益相关者要通过决策过程来管理不确定性。之后，SMHI 代表还界定了不同利益相关者具有的能力和应承担的责任，而 SMHI 则应承担专家的角色。工作组的结论是，需要建立一个一体化的适应环境战略，进一步进行研究和调查，并促进不同利益相关者之间的知识交换。许多与会者提名瑞典环境署作为风险治理共同体当然的领导者，但瑞典环境署认为，领导者的角色不一定只能由环境署承担。

通过反复讨论，当时瑞典环境保护署负责气候变化适应问题的官员建议，由瑞典环境保护署制定一个计划，成立一个非正式网络作为风险治理的公共权威。之所以做出这样的决定是因为在当时的瑞典，既没有任何一个主体单独负责环境适应问题，也没有人想把这一责任赋予一个单独的主体。鉴于适应环境的问题是一个既紧迫又未受到人们关注的问题，人们一致认为，应该由瑞典环境保护署来着手建立一个非正式的风险治理网络。

这个风险治理网络包括多方利益相关者，有瑞典环境保护署、瑞典气象和水文研究院、瑞典岩土研究院（Swedish Geotechnical Institute）、瑞典救援服务署（Swedish Rescue Services Agency）和全国住房、建筑和规划理事会（National Board of Housing, Building and Planning），前两者主要负责提供专业知识，并与利益相关者交流这些知识；后两者则更侧重于执行，如在社会规划和风险管理中涉及气候变化适应的问题。

2005 年，瑞典成立了气候和脆弱性政府委员会，承担了风险治理权威机构的角色。这时，风险治理网络改变了它的工作方向，开始扮演风险治理专家的角色。它自称为一个"项目小组"，由其成员合作开发网络工具，帮助气候变化适应领域的其他行动者处理相关问题。为此，该网络组建了一个支持团队，包括了自治区和郡理事会的代表。在 2007 年 6 月，该网络建立了一个气候适应门户网站（Climate Adaption Portal），标志着支持工作的正式启动。该网站还提供相关信息和适应环境措施的范例供相关人员参考。在这种情境下，气候变化适应被界定为一个地方规划问题，主要和水的治理有关。

4. 观念分歧

在风险治理过程中，各方利益相关者关于社会的脆弱性和气候适应问题的讨论焦点集中在对气候变化和人为气候变化的区分上。虽然风险治理网络和气候和脆弱性政府委员会将气候变化适应明确界定为对人为气候变化的适应，但人们对气候变化和人为气候变化的区别的认识依然模糊不清，这导致不同的行动者往往采取不同的方式来对待这个问题。SMHI 的研究主任指出，这两者的区别是"不同利益相关者交流中的关键问题"，因此应将是否重视这种区别作为一个气候研究者的关键素质。

其他的行动者对这个问题则采取了一种更加现实主义的态度。如一些政治家们关注这个问题主要出于政治的考虑，其目的是为了证明自己有能力回应国际社会的劝告。此外，由于气候变化带来的灾难使其他行动者认识到了瑞典社会的脆弱性，因此政治家们重视这个问题也是为了平抚公众的愤怒情绪。正如一个气候和脆弱性政府委员会的官员指出的，"政治家们起初对气候和脆弱性政府委员会的建立百般拖延，后来瑞典遭遇了极端天气、古德龙飓风（hurricane Gudrun）和气候变化，他们就将委员会建立起来，让其研究这些异常情况，而这一系列研究是由约兰·佩尔松（当时的瑞典总理）在古德龙飓风过后的几周后宣布发起的。他们这么做是为了证明自己在干事，但事实上，古德龙飓风和气候变化一点关系都没有。"

当考虑到减少极端天气对社会的影响的措施时，人们通常会认为气候变化和人为气候变化的差别是无足轻重的。减少由其他原因造成对社会的损害的措施最终也可能指向气候变化适应问题。可见，人们在到底什么是与气候变化适应有关的风险问题的认识上存在分歧，但最终还是会从更宽泛的角度来理解相关的风险。

5. 风险管理

这里的风险管理是指对各地的气候变化适应问题的具体管理。在瑞典，对适应环境问题的具体管理责任在于各自治区。由于在中央政府层面缺乏相关的法律政策，各自治区对这个问题的管理方式存在着很大的不同，有的自治区主要针对该地的脆弱性问题，有的自治区则主要注重应对洪水或极端天气，但总的来说，人们对该风险采用常规的风险管理战略。在这一过程中，全国层面的风险治理网络主要是为自治区制定风险管理措施提供相关的、可靠的专业知识、建议和指导方针，例如治理网络中的一个重要主体 SMHI 就主要负责为气候适应问题建立合理的安全标准。然而风险治理网络所制定的标准和政策都是非强制性的，有的自治区对其进行贯彻执行，有的则采用更加独立的做法，仅将其作为一种建议或参考，并在实践中根据具体情况灵活把握。

三、风险治理对高校创新风险的适切性

通过考察风险治理的理论和实践，我们可以看出，虽然人们对于风险治理已有很多理论论述，而且也将风险治理的方式运用于各领域的风险管理，但运用风险治理的理论和方法来解决高校创新风险问题的文献是十分少见的。那么，风险治理是否也可用于应对高校创新风险呢？这就要求我们结合

高校创新风险的特性来分析风险治理对高校创新风险的适切性。

（一）风险治理主体的多样性有利于协调不同利益相关者的价值诉求

对于高校创新风险来说，所谓利益相关者就是为了实现自己对高等教育利益的诉求，以各种方式参与高校创新活动的组织和个人，总的来说可以包括政府、社会和高校三个方面，它们对高校创新活动的价值诉求是不同的。例如，政府作为统治阶级的代言人和公共利益的维护者是高校创新活动一个重要利益相关者，它在考虑高校创新活动风险的问题时，会从更宏大的视角出发，如这种创新活动是否有利于维护统治阶级的利益，是否能够促进整个社会的发展。因此，如果一所高校虽然创造了新知，但是这些知识对国家和社会并无用处，这所学校也不可能被认为是高质量的学校。政府要求高校的创新活动既具有经济价值，又具有政治价值和文化价值，所以如果某项创新活动难以创造经济价值，与国家的政治方向相冲突，或对社会文化的发展存在可能的不利影响，都会被认为是风险因素，从而会受到政府的干预或终止。

社会是高校创新活动的另一个利益相关者，广义的社会是指"以共同的物质生产活动为基础而相互联系的人类生活共同体"，[14]高校和政府也是社会中的组成部分。狭义的社会是指在高等学校外部除政府之外的一切组织和个人，包括企事业单位、社会中介组织和个人，我们这里所说的社会主要是指狭义的社会。社会作为高校创新活动的利益相关者之一其基本价值诉求是效率，即要以尽可能小的投入换取尽可能大的产出。这种对效率的追求要求高校的创新活动成果能够满足社会的需要，为社会带来最大的效益。以企业为例，企业运行的最终目的是追求利润，而高校则可以通过科研活动来为企业提供其所需要的知识和技术，以促进企业乃至整个国民经济的发展。因此，高校能否产生更多的创新成果，并转化成企业的生产力，便会成为企业评价高校创新活动的一个重要标准。接受高等教育的学生及其家庭也是如此，他们在接受高等教育的过程中通过支付学费等进行了各方面的投入，因此希望通过受教育提高自身的价值，并在未来的就业市场中占据优势地位。事实上，接受高等教育是能够为学生带来回报的，据美国的调查显示，博士生毕业后的月平均收入是 3637 美元，硕士生毕业后的月平均收入是 2378 美元，本科

---

14 《中国百科大词典》（M）。北京：华夏出版社，1990，271。

生毕业后的月平均收入是 1827 美元，职业学校毕业生的月平均收入是 1088 美元，中学毕业生的月平均收入是 921 美元，学历越高收入越高。发展中国家的情况也大致如此，据菲律宾 1981 年的调查显示，受过高等教育的人的平均收入是没完成初等教育的人的 3.9 倍。[15]鉴于此，社会在评价高校的教学创新时必然要考虑这种创新是否能提高学生的就业力，是否能为学生及其家庭带来社会回报，只有能够满足上述要求，高校的教学创新才会被认为是有价值的。

高校是高校创新活动开展的主要场所，从事高校创新活动的人，如教师、教育管理人员和学生都是以高校为平台从事创新活动的，而在各种创新活动中，又以教师的科研活动为最主要的部分。大学这种组织与其他组织的不同之处在于它以传播和生产高深知识为己任。它从一开始就是一个学者行会，这些学者都是各领域的专业人员，并以传播专业知识为自己的职业。自洪堡改革以后，大学开始将教学与科研结合起来，并在传播知识的功能之外，增加了生产知识的功能。由于大学始终将追求真知作为组织的根本使命，因此"知识材料，尤其是高深的知识材料，处于任何高等教育系统的目的和实质的核心。"[16]鉴于此，高校中的教师在进行科研活动时较为关注基础研究，并以对学术发展本身的影响作为考量创新风险的主要依据，至于科研活动的应用性，以及其对外部社会的经济、政治影响则较少考虑，从而使其在考虑到创新风险的问题时与外部社会发生冲突。

可见，高校创新活动的利益相关者有着不同的价值取向，如政府更加关注创新活动是否能够促进整个社会经济、政治和文化利益的实现，社会中的各个组织和个人关注高校创新活动是否有利于提高效率，并促进自身利益的实现，高校中的创新主体则更加关注创新活动对学术本身的促进作用。因此，高校创新活动的各种风险在不同利益相关者眼中必然具有不同的形态，有着不同的权重，他们在如何应对风险这个问题上也必然有着不同的策略倾向。为了使高校创新活动能够更加有效地进行，创新的风险问题能够得到更好地解决，我们有必要利用风险治理机制吸收多方利益相关者对创新风险进行共同治理，使其能

---

15 田恩舜：《试论我国"主辅结合型"高等教育成本分担与补偿体制的基本框架》（J）。煤炭高等教育，2003，（2）：45。

16 〔美〕伯顿．R．克拉克著，王承绪等译：《高等教育系统——学术组织的跨国研究》（M）。杭州：杭州大学出版社，1994，11-13。

通过协商和合作达成一致，为减少或消除高校创新风险献智献力。

（二）风险治理政策的战略性有利于应对高校创新风险的高度 不确定性

风险治理要求多方利益相关者共同参与相关决策的制定，要求所制定的政策框架能够容纳更大的灵活性，因此风险治理中的决策虽然也可能是推出某一项具体措施，但更多的是一种具有战略性的宏观决策。战略与一般政策的区别在于，它是围绕某一问题的整体性、长远性和纲领性的谋划，要求确定战略目标，围绕战略目标设计实现途径，并指明行动方针和基本步骤，而不是简单地提出一些政策要求，并规定在没有达到要求时的惩罚措施。这种政策设计为行动者在执行政策时留下了更大的自由空间，从而使其能够根据实际情况的变化灵活应对。风险治理政策的战略性对于应对高校创新风险的高度不确定性是十分有意义的。和其他领域的创新风险相比，高校创新风险更加复杂和不可预测，人们难以知道某一创新活动会遇到什么样的突发事件，产生什么样的结果，因此过于详细的政策规定不足以面对复杂多变的现实情境，这就要求通过制定战略来进行创新管理，实现方向性和灵活性的结合。

此外，风险治理的战略性还有利于避免高校创新活动出现新的不确定性。由于高校创新活动是围绕高深知识生产而进行的活动，因此具有较高的专业性和排他性。正如伯顿．R．克拉克所说，"只要高等教育仍然是正规的组织，它就是控制高深知识和方法的社会机构。它的基本材料在很大程度上构成各民族中比较深奥的那部分文化的高深思想和有关技能。"由于高等教育之外的人无法轻易涉入大学的高深知识领域，只有大学本身最了解如何才能促进知识的传播和发展，因此高校创新活动到底如何进行应由大学最终决定，外界的任何不当干预都有可能增加活动失败的风险。风险治理的战略性恰恰可以避免外界对高校创新活动的过度干预，由于风险治理战略只是为如何应对创新风险建立了政策框架，而不是指出具体措施，因此它容许高校在基本框架下针对具体问题进行自由裁量，从而可避免外界干预为创新活动带来的新的不确定性。

（三）风险治理措施的多重性有利于应对高校创新活动的强制性和 自愿性风险

高校创新活动有着多方利益相关者，这就决定了在对高校创新风险进行治理时可以运用多种手段。首先，政府介入对高校创新活动的治理可以保证创新活动的政治和社会方向，帮助应对高校创新活动的强制性和自愿性风险。一方面，政府为了保证高校能够通过创新活动更好地为社会服务，往往通过立法或经费投入等措施，赋予高校创新义务，并引导义务的履行，从而使高校的创新活动的很大一部分具有强制性。创新活动的强制性使得创新活动的风险也具有了强制性，这便赋予了政府帮助高校应对创新风险的责任，而政府由于掌握由国家强制力保证实施的公共权力，可以通过调整社会资源配置以及社会内部关系的方式为高校创新活动提供良好的资源保证和制度环境，减少创新活动的风险。另一方面，对于高校创新活动存在自愿性风险，政府介入也有利于对其进行有效治理。由于高校创新活动具有巨大的正外部性，因此无论是创新主体必须承担的创新义务，还是创新主体自愿承担的创新活动都有着巨大的社会价值，这就决定了政府有义务对高校的自愿性创新活动进行引导，保证其与社会的利益诉求相一致，避免创新活动的无序性和混乱。

其次，市场机制介入对高校创新活动的治理有利于拓展高校的创新空间，更好地应对高校的自愿性创新风险。政府的介入虽然在一定程度上也能帮助应对高校创新活动的自愿性风险，但政府只能对这类创新活动发挥引导作用，并不能对其进行过度干预，因此必须借助市场机制发挥对这类风险的治理功能。一方面，市场机制的引入使高校能够与企业合作进行创新活动，而企业活动营利性的本质属性能够激发创新主体从事这类创新活动的积极性，更好地为社会创造价值。另一方面，市场中有大量专门化的组织，市场机制引入高等教育有利于利用这些组织分担高校创新活动的风险。例如，保险公司就是这样一种进行风险分担的组织，它们"在认知和确认风险、推算风险概率、实行保险赔偿、防范和规避风险方面形成了一系列具有很强政策性和可操作性的措施"，[17]从而可以通过专业性的风险分担方法减少高校中的自愿性风险，同时对于如何减少强制性风险也有借鉴意义。

第三，完善高校创新活动的内部治理机制有利于多种创新风险的治理。高校是高校创新活动的发生的场所，其理所当然应成为创新活动风险治理的直接利益相关者。高校在性质上属于公民社会组织，在风险治理方面可以填补政府机制和市场机制的空白，尤其是高校创新风险治理这种暂时还未纳入正式制度的领域。高校是处于公共权力和私人权利之间的过渡性组织，在创

17　杨雪冬:《风险社会与秩序重建》（M）。北京: 社会科学文献出版社，2006，55-56。

新活动风险治理的问题上，一方面它可以避免政府的公共权力对创新活动的直接干预，在一定程度上能够使高校的强制性创新活动免遭外界干扰的风险；另一方面它也可以防止市场对高校创新活动的过度渗透，在一定程度上使高校的自愿性创新活动避免面对市场失灵所带来的风险。

总之，实行风险治理有利于将各种治理措施引入对高校创新风险的应对过程，能够从多种角度处理高校创新活动中不同性质的风险，从而使高校中的强制性创新风险和自愿性创新风险都能够得到有效治理。

第三节　高校创新风险的治理机制

高校创新活动的风险需要治理，而要实现对创新风险的有效治理就必须构建高校创新风险的治理机制。孙绵涛、康翠萍等人将机制划分为层次机制、形式机制和功能机制。[18]依据这种分类，高校创新风险治理机制应该属于形式机制，即通过"治理"这种活动形式将各种相关要素整合起来，以达到减少或消除高校创新风险的目的。具体来说，高校创新风险治理机制就是公私部门的各方利益相关者为降低或消除高校创新风险而共同采取的管理机制，包括整个治理系统的治理结构、各要素之间的关系，及其运行方式等。

一、治理结构

高校创新风险治理机制的基础是"治理结构"。"治理结构"概念的最早提出者是威廉姆森，他在研究公司治理结构时将"治理结构"定义为"契约关系的稳定性和可靠性在其中得以决定的组织框架"。[19]通过这个定义我们可以看出，"治理结构"的本质就是使系统内各要素维持良性互动关系的组织结构。就高校创新活动的风险治理来说，它本身是一种特殊的社会系统，因此也是一种特殊形式的组织。该组织由人、财、物、制度、信息等多种要素组成，各种要素只有进行有效地互动才能使其发挥风险治理的功能，而维持其互动的组织结构就是高校创新风险治理机制的治理结构。在实践中，在高校创新风险治理过程中处于核心地位的一般是高校创新风险治理组织，这是一种居于第三部门的非营利性组织。之所以在高校创新活动的多方利益相关者

---

18 孙绵涛、康翠萍：《教育机制理论的新诠释》（J）。教育研究，2006，（12）：22。
19 程昔武：《非营利组织治理机制研究》（M）。北京：中国人民大学出版社，2008，66。

中选择这种第三部门组织作为创新风险治理的中心组织出于以下几方面的考虑：第一，高校创新活动是一种具有高度个性化的活动，这就决定了在创新风险治理过程中不能让政府作为治理的中心，因为政府代表全体社会成员的利益，它在作出决定时必然会照顾大多数人的利益，从中性的角度考虑问题，从而难以为高校创新活动提供自由的、多样化的环境。在这种情况下，第三部门组织恰恰能够满足创新主体多样化的需要，这是因为这些组织介于政府和市场之间，其组织者、目标和运行方式都具有多样性和自主性，能够有针对性地为创新主体提供服务，帮助其解决创新过程中发生的各种风险问题。第二，高校创新活动是一种具有高度正外部性的活动，这就决定了创新风险治理的任务也不能完全留给企业等营利性机构，因为这些机构可能会因为追求经济利益，而忽视对社会利益的关注。第三部门组织属于非营利性机构，它们的建立和运行一般都是为了维护公众利益或实现能够代表大多数人的社会价值，因此由它们作为创新风险治理的中心有利于弥补"合约失灵"，维护社会利益。第三，第三部门组织所承担的高校创新风险治理任务实际上是本应由政府承担但却难以有效处理的社会管理事务，因此在风险治理过程中这些组织较容易得到政府的政策、经济和技术支持，从而使它们有履行好创新风险治理任务的能力。

以高校创新风险治理组织为界，创新风险治理结构可分为外部治理结构和内部治理结构，前者是指高校创新风险治理组织与外部相关组织联结而成的组织结构，后者是指高校创新风险治理组织的内部组织结构，它们对于创新风险治理组织的风险治理效果能够发挥重要影响。

（一）网络型外部治理结构

由于创新风险治理要求社会多方利益相关者的参与，因此治理活动就必然涉及到多个相关组织。这些组织由于性质不同，它们之间难以形成一种领导和被领导的上下级关系，因此只能通过网络型结构的形式，将具有共同利益、拥有共同目标的组织吸纳到一个共同的网络组织中去。在实践中，网络结构表现为两种形态，一种是星形网络结构，即以一个核心部门或核心组织为中心，其他的部门和组织都围绕该核心部门进行运作。另一种是网状网络结构，即相关组织之间形成错综复杂的联系，不同的组织可以在不同的项目中直接发生联系。这种网络结构较为适用于外部治理结构的构建，因为高校创新活动的利益相关者众多，它们可以从多个角度作用于高校创新风险的治理，其相互关系是较为复杂的。[20]

（二）内部治理结构

高校创新风险治理机制的内部治理结构实际上就是创新风险治理组织的内部组织结构。这种组织结构是为了达成创新风险治理目的而对权力的正式安排。一个创新风险治理组织往往由多个部门组成，而由于组织的分权化程度不同，不同组织的下属部门所享有的自主权便不相同。根据组织分权化程度由低到高的顺序，创新风险治理机制的内部治理结构又可以分为以下三种类型：

1. 金字塔型结构

金字塔型结构的特点是组织的分权化程度低，规则化和制度化程度很高，决策权集中于位于金字塔尖的决策部门，由决策部门的相关人员通过协商制定创新风险治理政策。决策部门出台的政策由下面的执行部门进行执行，执行部门一般分为两部分，即高层管理部门和基层的各种委员会，由这些委员会处理组织的各种具体事务。金字塔型结构与传统的科层制结构有些类似，各个部门的组织具有层级化的特征，但其最大的不同在于，组织的大多数部门都是一种委员会结构，这是因为高校创新风险治理组织要处理的是高校创新活动中的风险问题，这类问题具有高度的复杂性和不确定性，因此单凭一人之力难以有效地认识和解决这类问题，这就要求围绕某一问题将相关领域内具有不同经验和背景的人组织起来，使之通过民主集中的方式共同找出解决问题的办法，而不能仅仅依靠下级服从上级的办法来完成自己的工作。

委员会又有永久性委员会和临时性委员会两种形式，前者用来处理一些长期存在的事务，后者则用来处理一些短期性、突发性的事务。[21]有时，一些永久性的委员会内部也会根据具体情况设置一些临时性的委员会，类似于一些任务小组，只用来执行一些特定的任务，任务完成后便会解散，从而保证能够及时高效地应对外界不断变化的环境。

2. 分会结构

分会结构是一种分权型的组织结构，它一般是在总部的统一领导下按照

---

20 刘延平：《多维审视下的组织理论》（M）。北京：清华大学出版社；北京交通大学出版社，2007，324。

21 聂平平、尹利民：《公共组织理论》（M）。武汉：武汉大学出版社，2009，93。

地区建立若干个地方性的分会，处理本地方发生的相关事务。分会一般具有一定的独立性，只在一些大政方针上接受总部的领导，或在必要时向总部求取帮助。分会结构适用于一些组织成员分布广泛的组织，如美国大学教授协会（AAUP）和美国教师联盟（AFT），这些组织的成员是为数众多的高校教师，为了更好地维护他们的权益，这两个组织都在各个大学建立分会，以使组织能够及时了解大学中的情况。

3. 网络结构

网络结构是由作为节点的组织或部门相互联系构成的组织系统，它是三种组织结构中分权化程度最高的。网络结构中的组织部门和人员之间的联系非常松散，有时甚至没有正式的部门建制，仅仅依靠相关人员和机构建立起来的关系网络来维系。网络结构的组织往往只有较小的基本职能部门，而这些职能部门往往只发挥创设交流平台、维系相关组织的关系的作用。有时，网络结构的组织会通过计算机网络来运作，将分散在各地的机构和成员联系起来，只是偶尔安排一些见面活动。网络组织具有高度的灵活性和低成本性，能够扩大组织的工作范围，加强相关人员对组织的参与性，但网络组织的管理者往往对组织成员缺乏控制力，只能依靠人与人之间的信任来维系相互之间的关系。网络结构有星形网络结构和网状网络结构两种，其中星形网络结构较为适用于内部治理结构的构建，在虚拟组织或大部分工作虚拟化的组织中常见，主要通过这个核心部门进行资源配置、信息交流和服务协调，总的来说结构比较简单。网络结构由于取消了科层制中过多的联系等级，加快了指令和信息的传递速度，提高了决策和管理的效率，使组织能够更加灵敏地回应外界环境的变化，这对于以应对外界不确定性为根本目标的风险治理组织来说尤其具有适用性。

治理结构是否能够为高校创新风险的治理提供有效的组织架构取决于各个相关的组织，以及组织内部各部门和成员之间是否具有共同的目标，形成共同的价值认同，只有他们之间保持一定的一致性，各方利益相关者才能在风险治理政策上达成共识，并保证政策的顺利落实。具体来说，有效的高校创新风险治理机制的治理结构应具有以下几个特征：

第一，目的性。高校创新风险治理组织要以降低或消除高校创新活动中的风险为共同目标，因此其治理结构就要保证各个相关组织，以及组织中的成员为实现该目标而共同努力，能够调动组织中的资源和条件，协调和控制组织中或环境中妨碍组织目标实现的因素，为完成风险治理的任务服务。

第二，协作性。高校创新风险治理机制的治理结构要能够实现组织及其成员之间的协作，使其发挥的作用大于单组织或个人作用之和，打破单个互动关系之间的无序状态，完成对高校创新风险进行治理的任务。

第三，权威性。任何组织都要有一个权威，对组织成员的冲突进行裁决，运用其正式或非正式的地位维持规则的运行，在组织中发挥领导职能等。正如恩格斯在《论权威》中指出的："一方面是一定的权威，不管它是怎样造成的，另一方面是一定的服从；这两者，不管社会组织怎样，在产品的生产和流通赖以进行的物质条件下，都是我们所必需的。"[22]就高校创新风险治理机制的治理结构来说，组织之间以及组织内部须要有权威，该权威可以是某一组织、某一个人，也可以是一个群体。该权威所具有的领导权力可以是法定权力，即根据国家的法律或政策，或根据风险治理主体达成的协议而获得的权力；也可以是专家权力，即由于该主体所具有的专业知识和技能，以及在高等教育特定领域所具有的特殊影响力而获得的权力。无论该权威是个人还是组织，其领导权力是怎样获得的，其权力都必须以各方主体的自觉认同为基础，而不能靠政府的强行赋予，只有这样权威的形成才具有合法性。

第四，系统性。高校创新活动的风险治理组织是一个开放的系统，这一系统的开放性根源于其要处理的风险问题的不确定性和开放性。为此，高校创新风险治理机制的治理结构必须要保证组织能够不断地与外界进行着物质和能量的交换，并在这一过程中不断调整内部的结构和运行方式以适应外界环境的变化，不断解决着所面临的新问题。

二、各要素之间的关系

在治理结构的基础上，高校创新风险治理的整个系统的各要素之间还需要通过互动，建立起各种相互关系，以使创新风险治理机制发挥创新风险治理的作用。具体来说，各要素之间的关系又分为组织部门之间的关系、组织与个人成员之间的关系，以及个人成员之间的关系。

（一）组织部门之间的关系

以高校创新风险治理组织为中心，组织部门之间的关系又包括组织与外

---

22 恩格斯：《论权威》（A）；马克思、恩格斯：《马克思恩格斯选集：第二卷》。北京：人民出版社，1972，553。

部相关组织之间的关系，以及组织内部各部门之间的关系。

1. 组织与外部相关组织之间的关系

高校创新风险治理机制是一种特殊的管理机制，这种管理与普通的管理的不同之处在于，它强调管理主体的多元化，要求多方利益相关者通过协商和互动将其不同的风险观转化为具有约束力的集体决定，从而实现针对风险问题的决策。就利益相关者来说，它具有两种形态，第一是个体形态，即与风险治理活动有关的个人；第二是集团形态，即与风险治理活动有关的组织或群体。这里所说的利益相关者指的是集团形态的利益相关者，高校创新风险治理组织与外部相关组织之间的关系就是高校创新风险治理组织与这些利益相关组织的关系，这种关系有着以下几个特点：[23]

第一，相关性。在高校创新风险治理这个问题上，与高校创新风险治理组织有关系的组织都是高校创新活动的利益相关组织，它们之间能够产生相互作用和相互联系，因此它们之间具有相关性。具体来说，高校创新风险治理组织的利益相关组织有政府、其他教育中介组织、高校和企业等，它们之间总在以各种方式发生相互作用。例如，政府是公共权力的代言人和社会利益的维护者，它对于具有巨大社会影响的高校创新活动来说是风险治理的重要主体之一，因此，政府往往通过制定与高校创新活动有关的法律和政策来支持和规范高校创新风险治理组织的活动。在有些情况下，政府还可以为高校创新风险治理组织的相关活动提供经费资助，帮助其更好地完成创新风险治理的任务。教育中介组织也是高校创新风险治理组织的重要利益相关者，高校创新风险治理组织本身就是一种教育中介组织。尤其是在西方国家，教育中介组织广泛参与到高等教育的各种事务中去，大到服务于国家的宏观教育决策，小到高校中的具体事务管理，可谓涵盖广泛。教育中介组织具有较高的专业性，即其组成人员一般都是相关领域的专家，而对于高校创新活动这种具有高度专业性的活动来说，只有相关领域的专家才最能了解创新活动的工作机制和规律，因此，由专家组成的相关教育中介组织可以帮助高校创新风险治理组织进行创新风险的治理，为其相关活动提供专业支持，促进其治理行为的顺利进行。高校是高校创新风险治理组织的直接利益相关者，因为创新风险治理组织的治理对象就是高校中的相关人员所进行创新活动时遇

---

23 刘松博、龙静：《组织理论与设计》（M）。北京：中国人民大学出版社，2009，163-164。

到的风险，因此许多高校创新风险治理组织的成员就是各个高校或高校中的相关人员，他们可以直接参与到创新风险治理的各个环节。此外，企业也可以在高校创新风险治理中发挥重要作用。随着我国市场经济的发展，企业与高校在创新活动方面的合作日益紧密，这就决定了企业不但可以参与高校创新活动的风险治理过程，与其他治理主体共同协商作出风险决策，还可以通过提供经费的形式支持高校创新风险治理组织的工作，帮助高校中的创新主体克服创新活动中的经济风险。

第二，多重性。与高校创新风险治理组织相联系的组织一般并不是只有一个，而是多重的，这种多重性使不同的组织联结成一个关系网络。例如，美国一些高校创新风险治理组织为了提高创新风险治理的效力，扩大自己的影响力，经常与多个相关的教育中介组织建立战略伙伴关系，通过定期会议的形式与它们进行信息和其他资源方面的交流和共享，更好地促进治理工作的开展。这种战略伙伴关系发展的高级阶段就是建立正式的联盟，在这种情况下相关的多个组织之间会形成更加巩固的联系，从而使它们组建的关系网络更加制度化。另外，由于高校创新风险治理组织在性质上是第三部门组织，它为了维持自己的运转除了要吸纳会员的会费，还要积极向社会上的企事业组织募集捐款。为了维持运行，高校创新风险治理组织一般不会只向一个外部组织募集资金，而是会努力向更多的组织募集资金，这就使这些组织在经济上也会形成一种网络关系。

第三，持久性。高校创新风险治理组织与其他相关组织所建立的联系必须具有持久性，只有这种持久性的关系才能保证创新风险治理的有效性。组织间关系的持久性有利于克服利益相关者在参与创新风险治理时的机会主义倾向，降低其道德风险，减少创新风险治理活动本身的不确定性。关系的持久性不仅需要在组织间建立起正式联系，还要求成员之间建立起较为稳固的非正式关系，如情感、友谊和信任等，这些非正式的关系往往是建立正式关系的基础，并能够在正式关系建立起来之后，进一步巩固这种关系，充当关系网络中的润滑剂的作用。

第四，联动性。联动性是指由于高校创新风险治理组织与其他相关组织之间建立起了紧密的、稳定的联系，这些相互联系的组织中只要有一个发生了较为重大的变化，就会影响到其他组织的运转，进而使其他组织也发生相应的变化，即牵一发而动全身。因此，我们在考察高校创新风险治理行为的变化时要有系统思维，不能孤立地分析某一个组织的行为，而要将其看成是其他组织行为的函数，全面地考察其变革的宏观图景，从而预测其发展方向。

那么，高校创新风险治理组织与其他组织之间的关系是怎样形成的呢？首先，组织之间关系的形成是为了满足治理的需要。高校创新活动具有非常大的正外部性，也就是说它不仅能够为创新主体带来利益，还能够为社会上的各个相关组织和个人带来巨大利益。因此，高校创新活动不应该仅仅是高校中的教师或学生自己的事，而是一个关乎整个社会发展和进步的重要事业，理当由社会上的各方利益相关者来关心和扶持。社会上的各方利益相关者共同促进高校创新活动的一个重要方式就是进行创新风险治理。治理的本质决定了治理的主体不能够仅仅代表单一的利益集团，而是要让尽可能多的利益主体参与到这一过程中来，这就要求多方利益相关组织必须建立起持久的、制度化的联系，有效地解决高校创新活动的风险问题。

其次，组织之间关系的形成来源于单个组织的专业化特性。无论是高校创新风险治理组织还是其他相关的组织都具有专业化的特性，这使它们只在自己所属的领域具有比较优势，而对其他领域的相关事项则难以精通。然而，高校创新活动具有高度的复杂性，这不仅表现在创新实践本身具有较高的复杂性和不可预测性，还表现在创新活动成功需要多种多样的外部条件，这就决定了处于不同领域的相关组织必须进行协调合作才能够最大限度地为高校创新活动提供足够的条件，并从多个角度去关注高校创新活动。为此，不同的相关组织必须联结成一个关系网络，只有这样它们的合作关系才能够稳固，才能够提高它们的工作效率。

再次，组织之间关系的形成来源于组织对外部资源的依赖。根据资源依赖理论，组织的生存和发展需要资源，而这种资源往往不是组织自身能够生产的，而是需要到外部环境中去获取。为了从外部的其他组织那里获得所需要的资源，组织有必要与相关的组织建立起合作关系，这样才能够保证稳定的资源供给，减少在资源方面的不确定性。

2. 组织内部各部门之间的关系

根据高校创新风险治理组织的内部治理结构的不同，组织内部各部门之间的关系也有所不同。如，对于具有金字塔型内部治理结构的组织来说，它一般设有处于金字塔顶层的决策部门、中间的高层管理部门，以及高层管理部门之下的各个委员会。这些部门按照各自的职能进行分工，并依据较为稳定的规章制度维持组织的运行。其中，决策部门负责制定创新风险治理政策。在有些创新风险治理组织中，决策部门又被分为两个层级，即作为最高权力机构的成员年会，和作为决策机构的董事会或理事会，前者就组织的重大事项进行决策，如修改章程、任免董事和解散组织等；后者负责确定组织的目标，制定组织的方针政策，以促进组织使命的实现。决策部门所制定的政策要交由执行部门去执行。在高校创新风险治理组织中，执行部门一般都以委员会的形式进行组织，这有利于将具有相关专长的人聚集起来，保证委员会的分目标的完成，并通过相互之间的协作过程促进组织的总目标的完成。金字塔型内部治理结构主要适用于对高校及其创新主体影响力较大的组织，这些组织往往在一定程度上承担了一部分社会管理任务，为了顺利地完成该任务，它需要以金字塔型的结构保证做出的决策能够有效地执行，因此其内部主要部门之间是一种决策和执行的关系。

对于具有分会型内部治理结构的组织来说，由于这种组织的成员一般是高校中的创新主体个人，因此它的总会需要帮助各高校的相关人员建立分会，由分会监督各高校的创新活动状况，并把该状况反馈给总会，以获取总会的指导和干预，总的来说其总会和分会之间是一种扶持和监督反馈式的关系。在具有这种治理结构的组织中，组织将更多权力下放给各分会，这使总会可以将更多的精力放在对宏观政策的决策，而分会由于获得了更大的权力，相关人员的工作积极性获得了提高，并能够根据当地的具体情况做出一些适宜性和针对性更强的决策。

对于具有网络型内部治理结构的组织来说，组织一般都是由具有相对独立性的实体部门构成，它们相互之间并不存在隶属关系，每个部门都有自己的决策机构和执行机构，负责制定和处理本部门的政策和事务，因此，各实体性部门之间是一种合作的关系。具体来说，在网络结构中处于节点上的部门之间的关系表现为以下特点：（1）分享共同目标。网络组织是围绕共同目标建立起来的，因此各个网络节点上的部门必须在共同目标的引导下建立联系，且各个网络节点的联系越紧密，整个体系的制度化程度越高，这种共同目标就越为凸显。（2）进行专业分工。网络结构中的各个节点都是高度专业化的部门，它们之间要进行专业分工，要各自利用自己的专业优势来增加网络组织的整体价值。（3）相互依赖。网络结构中的各个节点的专业分工决定了它们必须通过相互依赖才能促进网络功能的发挥，这种依赖关系可以使单个部门获得自己所不能生产的资源，形成利益共享和风险共担。（4）信息流通和共享。网络结构中的各个节点要想实现协作就必须使网络组织中具有良好的信息流通和共享机制，为此，网络结构中除了各个节点外还会有一些负责沟通和协调的部门，或每个节点自身都设置了这样的外联机构，这不但可以使每个节点更好的利用网络中的资源，还可以推动整个网络更好地应对外部环境的变化，在外界的不确定性中获得生存和发展。（5）分散作业。[24]网络结构由多个作为实体部门的节点组成，这些部门往往处于不同的地域，因此处于网络节点上的部门很少聚在一处，而是分散作业，尤其是在一些主要依靠信息通讯技术维持的组织中，许多部门甚至可以没有固定的工作地点，相关人员平常只需在家中办公即可。

然而，根据各部门关系的紧密程度的不同，各部门之间的这种合作关系又可以分为协调合作和自主合作。在协调合作关系中，各部门交流和互动的纽带一般是各行政和服务部门，由它们将实体性部门联结成一个整体，以促进其创新失败风险治理职能在更大范围内的发挥。在这种合作关系中，各实体部门分享着共同的目标，而各实体部门自身的目标则并不凸显。由于组织的制度化程度比较高，各实体部门之间的专业分工是较为精细化的，它们彼此之间高度依赖，一般不存在竞争关系。

而在自主合作关系中，各部门之间往往缺少正式的机构作为交流的纽带，组织所发挥的只是一个平台的作用，由各部门在这个平台上自主寻找适宜的合作伙伴，因此合作的范围往往局限在小范围。在这种合作关系中，各实体部门虽然也是被一个共同的目标牵引着走到一起，但这个目标只具有宏观的指导意义，合作的成功更多地取决于小范围的相关部门之间共享的具体目标。由于组织的制度化程度不高，各实体部门的准入门槛较低，因此经常会出现同类机构入驻的情况，因此各实体部门之间在一定范围内存在着竞争关系。

3. 相互依存、相互制约的组织与个人成员之间的关系

高校创新风险治理组织只有能够通过各种方式有效地作用于个人成员，才能够顺利完成创新风险治理的任务，即使一个组织的成员以机构为单位，该机构也不能整体参加组织的活动，而是要派代表参加活动，这样创新风险

---

24 岳澎、黄解宇：《现代组织理论》（M）。北京：中国农业大学出版社；北京大学出版社，2010，47。

治理组织的作用对象还是个人。对于高校创新风险治理组织来说，它与个人成员之间的关系首先表现为一种相互依存的关系。一方面，个人成员是组成创新风险治理组织的基本单位，同时也是组织的决策机构和执行机构的组成成员，因此组织需要依靠个人成员作出决策并办理相关的事务。另一方面，个人成员还要通过缴纳会费的方式维持组织的运转，而组织在获得了这笔钱以后则要通过各种活动来履行自己的职责，如通过提供资助、组织竞赛、创业支持、组织交流活动和推出教育项目等为创新主体提供经济、技术和信息方面的支持，从而直接提高创新主体的创新成功率，或提高一些具有中介性的创新促进人员的工作效率。在上述各种活动中，组织竞赛和推出教育项目主要是从克服主体风险因素的角度来应对创新风险，旨在通过各种活动弥补相关人员与创新有关的能力素质上的不足，提高其创新活动的成功率。提供资助、创业支持和组织交流活动等则是从克服外部风险因素的角度来应对创新风险，旨在为其提供各方面的支持，完善创新活动开展的条件，从而降低其创新活动的阻力。

高校创新风险治理组织与个人成员之间的关系还表现为一种相互制约的关系。组织不光要为个人成员提供各种服务，当发现个别成员的行为有违组织的章程，阻碍了组织目标的实现，组织可以依据相关的法律和规则对成员进行惩罚。惩罚的方式多种多样，有警告、禁止使用组织的设施、罚款、免职甚至开除等。当个人成员发现组织的行为损害了自己的利益或有违组织的整体利益，成员也可以通过提起诉讼的方式维护自己或组织的权利。例如，美国《示范非营利法人法》的第 6.30 条指出，5%及以上有表决权的成员，或 50 名成员，或任何董事可以以法人的名义提起诉讼，维护组织的权益。该法的第 3.04 条还指出，非营利法人的成员可以就董事越权的行为提起诉讼，以防止董事会或执行官为维护个人利益而损害组织利益，从而有效监督组织的行为。[25]

4. 协商互动式的个人成员之间的关系

高校创新活动涉及多方利益相关者的利益，因此只有多方主体从不同角度贡献自己的才智和资源才能有效地降低或消除风险，而要实现这一点就必须使人们之间形成一种协商互动的关系。根据詹姆斯．D．费伦等人的观点，我们可以将协商在创新风险治理过程中所发挥的功能总结为以下几

---

25 金锦萍：《非营利法人治理结构研究》（M）。北京：北京师范大学出版社，2005，111-115。

个方面：[26]（1）揭示私人信息。如果相关人员不经过协商就直接进行决策，他们很可能由于偏听偏信而做出错误的政策选择。协商可以让人们充分表达自己对创新风险的认识和偏好，揭示出不同的人私人信息方面的差异，从而使决策者可以比较不同信息的优劣好坏，提高决策的合理性。（2）克服有限理性。每个人所拥有的关于创新风险的知识以及计算能力都是有限的，从而不能保证决策的合理性。协商可以将尽可能多的利益相关者聚在一起，将有限的知识和能力集中起来，提高作出最佳选择的几率。（3）推动公共利益的实现。在匿名的情况下，人们往往会从自我利益出发进行投票，但如果在决策中增加了协商环节，决策者出于不想在公共讨论中表现得自私的角度考虑，会使自己的提议更加趋近于公共利益，从而推动在创新风险治理过程中公共利益的实现。（4）提高决策的合法性。只有当利益相关者自觉认同创新风险治理中的决策，该决策才具有合法性，而要做到这一点就必须让利益相关者在协商中具有自由表达的机会，激发利益相关者的理性反思，从而促使其能够自觉支持协商的结果。（5）促进政策的执行。由于通过协商而制定的创新风险治理政策更加具有合法性，因此各方利益相关者更加愿意执行相关的政策。另外，协商过程本身体现了公民之间的相互尊重，因此能够促使利益相关者理解和尊重他人，节制自身的利益诉求，从而促使风险治理政策更好地执行。

说到底，高校创新风险治理使人们之间形成协商互动关系是要让人们尽可能地摆脱个人偏见，以实现公共利益为原则。所谓公共利益并非是与高校创新活动有关的所有个人的利益的简单相加，而是利益相关者在理性协商和互动过程中所确认的共同需要。正如德国学者阿尔弗莱德．佛得罗斯所说："公共利益既不是单个个人所欲求的利益的总和，也不是人类整体的利益，而是一个社会通过个人的合作而生产出来的事物价值的总和；而这种合作极为必要，其目的就在于使人们通过努力和劳动而能够建构他们自己的生活，进而使之与人之个性的尊严相一致。"[27]然而在高校创新风险治理的实践中，想要通过人们的协商互动实现公共利益并不是那么容易的事，因为参与高校创新风险

---

26 袁泽民：《从哈贝马斯的交往行动理论看协商的建构——以 H 省 X 市 D 镇互动开发区土地征收为例》（D）。上海：上海大学，2009，19-21。

27 转引自〔美〕E. 博登海默：《法理学：法律哲学与法律方法》（M）。北京：中国政法大学出版社，1998，298。

治理的个人成员在协商中尽管会尽可能地关照公共利益，但他们毕竟有着不同的利益诉求，在讨论时也往往从自己或自己所代表的组织的利益出发提出建议，而不同的建议之间未必能够取得一致。甚至在利益冲突较为严重或互动不利的情境下，一些人可能会在刻板印象的基础上理解其他主体的观点和行为，怀疑他人的动机，掩盖相关信息或表现出对抗性或不礼貌的行为。为此，要真正实现个人之间的有效互动以实现公共利益，就必须对个人成员之间的协商互动关系进行分析，以了解有效协商的特点。根据 W．罗伯特．洛文（W.Robert Lovan）等人的观点，有效协商需要具备以下几个要素：[28]

1. 有效协商是一个不同利益群体参与的过程，其目的是形成共同理解；

2. 在对话过程中，人们必须倾听其他方的观点以理解其意义，并致力于形成一致意见；

3. 对话要能够揭示隐藏的假设，并引起人们对自己观点的反思；

4. 有可能通过对话来改变其他参与者的观点；

5. 有可能提出比最初建议更好的解决办法或策略；

6. 参与者要能够暂时搁置自己的观点，从他人的观点中找到可取之处；

7. 使人们形成开放的态度，即对错误开放和对变革开放；

8. 使人们能够真心为他人考虑，而不是着急地捍卫自己的观点或打击别人的观点；

9. 协商的基础是，很多人都有自己的建议，通过共同讨论他们能够将这些建议整合成可操作性的战略；

10. 协商是一个持续不断的过程，使人们能够不断思考新战略，并能够采取有效的行动来执行

从有效协商的具体过程来说，它可以分为三个阶段：[29]第一，对话。由于高校创新活动有着不同的利益相关者，所以同一种创新活动在不同人的眼中有着不同的风险，即使是同一种风险其严重程度也是不同的，这就使不同的风险治理主体需要通过对话的方式来促进一致意见的达成。此外，由于人们

28 Lovan, W. Robert, Murray, Michael and Shaffer, Ron (2004). Participatory governance: planning, conflict mediation and public decistion-making in civil society.Ashgate Publishing Limited, 2004. 249.

29 Forester, John and Theckethil, Reshmi Krishman (2009).Rethinking Risk Management Policies: From "Participation" to Processes of Dialogue, Debate, and Negotiation. Urbano Fra Paleo. Building safer communities: risk governance, spatial planning and responses to natural hazards. Amsterdam; Washington, DC: Ios Press, 2009.39.

对风险的认识必须用语言表达出来，而在有些时候，受语言能力的局限，一个人所说的意思与其所想的并不是一个意思，或者不同的人对同一句话的理解可能有所不同，这就要求风险治理主体需要通过对话的方式来澄清自己的观点，并很好地理解别人的观点。除了通过对话来理解别人的观点，对话还可以发挥头脑风暴的作用，让人们在互相激发的过程中丰富对高校创新风险的思考。为此，风险治理中的对话过程要避免某一类风险治理主体的观点占上风，鼓励人们尽可能多地从不同的角度来表达自己的思想。

第二，讨论。在讨论过程中，人们需要论证自身观点的正确性，说明其局限性，并指出自己所反对的观点的缺陷和错误。因此，在讨论中不同风险治理主体之间可能会造成一种紧张关系，因此有必要发挥讨论组织者的协调作用，引导讨论的建设性发展方向。

第三，磋商。磋商的目的是实现问题解决，为此，风险治理主体要努力共同行动以达成一致意见，如制定一项政策、分配一项经费预算等。可以说，这一阶段是一个求同存异的过程，是否同意别人的观点已不是那么重要了，关键在于是否可以在不同的意见之间取得共识，以便利益相关者可以共同采取行动。

三、运行方式

高校创新风险的治理系统中各要素之间关系主要是从空间的维度描述要素间的相互作用方式，而创新风险治理机制的运行方式则是从时间的维度描述各要素的相互作用过程。由于高校创新风险治理组织与其他组织之间大多是一种网络关系，其联结比较松散，因此这里只侧重介绍高校创新风险治理组织内部的创新风险治理机制的运行方式。事实上，高校创新风险治理的过程就是高校创新风险治理政策的制定和实施过程，由于创新风险治理强调多方利益相关者的共同活动，因此作为治理主体的个人自主活动空间的大小极大地影响着他们在创新风险治理中作用的发挥，并进一步影响着创新风险治理机制的运行方式。具体来说，按照创新风险治理过程中主体自主活动空间的由小到大的顺序，创新风险治理机制的运行方式有以下几种：

（一）超主体运行方式

超主体运行方式是指由高校创新活动的利益相关者代表组成一个独立的机构，将风险治理的决策权集中在自己手中。在这种运行方式中，作为个人的治理主体的自主活动空间非常小，因为如果是作为利益相关者代表的个人，他必须严格按照创新风险治理组织的会议程序作出创新风险治理决策，而且他的建议和决策是代表利益相关组织作出的，即使他自己的意见与组织的意见相左，也必须以组织的意见为先。另外如果主体是利益相关组织中除代表之外的其他成员，他一般也没有权力更改创新风险治理组织作为一个超主体机构所做出的决策，只能按照遵守政策的要求行事。这种创新风险治理机制的运行方式主要适用于专业性较高的高校创新风险问题。由于这类风险问题具有较大的复杂性，非专业人员难以进行有效地处理，因此有必要建立一个以该领域专家为主体的风险治理机构，依据专业判断进行风险决策。这种运行方式发挥作用的前提是人们对超主体机构的目标、价值观和行动方式的高度信赖，能够自觉自愿地执行超主体机构的决策，从而使这类机构成为高校创新风险中的真正权威。

（二）共同协调运行方式

超主体运行方式的缺点是超主体机构的权力过大，作为个人主体的自主活动空间太小，尤其是弱化了非利益相关组织代表的参与权，显示出了合法性和代表性不足的问题。共同协调运行方式在一定程度上弥补了这一缺陷。共同协调模式也要求组建一个由代表组成的独立机构，但该机构不是直接制定政策，而是要求先通过高校创新风险评估制定风险治理目标，再由各利益相关者自行制定风险管理政策，最后由超主体的风险治理机构评估这些政策及其执行情况，并在此基础上向相关组织和个人主体提出行动的指导意见，制定政策执行标准，监督政策的执行情况，并促进相关组织和个人相互交流和互动。共同协调机制具有更大的分散性和多元性，它既能促进各类风险管理政策的衔接和一致，增进相关组织和个人的合作，又为各个组织和个人留出更多的自主行动空间，使其能够根据实际情况调整自己的行为，从而使风险管理政策的实施更加有效。

（三）主体间协商运行方式

主体间协商运行方式是高校创新风险治理机制所有运行方式中制度化程度最低、主体自主活动空间最大的一种运行方式。在这种模式中，个人主体可以根据自己的需要直接联络或召集利益相关者就某一创新风险的治理问题举行会议，并通过共同协商达成共识，而无需等待组织的安排。通过共同协商而制定的风险管理政策对于风险治理过程的不同利益相关者的影响是不一样的。对于仅代表自己利益参与协商过程的个人来说，他们可以直接表达自己的利益诉求，并在达成协议后立即行动。对于代表某个组织参与协商过程的主体来说，他们虽也有自己的利益诉求，但要尽量考虑所代表的组织的利益，而且在达成协议后是否能够有效地执行，还要看组织对上层决策的执行效力，以及所达成的协议能否与组织大多数人的利益相一致，从而得到组织的拥护，减少政策执行过程中的阻力。

以上几种风险治理机制的运行方式并不是非此即彼的关系，由于高校创新风险的复杂性，在实践中，不同的运行方式也可以结合起来使用，而且人们也可以根据具体的情况对其不断创新，不断增强风险治理过程的有效性和民主性。

四、高校创新风险治理机制的五种类型

综合以上对高校创新风险治理机制的治理结构、各要素之间的关系和运行方式的分析，可以发现，创新风险治理机制的外部治理结构状态较为单一，而内部治理结构则根据分权化程度由低到高的顺序可分为金字塔型结构、分会型结构和网络型结构三种类型。由于内部治理结构的不同，创新风险治理组织内部的各部门之间的关系也体现为不同的模式，即具有金字塔型内部治理结构的创新风险治理组织一般具有决策和执行式的部门间关系，具有分会型内部治理结构的创新风险治理组织一般具有扶持和监督反馈式的部门间关系，具有网络型内部治理结构的创新风险治理组织一般具有合作式的部门间关系。就具有网络型内部治理结构的创新风险治理组织来说，它内部的分权化程度也有一定的差异，因此根据这种差异，分权化程度低的组织具有协调合作式的部门间关系，而分权化程度最高，部门间联系最松散的组织则具有自主合作式的部门间关系。可见，创新风险治理组织的不同的内部治理结构和不同的部门间关系基本上是相互对应的，而这些不同的部门间关系则主要按照组织的分权化程度而有所差异。

对于高校创新风险治理机制的运行方式来说，根据主体在机制运行过程中的自主活动空间的大小，运行方式又可以分为超主体运行方式、共同协调运行方式和主体间协商运行方式。其中超主体运行方式的主体自主活动的空间最小，各利益相关者的代表只能按照各种会议的规则进行协商决策，并且

要较为忠实地执行所制定的政策。共同协调运行方式的主体自主活动空间大小居中，他们虽然也要按照会议规程进行协商决策，但制定出的政策一般只是指导性的，主体要不要接受指导，在多大程度上按照指导行事还是要由自己决定。主体间协商运行方式的主体自主活动的空间最大，各个主体不受作为组织作出的决策约束，而是自主选择合作对象，并自主协商达成协议。

高校创新风险治理组织内部不同的部门间关系和不同的运行方式的组合就形成了不同的创新风险治理机制，具体见图 4：

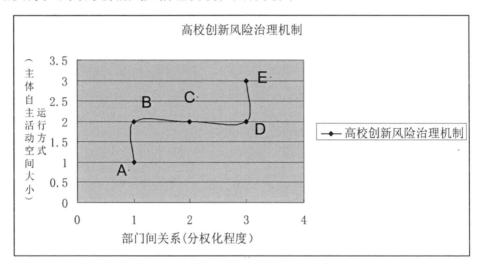

图 4　不同类型高校创新风险治理机制图

图中的 A、B、C、D、E 分别代表一种高校创新风险治理机制，每种机制各自的治理结构、部门间关系和运行方式如表 2：

表 2　不同类型高校创新风险治理机制说明表

	A 超主体决策执行机制	B 协调决策执行机制	C 扶持和监督反馈机制	D 协调合作机制	D 自主合作机制
治理结构	金字塔型	金字塔型	分会型	网络型	网络型
组织部门间关系	决策执行式	决策执行式	扶持和监督反馈式	协调合作式	自主合作式
运行方式	超主体运行方式	共同协调运行方式	共同协调运行方式	共同协调运行方式	主体间协商运行方式

五种创新风险治理机制的不同主要表现在组织内部各部门间的关系和运行方式上。从图 4 中可以看出，横轴表示的是各部门之间的关系，在这方面其组

织内部的分权化程度从左至右不断提高。纵轴表示的是运行方式，在这方面其治理主体的自主行动空间由下到上不断扩大。这样，这里主要按照各部门关系的不同，再结合其运行方式的不同将高校创新风险治理机制划分为五种类型：

第一，超主体决策执行机制。这种高校创新风险治理机制具有金字塔型的内部治理结构，因此其内部各部门之间的关系是一种决策和执行关系。由于这种机制在运行过程中主体自主活动的空间比较小，因此属于超主体运行方式，而这种超主体权力强大的机制模式便称为超主体决策执行机制。

第二，协调决策执行模式。这种高校创新风险治理机制与超主体决策执行机制在内部治理结构和内部各部门之间的关系方面是一样的，所不同的是，这种机制以一种共同协调方式运行，即虽然也要由超主体机构作出决策，但这种决策一般是指导性的，主体有一定的自主活动空间，可以自主决定在多大程度上接受组织决策的指导。

第三，扶持和监督反馈机制。这种高校创新风险治理机制具有分会型的内部治理结构，因此内部各部门之间的关系是一种扶持和监督反馈式的。这种机制的运行方式也是共同协调式的，也即主体有一定的自主活动空间，组织决策对主体的控制力不是特别强大，只是为了通过相关政策和措施为组织成员服务。

第四，协调合作机制。这种高校创新风险治理机制具有网络型的内部治理结构，因此其内部各部门是一种相互合作的关系。在这种机制的运行过程当中，作为各个节点的实体部门要经常进行相互协商，但这种协商要在作为整体的组织的统一协调之下进行，因此这种机制被称为协调合作机制。

第五，自主合作机制。这种高校创新风险治理机制也具有网络型的内部治理结构，所不同的是各个网络节点之间的联系比较松散，不同的节点既可以是一个部门也可以是个人。不同的节点之间是一种自主合作关系，他们之间的协商缺乏作为整体的组织的统一协调，因此该机制被称为自主合作机制。

上述五种机制属于不同种类的高校创新风险治理机制，一个高校创新风险治理组织究竟要选择哪种机制来治理创新风险取决于组织的性质、所处的环境和要治理的具体风险。美国在高校创新风险治理领域的实践纷繁复杂，但基本上可以涵盖这五种基本机制模式，因此下文将分章探讨每一种高校创新风险治理机制是如何被不同的创新风险组织所利用，解决相关的高校创新风险问题的。

第三章　美国高校创新风险治理的超主体决策执行机制

高校创新活动的风险治理强调发挥社会第三部门的作用，而社会第三部门则主要是指各类自治组织的联合体——社会中介组织及其行动。美国高校创新活动的风险治理组织主要是高等教育及相关领域的一些教育中介组织，如专业协会、学术团体等，这些组织的服务对象是来自各高校以及各利益相关部门的组织及成员，它们并不直接参与高校教师和学生的创新活动，而是通过促进组织成员在创新方面的沟通并为其提供相关服务参与高校管理，帮助高校教师和学生提高应对创新风险的能力，发挥创新风险治理的作用。目前，美国高校创新风险治理组织可分为会员制组织和非会员制组织两类，这两类组织都能够利用超主体决策执行机制来应对相应领域的创新风险。就会员制组织来说，一些质量保证组织往往利用质量保证活动来督促高校帮助教师和学生应对创新风险，主要侧重于降低他们因创新失败或学术自由受到侵犯而导致的风险；就非会员制组织来说，一些关注高校创新活动的基金会往往通过各种投资活动帮助教师和学生应对创新风险，主要侧重于降低他们因创新失败或创新成果难以转化而导致的风险。

第一节　质量保证组织的超主体决策执行机制

质量保证组织主要是通过高等教育质量保证活动，促进高校改进自己的创新管理方式，以提高教师和学生创新活动的成功率，为其营造学术自由的环境，降低教师和学生的创新风险。根据英国学者格林的定义，高等教育质量保证是指特定的组织根据一套质量标准体系，按照一定程序，对高校的教育质量进行控制、审核和评估，并向学生和社会相关人士保证高等教育的质量，促进高等教育整体发展的活动。[1]在当今的高等院校中，教师和学生的创新活动占有举足轻重的地位，它不但关系到高校的生存和发展，还会影响到社会科技文化的进步。为此，高等教育质量保证组织往往会关注教师和学生在科研和教学方面的创新活动，并通过一系列评估和促进工作来推动高校的创新管理水平。在这一过程中，超主体决策执行机制能够发挥积极作用，它的治理结构、各要素之间的关系以及运行方式都能够适应质量保证组织治理高校创新风险的需要。

一、治理结构

"治理结构"的本质就是使系统内各要素维持良性互动关系的组织结构，而就超主体决策执行机制来说，它想要发挥高校创新风险治理的作用也依赖于形成合理的创新风险治理结构，也即以第三部门的质量保证组织为中心，形成合理的外部和内部组织结构，也即外部治理结构和内部治理结构。

（一）网络型外部治理结构

外部治理结构是质量保证组织与外部的政府、高校及其他利益相关者之间形成的组织结构（见图5）。美国的质量保证活动称为质量认证，以美国的一个地区性认证机构——西部地区学校与大学协会（The Western Association of Schools and Colleges，简称 WASC）为例，该组织通过下属的高级学院和大学认证委员会（Accrediting Commission for Senior Colleges and Universities，简称 ACSCU）进行院校认证活动。它作为社会第三部门组织处于治理的中心地位，并与政府、高校和其他利益相关者形成了一种网络型治理结构。其中，政府是 WASC 的认可机构，它不直接参与协会的高校创新风险治理活动，而是通过对协会资格的确认以确立协会在创新失败风险治理上的权威地位。高校虽然是质量认证的对象，但就高校创新活动来说，它也是创新风险治理的重要组织，通过参与和实施 WASC 的决策来帮助教师应对创新失败风险。此外，其他利益相关者也会从人、财、物、信息等多个方面支持 WASC 的活动，

1　Green, Diana (1994). What is quality in higher education?. Bristol: SRHE and Open University Press. 1994.

从而成为高校创新风险治理机制的外部治理结构的组成部分。

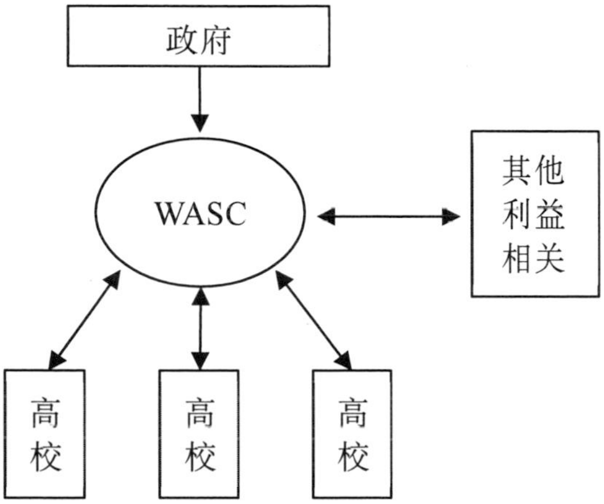

图 5　质量保证组织中超主体决策执行机制的外部治理结构图

（二）金字塔型内部治理结构

就 WASC 来说，内部治理结构是指这个高校创新风险治理的中心组织的内部结构（见图 6）。WASC 内部是一种金字塔型结构，其最高决策机构是 WASC 总董事会（WASC Corporate Board）。总董事会下面分设高级学院和大学认证委员会、学校认证委员会（Accrediting Commission for Schools）和社区学院和初级学院认证委员会（Accrediting Commission for Community and Junior Colleges）3 个认证性委员会，每个委员会要抽出 3 个人组成总董事会，且 3 个中的一个必须是每个委员会的主席。WASC 总董事会每年要召开一次会议，主要任务是确认 3 个委员会的认证行为、接受审计和进行必要的商务活动等。3 个委员会除了要遵守 WASC 规章，每个委员会都有自己的标准、政策、人事管理程序和职员，且都要经过 WASC 的董事会的认可。在这几个委员会中，高级学院和大学认证委员会是最重要的一个，因此该委员会在WASC 宪章的基础上制定了自己的章程，规定了委员会委员选拔和委员会会议的结构、频率等事宜。章程的修订要通过组建章程委员会进行，当任何 20 个成员机构的首席执行官给认证委员会主席写信或递交请愿书，要求修订章程；协会要求修订章程；章程委员会要求修订章程时，章程可以被修订。由于第三部门的质量保证组织主要通过质量认证活动对高校创新风险进行治理，它对于高校来讲具有更大的控制力，直接关系到其在高等教育领域中的声誉，进而会影响到其生存和发展，因此质量保证组织内部主要通过金字塔型结构促进决策的执行和各种职能的发挥，监督和促进高校提高自己的创新管理水平。

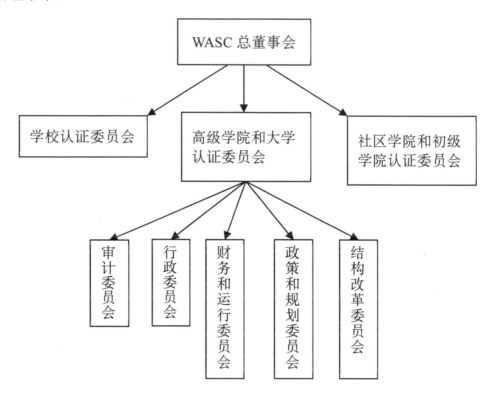

图 6　质量保证组织中超主体决策执行机制的内部治理结构图

作为 WASC 的下属组织，高级学院和大学认证委员会主要负责院校认证，其领导机构是高级学院和大学协会（Association for Senior Colleges and Universities），任务是选拔高级学院和大学认证委员会的成员和举行成员年会。协会下面又设立了 5 个常务委员会处理具体事务，包括审计委员会、行政委员会、财务和运行委员会、政策和规划委员会、结构改革委员会等。金字塔型结构保证了组织行动的统一，按工作性质组建部门又可以将相关的专业人员集中到一起，能够保证组织活动的专业化和高效率。

高级学院和大学认证委员会由成员和其他工作人员组成，其中成员包括所有获得高级学院和大学认证委员会认证的高等教育机构。对于那些只具有"认证申请者"（candidate for accreditation）身份的高校，他们有权获得协会的会议通知，有权出席会议，但不能在会议上投票。如果一所高校因为某种原因失去了认证合格资格，其协会成员身份就会被立即解除。每所高校在协会中的代表是各高校的首席执行官或校长，他有权参加协会的所有会议，因此，每所高校都有义务告知协会当前校长的名字。

二、各要素之间的关系

在治理结构的基础上，高校创新风险治理的整个系统的各要素之间还需要通过互动，建立起各种相互关系，以使超主体决策执行机制发挥创新失败风险治理的作用。具体来说，各要素之间的关系又分为组织部门之间的关系、组织与个人成员之间的关系，以及个人成员之间的关系。

（一）组织部门之间的关系

以质量保证组织为中心，组织部门之间的关系又包括组织与外部相关组织之间的关系，以及组织内部各部门之间的关系。

1. 组织与外部相关组织的关系

在组织与外部相关组织的关系方面，政府和质量保证组织是一种认证和被认证的关系，其具体表现是政府通过制定认可标准，规定组织的运行方式来影响整个质量认证制度，从而使质量保证组织的行为符合政府的大政方针，保证其创新风险治理行为不会脱离政府的控制。

质量保证组织和高校也是一种认证和被认证的关系，这种关系首先表现在高等教育机构只有通过质量保证组织的认证才能成为组织的成员。以WASC 的高级学院和大学认证委员会为例，认证过程包括资格审查、申请和初始认证三个阶段，每个阶段都有自己的标准、程序和时间表。一个想要获得认证的高校要仔细阅读每一阶段的要求，以保证了解认证程序。认证的时间要持续 4 到 8 年，具体需要多长时间取决于高校的发展程度。[2]其次，对于已经获得质量保证组织成员身份的高校，质量保证组织还会定期对其进行认证，如 WASC 的高级学院和大学认证委员会规定，已经获得委员会成员身份的高校至少每隔 10 年接受一次委员会的认证，以使其能够保持和提高教育质量。

虽然被高级学院和大学认证委员会认证的高校在使命、规模和发展程度方面有很大差异，但他们都有两项共同的职责，即改进高校的管理能力和提

2　Accrediting Commission for Senior Colleges and Universities. Applying for Eligibility with WASC (EB/OL).
http://www.wascsenior.org/resources/eligibility, 2011-07-16/2012-03-27.

高高校的教育效果，而委员会对高校的认证旨在促进高校这两项任务的完成。总的来说，高级学院和大学认证委员会的认证活动基于四项标准，第一是确定高校的目标和保证其教育效果；第二是通过核心功能的发挥实现教育目标；第三是发展和利用资源和组织结构保证高校的可持续发展；第四是创建致力于学习和改进的组织。每一项标准又由四个部分组成，第一部分是标准，即用一种宏观的语言来概括适用于所有高校的标准，每一个标准又分为两个或更多的类别，从而对标准进行更详细地界定。为了强调高校行为的整体性，委员会要尽可能地在标准的层面上对高校作出判断，为此，每个标准的开头都会有一个"标准说明"作为作出判断的基础，而标准下属各类则界定了对于理解标准本身十分重要的主题领域。标准的第二部分是评审标准（Criteria for Review，简称 CFRs），主要是确定对每个标准下属类别进行评审的关键领域，帮助作出基本的认证决定，并使委员会能够对高校的表现作出有效的判断。标准的第三部分是指导，主要是根据评审标准确定人们期望高校所具有的表现形式和方法。委员会并没有为所有的评审标准设计指导，凡是在有指导的地方，委员会都是要为高校提供能够解释评审标准的行为案例。在这里，高校更加关注高校的行为结果，而不是高校的行为模式。如果一所高校不想采用指导中的行为案例，它可以证明自己使用了其他同等有效的方法来体现标准的内容。标准的第四部分是相关的委员会政策。每个标准都有相关政策的参考文献，这些政策适用于所有的认证申请者和已受认证的高校。这些政策代表委员会的官方立场，并期望高校在认证评审过程中将其作为参考文献，但并不是说在所有的情况下都要包含全部的政策。委员会鼓励高校了解委员会的所有政策和声明，并定期对其进行评审。

这四项标准对教师创新问题的关注主要体现在第一项标准"确定高校的目标和保证其教育效果"和第二项标准"通过核心功能的发挥实现教育目标"上。就第一项标准来说，它又分为两个部分，即"组织目标"和"与目标的一致性"，其中"与目标的一致性"涉及了如何通过为教师和学生构建学术自由的环境来降低他们的创新风险。每一部分标准下面又设有评审标准和指导，前者说明要进行评审的关键领域，指导则说明人们所期望的高校的表现。就"与目标的一致性"来说，它的评审标准和指导的具体内容见表 3：

表3　与目标的统一性评审标准和指导表

评审标准	指　导
高校要公开公布其维护教师、其他教职员工和学生的学术自由的做法，并要采取相应的行动。这些做法能够使所有人在从事学术活动时，能够通过教学和写作与他们的同事和学生负责任地分享自己的观点和结论。	高校已出台或准备出台有关学术自由的政策。对于那些想要宣扬特定信仰和世界观的高校，它们在政策中要清楚地说明如何宣扬这些观点，并且要保证这种做法与学术自由原则相一致。高校要有适当的程序，让教师和学生追求真理的行为受到保护。
根据自己的目标和特点，高校要对社会上日益发展的多样化作出适当的回应，并通过其政策、教育和辅导课程以及管理和组织活动体现出来。	高校已经做出了相应的行为，符合"WASC多样化声明"（WASC Statement on Diversity）中的原则。
即使高校是由政治、企业和宗教组织支持，或附属于这些组织，它也必须将教育作为首要目标，并且必须是一个具有适当自治权的学术机构。	高校在重大决定或教育功能的发挥上要依赖于自身的治理制度，不能有被政治、宗教、企业或其他外部机构干涉的历史。
高校要向学生和公众真实地说明其学术目标和教学计划；要证明它能够按时完成学术计划；要公正、平等地对待学生，为此要建立相应的政策和程序来应对学生在研究和退款方面的行为、投诉和其他人权问题。	高校已经出台或准备出台应对学生投诉以及退款问题的政策，没有违反这些政策的历史。有关学生投诉的记录要保存6年。高校要清楚地界定和区分它授予的不同种类学分、学位学分和非学位学分，并且要在学生成绩单上准确地界定学分的类型和意义。高校已经出台或准备出台针对教师和学生的申诉程序。高校关于评分和学生评价的政策必须清楚，并且要为他们提供上诉的机会。
高校的行为要与目标具有统一性，表现在执行相应的政策、健全的经济活动、及时公正地应对投诉和上诉方面，并经常评价其在这些领域的表现。	高校要定期让外部机构审计自己的财务情况。
高校要与认证委员会进行诚恳和公开地交流，严肃和诚恳地参与认证评审过程，及时向委员会汇报可能影响高校认证状态的事件，并且要遵守委员会的政策和程序，包括所有的发生重大变化的政策。	

资料来源：Accrediting Commission for Senior Colleges and Universities. Handbook of Accreditation 2008 (R/OL).
http://www.wascsenior.org/findit/files/forms/Handbook_of_Accreditation_2008_with_hyperlinks.pdf，2008.

可见，高级学院和大学认证委员会将高校能否为教师和学生提供学术自由的环境、降低他们的创新风险作为认证活动的关注点之一，要求高校必须出台保护学术自由的政策，并要提供证据证明其采取了保护学术自由的活动。总的来说，高校保护教师和学生的学术自由表现在三个方面，第一要使教师和学生能够自由地发布和交流自己的创新观点和成果，不会让高校行政部门的态度和行为影响其追求真理的行为。第二要接纳社会的多样性，保护能够促进创新生长的土壤。第三要保持高校的自治性，不会因为接受外部机构的资助或管理而影响到内部的学术自由。

第二项标准"通过核心功能的发挥实现教育目标"也与高校创新风险的治理有关。该标准又分为三个部分，即教学、学术研究和创造性活动、对学生学习和成功的支持等，其中"学术研究和创造性活动"主要涉及如何通过降低教师和学生创新失败的可能性来减少其创新风险。就"学术研究和创造性活动"来说，它的评审标准和指导的具体内容见表4：

表4　学术研究和创造性活动评审标准和指导表

评审标准	指　导
高校积极地评价和促进学术研究、创造性活动、课程和教学创新，并根据高校的目标和特点，推广各级各类的创新行为。	在必要的情况下，高校要在教师晋升和任期的政策里增加关于教学、评估和课程学习方面的学术研究的要求。
高校认同并促进研究、教学、学生学习和服务四者之间的相互联系。	

资料来源：Accrediting Commission for Senior Colleges and Universities. Handbook of Accreditation 2008 (R/OL).
http://www.wascsenior.org/findit/files/forms/Handbook_of_Accreditation_2008_with_hyperlinks.pdf，2008.

可见，高级学院和大学认证委员会将高校能否有力地促进教师和学生在科研、教学以及其他方面的创新活动作为认证活动的关注点之一，并将教师能否通过学术研究在教学方面进行创新与教师的晋升和任期挂钩。可以说，委员会从两个方面保证高校的创新管理，第一是要求高校直接为教师和学生的创新活动提供支持，第二是要求高校促进教师在教学方面的科研，从而为教学创新提供源泉和养料，能够起到降低创新失败风险的作用。

质量保证组织与其他利益相关者的关系较为复杂，由于其他利益相关者的类型多样，它们与协会的互动方式也是多样的。例如，美国除了WASC以外，还有中部地区学院和学校协会（Middle States Association of Colleges and Schools）、新英格兰学校和学院协会（New England Association of Schools and Colleges）、中北部地区学院和学校协会（North Central Association of Colleges and Schools）、西北部地区学院和大学委员会（Northwest Commission on Colleges and Universities）、南部地区学院和学校协会（Southern Association of Colleges and Schools）5 个地区院校认证协会，分别对所辖地区的高校进行院校认证。为了避免这种分区认证造成的高等教育质量水平参差不齐的状况，WASC 经常与其他院校认证协会交流，并在跨区院校认证方面保持协作关系，以保证在教师创新失败风险治理方面的一致性。

2. 决策执行式的内部各部门之间的关系

就 WASC 的高级学院和大学认证委员会来说，其内部的主要部门是高级学院和大学协会以及各个常务委员会。其中，高级学院和大学协会是高级学院和大学认证委员会的决策机构，它负责制定质量认证的政策，实际上也是教师创新失败风险治理的决策机构。高级学院和大学协会所做出的决策由其下属的 5 个常务委员会执行，包括审计委员会、行政委员会、财务和运行委员会、政策和规划委员会、结构改革委员会。

可见，高级学院和大学协会与各常务委员会之间形成一种决策和执行关系。由于高级学院和大学协会作出各项决策主要通过召开会议进行，作为一个会议机关它所制定的政策只是一些宏观的大政方针，且缺乏执行力，因此各常务委员会承担高级学院和大学认证委员会大部分具体工作。作为一个承担着教师创新失败风险治理任务的质量保证组织，高级学院和大学认证委员会不但要保证在决策过程中涉及到教师创新失败风险问题，而且还要保证有相关的人员促使政策的正确执行。为此，各个常务委员会中还开辟了许多与风险管理有关的工作领域，如财务和运行委员会在预算、财务、人力资源、信息技术、资产规划、住房和审计等工作项目之外还开辟了"安全和风险管理"这个工作领域，并将加利福尼亚州立大学风险管理部门（California State University Risk Management Authority）的前主席吸收进了委员会的管理班子，以使委员会能够更好地帮助完成风险治理的任务。

3. 相互依存式的组织与个人成员之间的关系

质量保证组织与个人成员之间的关系是一种相互依存关系。在质量认证活动中，高校并不仅仅是被认证者，同时也是认证组织，这是因为质量保证组织的成员虽是各个高校，但在各种会议中高校必须派出各自的代表参加，由各个代表通过协商对与质量保证以及创新风险相关的问题进行决策。因此，质量保证组织不像传统科层制组织那样，根据职位的层级对成员的权力进行划分，使成员事无巨细地接受着组织的规划和管理，而是使成员在被管理的同时还承担着管理者的角色，其共同形成的一致意见直接作为组织的决策。以 WASC 的高级学院和大学认证委员会为例，委员会的个人成员是各高校的首席执行官或校长，他们通过出席委员会每年一次的年会，并在会议上投票影响委员会的政策。委员会的政策除了质量保证政策外还包括与创新风险有关的政策，从而使委员会通过个人成员的共同决策来发挥创新风险治理的作用，实现了组织对个人成员的依存。

另外，质量保证组织除了要进行质量认证活动，还要通过组织各种教育和交流活动为个人成员提供支持，以提高其对教师创新失败风险的认识，以及对教师创新活动的管理能力。例如在 2011 年 1 月，中部地区学院和学校协会（Middle States Association of Colleges and Schools）的高等教育委员会又推出了一个"打造校园评估文化"（Fostering A Campus Culture of Assessment）的讲习班，主要采用头脑风暴的方式帮助高校领导者制定打造校园评估文化的战略，其中一个重要方面就是要使这种校园文化尊重大学的历史和价值观，尊重教师并给予他们更大的自主权，并且还要重视创新和承担风险。[3]可见，该讲习班是从文化建设的角度帮助高校领导加强对本校的战略管理，最终的落脚点之一就是为教师提供一个更加宽松的创新环境，并给教师和学生的创新活动以更多的关注和支持，最终起到减少教师和学生的创新风险的作用。

4. 协商互动式的个人成员之间的关系

质量保证组织的个人成员之间的关系是一种协商互动式的关系，这一方面表现在个人成员在组织的讲习班和论坛等活动中进行交流和互动，另一方面还表现在个人成员在组织的决策活动中进行协商和互动。质量保证组织除了要对成员高校进行认证，还会经常通过举办一些讲习班和论坛等为成员搭建一个学习和互动的平台。在这些讲习班或论坛中，代表高校参加的个人不但可以有效地提高自己的相关知识和技能，还能够通过对话和讨论的方式提

---

3 Middle States Commission on Higher Education. 2011 (January) Fostering A Campus Culture of Assessment (PA) (EB/OL).
http://www.msche.org/default.asp?idWebPage=397, 2011-01-10/2011-10-12.

高自己对高校创新风险的认识，激发改进高校管理能力的动力。例如，中部地区学院和学校协会（Middle States Association of Colleges and Schools）负责高校认证的高等教育委员会（Middle States Commission on Higher Education）在 2010 年 12 月举办了一次年会。在年会上，委员会为了帮助高校使自己的行为符合各类法规、政策和标准，推出了一个"开启合规计划"（Starting a Compliance Program）的半日制讲习班，旨在帮助高校领导认识到如何才能符合各种相关要求，同时还要考虑到高校的规模、资源、复杂性和风险因素。[4] 实际上，这是一个帮助高校领导提高管理能力的讲习班，其重要任务之一就是使他们能够更好地应对包括创新风险在内的各种风险和不确定性因素。在讲习班中，高校领导不但可以学到新的知识和技能，还能够在与同行的讨论中分享经验，更好地提高自己的风险管理能力。

　　除了讲习班等交流活动，质量保证组织成员在涉及需要决策的事项时还会进行协商活动。如在 WASC 的高级学院和大学认证委员会的年会上，成员要就高校质量认证的相关问题进行对话和协商，最后通过投票表决的方式形成共同意见，指导委员会的创新风险治理行动。

三、超主体运行方式

　　教师创新失败风险的治理系统中各要素之间关系主要是从空间的维度描述要素间的相互作用方式，而创新失败风险治理机制的运行方式则是从时间的维度描述各要素的相互作用过程。就质量保证机制来说，其运行方式是一种超主体运行方式，也即由各高校派代表组成一个超主体进行质量保证方面的决策，在相关的决策中共同解决高校教师的创新失败风险问题，并通过相应的监督措施来促进创新失败风险治理政策的执行。具体来说，质量保证机制的运行要经过以下几个步骤：

（一）成立风险治理委员会

　　由于 WASC 已经获得了政府的认证，所以这里仅从协会的内部活动开始阐述教师创新失败风险治理机制的运行过程。WASC 中负责院校认证的部门是高级学院和大学认证委员会，该委员会是一个从事质量认证的部门，并非

4　Middle States Commission on Higher Education. 2010 Annual Conference Preliminary Program (R/OL). http://www.msche.org/documents/Preliminary-Brochure-Oct-1.pdfm, 2010-12/2012-03-27.

专门的风险治理部门，只是在质量认证活动中涉及教师创新失败风险的内容，因此该委员会的领导机构——高级学院和大学协会实际上扮演着风险治理委员会的角色。

高级学院和大学协会的人员组成对于风险治理的效力关系重大，因此协会有着正式的人事选拔制度。协会的成员高校一般由其校长作为代表出席协会的各种会议，而其他工作人员则要通过提名委员会选举产生。工作人员的选举主要通过"提名委员会"（Nominating Committee）进行。提名委员会由 8 个成员组成，这些成员要每年通过选拔产生，其中的 4 个成员的选拔程序是：协会要求各高校的校长提交提名委员会的名单，每位校长最多可以提名 4 个人，此外，有意者也可以自行提名自己。提名之后，所有的人名都要写在无记名选票上，并邮寄给所有的校长。之后，校长最多要选出 4 个人，并将选出的名单发还给协会，由协会的行政人员统计每个人所得票数，其中获得最高票数的 4 个人将会列席提名委员会。如果出现了并列票数的情况，协会的行政人员会通过抽签的方法决定哪些人会列席提名委员会。最后，协会的行政人员会通过书面的形式将被选入提名委员会的人的名单报告给协会。提名委员会的另外 4 个人将由协会直接选出，其中至少一个人必须是协会现任或过去的成员。提名委员会的主席也要由协会直接选出。

在选拔工作人员时，提名委员会要写信给高校校长、协会成员、学校认证委员会会长和社区学院和初级学院认证委员会会长，告知他们岗位的数量和性质，以及推荐的候选人等，然后由这些人进行提名，并在规定的日期和时间之前上交名单。另外，提名委员会的成员在服务期间是不具有提名资格的，他们要做的主要是评审被提名者的相关资格，准备候选人名单，并保证每个岗位都能找到合适的人选。在提名委员会准备候选人名单的时候，它应该考虑的问题有：[5]

（1）候选人名单至少要包括 3 个协会的公共成员；

（2）候选人名单至少要包括一个学校认证委员会的代表，或社区学院和初级学院认证委员会的代表，或服务于被认证的高校的行政和学术领域的人员，有认证经验的人员优先；

---

5 The Western Association of Schools and Colleges. BYLAWS FOR THE ASSOCIATION FOR SENIOR COLLEGES AND UNIVERSITIES (EB/OL). http://www.wascsenior.org/about, 2001-06/2012-03-27.

（3）候选人名单要包括来自太平洋盆地地区（夏威夷、关岛地区、美属萨摩亚、密克罗尼西亚州、帕劳共和国、北马里亚纳群岛联邦）的代表，以及来自西部地区之外被认证的高校的董事会、管理部门和教师代表；

（4）候选人所在的高校要具有多样化特点，如在使命、规模、地理位置和校址方面具有多样性；候选人本身也要具有多样化特点，如在种族和性别方面具有多样性；

（5）候选人所在高校既要有公立高校，又要有私立高校。

可见，委员会在选拔工作人员时，不但要求大学校长提名，还要求代表中小学的学校认证委员会的会长提名，同时候选人不但要有来自高级学院和大学认证委员会所在的西部地区的人员，还要有来自西部地区以外的人员，并且要照顾到性别和种族的多样性，体现了多方利益相关者的治理要求。

（二）进行风险决策

有关教师创新失败风险治理的决策在高级学院和大学协会每年举行一次的年会上进行，具体的时间和地点由协会来定，且协会要在会议开始之前的至少60天内将会议时间和地点的书面通知邮寄给每个成员机构的校长。年会要由协会的主席主持。在年会上，协会要报告其财政状况和上一年的活动，并讨论未来一年的计划，同时成员机构还要讨论当前在认证领域的热点问题，在这时或是在未来一年计划中包含教师创新风险问题，或是直接将教师创新失败风险作为热点进行讨论和表决。

协会要保存所有会议的会议记录，这些会议记录包括两类，第一是行政会议的会议记录，第二是公共会议的会议记录。此外，协会还要制定行政会议和公共会议中的讨论主题。所有行政会议的会议记录的保存都在执行严格的保密标准，而协会则可以通过决议确定相关文件在什么情况下可以披露，包括行政会议的会议记录，以及讨论问题和采取行动的报告。对于公共会议的会议记录来说，如果有人向成员机构和公众提出要求，会议记录也是可以披露的。

（三）开展质量认证活动

质量认证活动是进行教师创新失败风险治理的重要措施，其核心是高校的自评。为了保证认证的有效性和全面性，自评要求公众参与高校的领导，实现高校管理的开放性、真实性和严肃性，并且强调证据意识，旨在利用自评的结果改进高校的管理能力，包括其对教师创新活动的管理能力，以帮助教师降低或消除创新风险。高级学院和大学认证委员会并不会评审高校的所有工作，而是强调评审和确证高校拥有有效的内部质量评审和改进系统，因为外部评价的成功取决于高校内部的评价、反思、建议和计划过程的有效性。

就认证过程来说，除去前期的资格审查和申请阶段，认证的核心环节是认证评审，这一过程又分为三个阶段，即高校提交计划书、能力和预备性评审、教育效果评审。无论是对于接受初始认证的高校来说，还是对于已经获得认证的高校来说，评审的关注点是高校是否符合认证标准。另外，也有一些高校只选择就某一个主题进行评审，并在自身复杂的环境中来使用认证标准。为了获得认证资格或保持已获得的资格，高校在上述三个阶段中要证明自己符合认证委员会对于高校两个核心职责的要求，即在改进高校管理能力方面的职责和在提高高校教育效果方面的职责。前者要求高校具有清晰的目标，能够实现高校的全面发展、具有财政的稳定性，以及拥有有利于实现其目标的组织结构。后者要求高校能够证明自己在学校和专业层次都具有清晰和适当的教育目标和教育计划设计，并且要运用包括收集和处理数据在内的评审程序，保证专业的运行和学习者的成就与所授予的学位或资格证所要求的程度相一致。改进管理能力和提高教育效果是存在联系的，而其中的一条重要联系纽带就是创新。创新既是高校的基本使命之一，也是提高管理效率的重要途径，因此在质量认证时创新是人们的一个关注点，而高校是否能通过有效的管理来降低教师创新失败的风险也是认证的重要内容。

在认证过程中，评价小组在评审的每一个阶段都要认真查看高校的证据和表现，判断它们是否能够证明高校符合委员会的标准，考察高校是否有效地履行了高校两个核心责任，并且其在委员会的认证期间是否能够保持和改进其管理能力和教育有效性。具体来说，认证的三个阶段的运行程序如下：

第一阶段，高校提交计划书。高校提交计划书阶段是认证的第一个阶段，旨在指导高校根据委员会的标准进行自评，它对整个认证过程起到提纲挈领的作用。高校计划书包含一个框架，将每所高校的情况和工作重点与认证标准相对照。一旦委员会接受了计划书，它就成为了高校自评和委员会的评价小组评价的主要基础，并会与认证标准一起被发给每一个评价小组和委员会。自评主要关注几个有利于增进高校绩效的问题，特别是那些关于教育效果的问题。

第二阶段，能力和预备性评审。能力和预备性评审旨在帮助委员会判断高校是否履行了两项核心职责。为了有利于能力和预备性评审的开展，每所高校都有责任草拟一份能力和预备性评审报告。报告要以证据为基础，具有平衡性和真实性，能够反映不同领域的改进需要，并配有一系列数据文件，帮助高校说明自己很好地履行了自己的管理职责。所有的能力和预备性评审报告都应该包括的因素有：引言、反思性文章、相关问题更新、总结性或综合性文章、附录、数据分析文件和相关证据等。

第三阶段，教育效果评审。教育效果评审是能力和预备性评审的后续阶段，旨在使高校能够步入持续性发展过程，这不仅是要求高校符合最低标准，还要求其在先前提高管理能力的基础上，能够切实提高教育效果。教育效果评审一般发生在能力和预备性评审之后的一年半到两年。通过评审，评审小组要拟定教育效果评审小组报告，而委员会则要在考察该报告的基础上判断高校是否满足了有关教育效果方面的要求。

四、质量保证组织中超主体决策执行机制的功能和优势

质量保证组织中的超主体决策执行机制实际上是通过建立超主体的质量保证组织，通过各方利益相关者的协商和决策设定有关创新的标准，督促高校采取措施为教师学生创建学术自由的环境，提高教师和学生创新成功的可能性和创新成果的质量。根据委托代理理论，当一个行为主体根据一种明示或隐含的契约，指定另一些行为主体为其服务，授予后者一定的决策权，并根据后者提供的服务的数量和质量支付报酬时，他们之间就形成一种委托代理关系。[6]对于高校和其中的从事创新活动的教师来说，高校根据明示或隐含的契约授权教师和学生从事创新活动，并根据教师和学生的创新成果对其支付各种有形或无形的报酬或奖励，这就使高校成为创新活动的委托人，使教师和学生成为创新活动的代理人。然而受信息不完全和信息不对称等因素的影响，高校这一委托人在制定有关创新的政策和制度时，往往不能全面了解创新活动的具体情况，也难以察觉到创新过程中的风险，导致制定出不合理的创新政策，加重教师的创新风险。通过质量保证活动，超主体决策执行机制恰恰是要促使高校这个委托人对教师和学生的创新活动进行关注，让他们

6　桂庆平、莫蕾钰：《高校科研质量保障的问题研究——基于新制度经济学视角的分析》（J）。当代教育科学，2011，（5）：39。

能够更好地发现教师和学生所面临的创新风险，并采取措施帮助教师降低风险，促进创新活动的成功。

另外，美国的质量认证组织数量众多，每个组织都可以在遵循相关法律和政策的基础上通过成员高校的协商制定自己的质量保证政策，从而体现了高校在质量保证方面的自治性。这种自治性保证了质量认证组织在创新风险治理的过程中为成员高校的教师和学生留下了更大的创新空间，使他们能够及时根据自己的具体情况通过所在高校协调来调整创新风险治理政策，防止由单一质量保证机构进行认证可能带来的统一和僵化，增大了高校对教师创新支持的有效性。

第二节　基金会组织的超主体决策执行机制

除了质量保证组织之外，一些基金会组织也在发挥高校创新风险治理的作用，如考夫曼基金会（Kauffman Foundation）、勒梅尔森基金会（Lemelson Foundation）等。我们知道，高校教师和学生的创新活动，以及将创新成果转化为现实的生产力的活动都是需要一定的经费支持的，因此基金会组织的作用就在于通过提供经费资助帮助高校教师和学生更好地从事创新活动，减少其创新过程中的经济风险因素。

一、金字塔型内部治理结构

由于各种高校创新风险治理机制在外部治理结构方面的差异不大，所以这里主要介绍基金会组织的内部治理结构。以考夫曼基金会为例，它创立于20世纪60年代中期，其创立者是已故的企业家和慈善家尤文.马里恩.考夫曼（Ewing Marion Kauffman），所在地是密苏里州的堪萨斯市。考夫曼基金会是美国最大的30个基金会之一，也是世界最大的创业基金会。[7]其资产大约有20亿美元。

考夫曼基金会的目标是"构建一个由经济独立的个人组成的社会，社会中的个人都是积极的公民，能够为社区的发展贡献力量"。为了实现这个目标，基金会主要关注四个领域，即创业、推动创新、教育、研究和政策，主要关心

7　Kauffman Foundation. Leading Through Leverage (EB/OL).
　　http://www.kauffman.org/Section.aspx?id=About_The_Foundation，　2011-08-24/2012-
　　03-27.

创新成果转化风险的治理。基金会通过研究发现，大学中的许多创新成果推向市场的速度非常慢，有的根本就没有实现市场化。为此基金会的主要工作是研究创新成果转化乏力的原因，探索与大学、慈善家和工业合作促进创新成果产出的途径，最终通过大学创新成果的商业化推动高水平的创业活动。

　　考夫曼基金会由董事会领导。董事会有 10 名成员，被划分成 3 个组，以便错开其任期。这 3 个组在人数上要尽可能一致。如果新增加了董事或董事身份有变动，也需要尽可能地保证各组董事数量相当。董事会所拥有的权力包括：与其他单位合并；出售、抵押或转移基金会的全部或大部分资产；收购另一个单位；管理年度预算；确定或更改基金会的战略方向；申请破产；解散基金会；分配投资；作出特别的投资决定或委托；接受不动产；大幅减员或增员；雇佣、补充、解雇和评价基金会会长或首席执行官。基金会会长有权提起诉讼，并代表基金会诉求其他权利，但必须事先通知董事会。

　　董事会的主席是董事会的领导者，并对董事会负责。董事会主席要主持董事会的所有会议，并协调董事会对基金会会长的年度评价。在每个董事会主席任期的开始，主席要为每个委员会任命一位董事为委员会主席，直到董事会的下一次年会。如果在董事会主席任职期间，任何委员会的董事职位出现空缺，董事会主席要任命一位董事填补空缺。在这样的任命活动中，董事会主席要与基金会会长进行协商，如果董事会主席不在，董事委员会的主席就要主持董事会议。如果董事委员会的主席也不在，或董事会主席和董事委员会主席是一个人，而且这个人不在，候补委员会主席就要主持董事会议。

　　考夫曼基金会的组织结构是一种金字塔型结构，其中董事会是基金会的决策机构，负责制定创新风险治理政策，决定给哪些创新主体的哪些活动进行投资。在董事会的领导下，基金会的具体事务由各个常务委员会或特别委员会负责，这有利于将具有不同专业背景的集中在一起，履行基金会的相应职能。

二．各要素之间的关系

　　基金会在内部治理结构上是一种金字塔型结构，这就决定了其内部各部门之间的关系是一种决策和执行式的关系。以考夫曼基金会为例，该组织在董事会的领导下指定各个常务委员会负责基金会的具体事务，包括审计和财务控制委员会、投资委员会、补充委员会和董事委员会等。只要董事会的多数人投票赞成，董事会就可以在适当的时候委任这样的常务委员会。此外，董事会在必要的时候也可以委任特别委员会。无论是常务委员会还是特别委员会，它们都不能代替董事会的权威，只有投资委员会在章程、投资委员会章程或投资政策特别规定的情况下可以代表董事会行使权威。[8]

在基金会与成员之间的关系中，基金会扮演的最重要的角色是投资者。在投资时，由基金会的工作人员来判断人们在经济和技术上的需要，并决定如何为人们提供这些帮助。为了保证经费的使用效果。基金会每年都会对经费的分配进行评审，评审由基金会的董事会进行，它要鼓励各种内部计划和外部计划的合作以筹集更多的资源，与相关部门建立合作关系，并促使其发挥持久的影响。

与其他的创新风险治理组织一样，考夫曼基金会的创新风险治理功能的发挥依赖于成员之间的协商互动关系，这表现在成员的各种会议和交流活动中。此外，在涉及到决策的会议中，成员还要进行协商活动，以保证共同意见的出现和决策的作出。

三、超主体运行方式

（一）成立风险治理委员会

基金会的一个重要任务是帮助高校中的创新主体提高创新活动的成功率，促进创新成果转化，这便涉及到对高校创新风险的治理，因此基金会中从事决策工作的董事会本身就是一个风险治理委员会。董事会的人员组成对于风险治理的效力关系重大，因此董事会有着正式的人事选拔制度。以考夫曼基金会为例，该组织董事会的董事由董事委员会或董事会议选举产生，且只有董事会投多数票通过，一个人才能入选董事会。董事会作出的选举决议和补缺决议必须说明该董事所属的组，董事任期开始的时间和结束的时间。如果是补缺的话，董事会决议还要说明新董事所顶替的人的名字。董事的任期从他被选出开始，直到他履任后的第三次年会结束，即直到他的继任者被选出。如果一个董事是补了其他人的缺，那么他的任职结束期限与同组的董事一致。如果一个董事死亡、失去工作能力或被解雇，他的任期就自动结束。

8　Kauffman Foundation. AMENDED BYLAWS OF EWING MARION KAUFFMAN FOUNDATION (R/OL).
http://www.kauffman.org/uploadedFiles/emkf_bylaws_asof_1207.pdf,
2007-12-06/2011-08-24.

董事在职位上可以连任，但如果其已经连任了三届，则他只有在任职期满的后一年才有资格再度被选举。一个董事可以在任何时候辞职，只要他向主席、基金会会长或秘书发出通知就行，且只要通知发出他便可以立即辞职。此外，如果董事会至少 2/3 的人要求解雇一个董事，他便可立即被解雇。如果一个董事死亡、失去工作能力、辞职或被解雇，只要大多数董事同意就可以让其他人补缺。董事会需要在职位空缺的 6 个月内进行补缺。

董事会主席也由董事会选出，其任期要在其被选后的第三次年会上结束，也就是在其继任者被选出后结束。如果主席只是一个补缺的人，他的任期就要随着该职位的正常任期的结束而结束，除非董事会投票延长其任期，使之与其作为一个董事的任期一致。主席不得连任两届，除非董事会通过慎重考虑决定使该主席的任期与其作为一个董事的任期相一致。

（二）进行风险决策

基金会的创新风险治理决策一般通过董事会的会议作出，因此基金会一般都会有完善的会议制度。以考夫曼基金会为例，该组织的董事会在财政年度开始的 3 个月内要召开年会，具体的时间和地点由主席、基金会会长或董事会的大多数人批准决定。召开年会的目的是为了在上一届任期结束时为各个组选举董事、选举常务委员会的主席和成员，并对与创新成果转化风险有关的事项进行决策。董事会还要召开经常性会议，具体的时间和地点要在年会上由主席、基金会会长或董事会成员的多数人决定。在两次年会之间至少要召开 3 次经常性会议，以处理与创新成果转化风险有关的具体事务。如果有一些新出现的风险问题，董事会还要举办特别会议，具体的时间和地点由主席、基金会会长或董事会的大多数人批准决定。董事会在每次会议之前都要发布书面通知，具体形式有传真、电子邮件、邮寄通知、快递服务和专人通知等，且必须在开会前至少 3 个工作日通知到。每个会议的通知必须注明日期、时间和地点。在会议上，只要大多数董事出席，就有权就各项事务进行处理，除非法律规定必须有更多的人参加。不能亲自出席的董事也可以通过一些技术手段，如视频的方式参加会议，只要他与其他与会者能够同时听到对方说话就行。

在对各项事务进行投票表决时，除非有法律要求或章程要求或其他基金会的文件要求，只要大多数董事都投赞成票，就意味着董事会做出了决策。每个董事只能投一票，代替他人投票是不允许的。对于董事会做出的每一项决策，只要所有董事都书面赞成，决策就要被执行，不必再召开会议，而这样的书面赞成文件要在董事会议上当场撰写。

董事会做出的决策是方向性和战略性的，为了更好地落实董事会制定的大政方针，基金会的领导会制定战略规划，其制定过程要以证据为基础，这样可以帮助工作人员认识、监督和衡量各种项目投资的结果，以确定其是否对创业者的生活发挥了积极影响。战略规划制定过程使人们能够明确到底希望达到什么结果，并根据要达到的结果制定战略。战略规划的有效期一般是五年，这个五年的期限可以帮助领导者估计时间、投入和其他需要的资源以完成工作。

（三）进行投资活动

1. 考夫曼基金会的投资活动

考夫曼基金会通过投资活动来应对创新成果转化风险，其投资的领域包括：[9]

- 投资各种计划和研究，鼓励大学教师、学生和其他利益相关者参与创业活动；
- 投资各种交流活动，发挥一个活动召集者的角色，将地方、全国，乃至世界范围的相关领域的领导者聚在一起，分享创新思想，进行有关创业和教育的对话。每年，有超过6万个人访问基金会的会议中心，为增进人们对高校创新成果转化的认识做出了贡献。
- 投资培训计划和相关研究，提高大学教师和学生的创业能力，尤其要关注那些具有较高创新能力的教师和学生；
- 对一些中介性人员和组织进行投资，并提供知识技术服务，如政策制定者、大学、发明家和创业支持组织等，使他们能够更好地营造促进创新和创业成功的环境；
- 吸引全国对创业支持的关注，在堪萨斯市扶植能在其他地方推广的计划，并将其他城市的先进经验引入堪萨斯市的计划中。

可见，基金会的投资活动主要针对三类群体，第一是教师和学生本身，主要是通过投资各种计划、研究和交流活动来提高教师和学生转化创新成果

---

9 Kauffman Foundation. FIVE-YEAR STRATEGIC DIRECTION AND STRATEGIC PLAN 2005-2009 (EB/OL).
http://www.kauffman.org/uploadedFiles/KFStratPlan0509_081904.pdf, 2004/2012-03-27.

的知识和能力水平，并资助他们的创业活动，有力推动创新主体的创新成果转化行为；第二是一些相关的中介组织和人员，主要是通过为其提供相关服务，提高他们的工作能力，使其能够很好地帮助教师和学生进行创新成果转化；第三是社会公众，主要是通过各种计划提高他们的创业意识，为教师和学生的创新成果转化营造良好的社会文化氛围。

2. 勒梅尔森基金会的投资活动

勒梅尔森基金会的具体资助形式包括拨款、贷款和股权投资。基金会的投资活动主要针对教师和学生，并且侧重于两个方面的活动，一是在高校中学生的创新活动，二是创新成果转化活动。对于高校中学生的创新活动来说，基金会主要投资那些与工程、科学和发明有关的实践性课程，具体包括：（1）具有推广潜力的 K-12 创新教育模式；（2）鼓励女生和低收入家庭的年轻人从事科学、工程学和技术职业的创新教育计划；（3）相关的奖项和博物馆展览，其主要功能必须是能够激励发明者、激发年轻人，并能够提高公众对发明在社会和经济发展中的重要地位的认识。

对于创新成果转化活动来说，基金会主要通过投资，促进高校中的创新主体与社会上的相关组织建立合作关系，具体包括：（1）与相关组织合作为创新主体的早期发明提供资金、指导和技术服务，帮助他们设计服务于穷人的产品；（2）发现和鼓励政府、大学和企业的相关合作者为发明活动营造支持性的环境。

可见，与考夫曼基金会相似，勒梅尔基金会不仅关注直接针对教师和学生的投资，而且还关注与教师和学生的创新活动有关的其他利益相关者，积极与他们建立合作关系，并鼓励他们支持教师和学生的创新活动。除了相同之处，勒梅尔森基金会的投资还有四个特点，包括：[10]

- 支持早期的、高风险的创新活动。基金会倾向于为未被证明的技术创新提供种子基金，为高风险的、初始阶段的创业活动提供资金，并资助有利于改善生活的技术扩展到新的市场。总之，基金会愿意试验和支持具有高不确定性和初始阶段项目，这也是该基金会区别于其他基金会的重要特点之一。

- 利用多种形式的社会资本。基金会会根据一个组织的发展阶段和投

---

10 Lemelson Foundation. Grantmaking (EB/OL). http://www.lemelson.org/grantmaking, 2010/2012-03-27.

资需求，利用适当的基本工具，针对非营利组织和营利组织的不同资金需求为其提供拨款、贷款担保或股权。例如，基金会会为一个非营利组织提供贷款而不是拨款，因为贷款能够帮助该组织建立信用。对于一个盈利性的公司，基金会会为其具有社会效益的项目提供拨款，这有利于鼓励其承担一些回报低、周期长的项目。基金会还会创新和试验新的投资工具，以便提高高风险合作者的成功率，并吸引更多的人加入到创新的队伍。

- 注重联合投资和追加投资。基金会利用一些投资工具，如配套拨款和贷款担保来应对一些可见的投资风险，并鼓励其他投资者支持好的创新项目。基金会还会系统地与其他投资者建立担保关系，以使他们获得下一阶段投资来扩展计划和项目。

- 投资于能力建设。以前，基金会倾向于为一些项目提供拨款，但这难以保证非营利组织能够有效地管理自己的工作，并保持核心竞争力。为此，基金会打算提供更多的能力建设基金，这样有利于提高资金使用者获得成功的可能性。

为了使资助活动更为有效，勒梅尔森基金会还通过其他一些手段促进其工作。第一，基金会通过分析其资助组织的共同经验，帮助它们完善其计划，调整基金会的投资方式来增加对创新活动的推动，并扩大基金会的影响力。基金会为其投资的组织创造机会，使他们能够聚在一起互相学习，互相借鉴对方的观点和工作模式，避免他们落入共同的误区。基金会还会在适当的时候对其资助的项目进行评价，但这种评价并不是基于单一的方法或标准，而是综合考虑项目或计划的目标，并与推出该项目的组织共同合作。此外，基金会还会与其他投资者分享经验，为丰富技术发展方面的知识作出贡献。

第二，为了解其投资的组织和其他合作者的需要，发现需要改进的工作，基金会每隔几年就会对其现在投资的组织、过去投资的组织和其他合作组织进行保密的第三方调查，并在其网站上公布调查结果。

第三，为了加强与其他组织的关系，基金会还要求提高其内部实力，为此基金会要把自己打造成学习型组织，具有创新投资计划，运行有效，并鼓励所有成员的合作、领导和专业发展。为了实现上述目标，基金会每六个月就要进行一次内部运行调查，对其进行讨论以评价基金会的工作情况。

总的来说，基金会的创新成果转化风险治理机制的运行方式是一种超主体运行方式，它由于没有会员，因此决策者局限在组织的管理者上，且这些管理者必须按照程序组建董事会进行决策。当董事会对有关创新的投资做出了决议，获得投资的人只能按照组织的要求开展相应的活动，而不能不顾组织的要求自行更改资金的用途，因此它赋予个人主体的自由活动空间是比较小的。

四、基金会组织中超主体决策执行机制的功能和优势

基金会组织中的超主体决策执行机制主要是通过基金会这个超主体作出资助创新活动的投资决策，为高校创新主体的创新活动提供资金，特别是要帮助创新主体成功地进行创新成果转化，从而降低创新成果不能转化为现实的生产力的风险。创新成果转化需要大量的资金支持，这是因为教师和学生在高校环境中生产的创新成果一般还不能直接投放市场，而是要经历技术完善过程和商业化过程，而要完成这些过程则必须要有资金的支持。据测算，创新成果从研究开发到产品中试再到产品投产需要的资金比例为 1:10:100，可见创新成果转化越到后期所需的资金越多，再加上创新成果转化的每一个环节都蕴藏着巨大的风险，一般的投资者不愿意对其进行投资，因此便需要由风险投资者对其进行投资。[11]在这种情况下，关注高校创新活动的基金会往往会充当风险投资者的角色，为高校教师和学生有潜力的创新项目注入资本，为他们的创业活动减少经济方面的障碍。

另外，基金会的资金也并不是完全投给教师和学生的创业活动，它们还会通过投资各种培训提高教师和学生的创新成果转化能力。高校创新成果转化的一个重要环节是高校的创新主体向企业输出有关创新成果的知识，企业能够接受所输出的知识才能与教师达成合作协议。在这里，创新主体能否真实、准确地描述要转移的知识技能十分重要，而创新主体向他人描述知识技能的能力就是知识输出能力。姚威、陈劲认为，在产学研合作过程中学研方的知识输出能力包括学研方的动机和意愿、学研方的沟通编码能力、学研方自身的知识储备和学研方产学研合作经验等四个方面，[12]也就是说创新主体要进行有效的知识输出不但要具有输出的意愿，还要能够对语言进行恰当的

11 徐辉、费忠华：《科技成果转化及其对经济增长效应研究》（M）。广州：中山大学出版社，2009，71。

12 姚威、陈劲：《产学研合作的知识创造过程研究》（M）。杭州：浙江大学出版社，2010，180-181。

组织，并具有相关的知识和经验来辅助知识的输出。考夫曼基金会投资开办的一些培训班就旨在帮助教师和学生提高包括知识输出能力在内的创业能力，帮助减少创新成果转化的主体风险因素。

第四章　美国高校创新风险治理的协调决策执行机制

　　美国的高校创新风险治理组织利用协调决策执行机制对高校创新活动进行风险治理的情况也很多。协调决策执行机制能够发挥作用的创新风险治理组织一般是会员制组织，因为协调决策执行机制中主体自主活动的空间比超主体决策执行机制更大一些，而只有有会员的组织才更需要更多的主体自主活动空间。以协商决策执行机制治理高校创新风险的组织一般以机构为会员，这些组织类型多样，有的组织主要目的是治理教师创新风险，如马萨诸塞技术转化办公室联合会（Massachusetts Association of Technology Transfer Offices）；有的组织主要目的是治理教育行政人员创新风险，如大学风险管理和保险协会（University Risk Management and Insurance Association）；有的组织主要目的是治理学生创新风险，如全国学院发明家和创新者联盟（National Collegiate Inventors and Innovators Alliance，简称 NCIIA）。无论是哪种组织，他们最终的服务对象都是个人，因此这些组织所制定的创新风险治理政策一般都是指导性和服务性的，旨在促进个人增长知识，提高能力，以更好地帮助别人或亲自应对创新过程中的风险。

第一节　教师创新风险治理组织的协调决策执行机制

一、金字塔型内部治理结构

　　协调决策执行机制的外部治理结构与高校教师创新风险治理的其他机制

一样都是网络结构，也即教师创新风险治理组织作为一个社会第三部门组织是创新风险治理的中心，政府和其他利益相关者则从各个方面对其进行引导和支持。因此，这里主要探讨协调决策执行机制的内部治理结构。以马萨诸塞技术转化办公室联合会为例，该组织是一个地方层面的教师创新成果转化风险治理组织，具有独立性、非党派性和非营利性，其使命是促进马萨诸塞州学术机构生产的知识和技术优质高效地转化给公司，从而能够将创新成果推入市场，增进公众的福利。

联合会的目标是为成员提供教育和其他资源及活动，以推动技术转化工作的开展。它为成员提供的服务和发挥的作用包括：[1]

- 通过开办论坛培训教育技术转化专业人员；
- 提供有关技术转化法律问题的咨询；
- 成为学术组织和工业组织的交流平台；
- 制定标准和传播先进经验；
- 开办论坛让成员见面并交流思想。

联合会的总部在马萨诸塞大学（University of Massachusetts）的马萨诸塞技术转化中心（Massachusetts Technology Transfer Center，简称 MTTC），负责管理联合会的业务。联合会的执行委员会有权决定总部的选址，如果总部迁移，联合会的领导和行政职责将会转移给主席办公室，除非执行委员会另有安排。

联合会的组织结构是一种金字塔型结构（见图 7），金字塔的顶层是理事会，负责联合会包括创新风险治理等问题的决策。金字塔的中层是执行委员会，它负责执行理事会的决定，保证创新风险治理政策的实施。金字塔的底层是各个成员机构，它们是联合会存在的基础。理事会的成员由全部成员机构的代表组成，执行委员会成员由理事会选出。其成员机构也具有广泛的代表性，分别来自大学、医院和科研机构，从而保证联合会在对教师创新成果转化风险进行治理时能够充分反映利益相关者的意见，实现对风险问题的有效治理。

1　Massachusetts Association of Technology Transfer Offices. MATTO By-Laws (EB/OL). http://www.masstechtransfer.org/by-laws/, 2012-03-27.

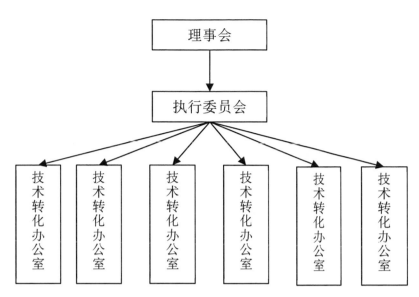

图 7　机构会员制组织中协调决策执行机制的内部治理结构图

二、各要素之间的关系

（一）相互支持式的组织与外部相关组织之间的关系

在组织与外部相关组织之间的关系方面，政府和其他利益相关者与教师创新风险治理组织之间的关系是一种相互支持关系。其中，政府对教师创新风险治理组织来说主要发挥政策引导的作用，并以此对组织运行进行宏观调控。例如，马萨诸塞州技术转化办公室联合会主要通过创新风险治理降低教师在创新成果转化方面的风险，而政府关于创新成果的知识产权政策、对创新活动的财税优惠政策等对联合会所关注的创新成果转化活动影响很大，直接关系到联合会将以何种方式帮助高校创新主体进行创新成果的市场营销和进行技术许可等活动。

其他利益相关者也会为教师创新风险治理组织提供各种支持，如马萨诸塞技术转化办公室联合会与马萨诸塞技术转化中心关系十分紧密，马萨诸塞技术转化中心为马萨诸塞技术转化办公室联合会提供办公场地，同时还承担了联合会的一部分管理工作。马萨诸塞技术转化中心的主任是联合会的行政协调员，其助理来源于联合会的执行委员会，主要任务是管理官方文件并协调联合会的财务工作。联合会的轮值主席会与马萨诸塞技术转化中心协商召开会议。在执行委员会的会议中，马萨诸塞技术转化中心主任将承担观察员的角色。

教师创新风险治理组织对其他利益相关者也能够提供支持。如马萨诸塞技术转化办公室联合会的成员机构是各高校或科研机构的技术转化办公室，这些办公室本身就属于第三部门的利益相关组织，它们之所以要加入联合会是因为能够从联合会中获得创新成果转化方面的支持，使它们可以脱离单打独斗的局面，利用更广泛的资源完成自己的工作。

（二）决策和执行式的组织内部各部门之间的关系

组织内部各部门之间的关系是一种决策和执行的关系，这种关系能够更好地保证创新风险治理政策的实施。以马萨诸塞技术转化办公室联合会为例，联合会主要有理事会和执行委员会两个部门。联合会的重大决策由理事会作出，具体管理由执行委员会负责，而执行委员会则由理事会选举出的理事组成。执行委员会的成员要有广泛的代表性，而理事会在委任执行委员会时要努力保证其代表性。执行委员会要在第一次委员会会议上委任一名主席和一名副主席，每人的任期都是一年。在下一年，前一年的副主席将会成为主席，新的副主席则会重新委任。如果在理事会选举前出现职位空缺，执行委员会会委任临时理事填补空缺。执行委员会负责在管理过程中作出决策。决策的作出须经由执行委员会的多数票通过，在投票时至少要有四个委员会成员在场。

（三）相互依存式的组织与个人成员之间的关系

组织与个人成员之间是一种相互依存式的关系。一方面组织要通过为个人成员提供服务来完成创新风险治理任务。以马萨诸塞技术转化办公室联合会为例，联合会主要通过为成员提供各种各样的服务，帮助成员提高技术转化工作能力，更好地应对教师创新成果转化风险。具体来说，联合会为成员提供的服务有三种，第一是为其创造相互交流的机会，让其通过共同讨论深化对教师创新成果转化风险的认识；第二是为成员提供专业发展培训，使各大学技术转化办公室及相关部门的工作人员提高工作能力，更好地推动本校教师的创新活动；第三是举办创新成果展览，让相关人员了解创新活动的最新动态，更加及时地联络到可能对其感兴趣的企业，提高创新成果转化的效率。

另一方面，个人成员又需要通过参加组织的决策和管理，维持组织的正常运转。马萨诸塞技术转化办公室联合会的成员是马萨诸塞州非营利性科研单位的技术转化办公室，或没有独立的技术转化办公室的非营利性科研单位的相关部门，这些部门的理事自然成为联合会的理事，而成员单位非理事的代表经过联合会理事会的选拔也可以成为理事。联合会的决策机构是理事会，由它就教师创新成果转化风险的治理问题作出决策，而相关的决策归根结底还是要通过各个理事通过协商互动达成一致意见。

（四）协商互动式的个人成员之间的关系

组织内部的个人成员之间是一种协商互动式关系。以马萨诸塞技术转化办公室联合会为例，他们经常通过会议和论坛促使个人成员进行对话和讨论，交流各自的观点，增进对相关问题的认识，从而提高自己的工作能力。除此之外，它的理事会和执行委员会涉及决策行为的会议也要由个人成员参加。在这一过程中，个人成员之间交流和互动的组织化程度会更高一些，他们常常要进行一些正式的协商，不仅仅要发表自己的观点和听取别人的观点，还要努力寻求共识，以便得出有利于教师创新成果转化风险治理的决策。

三、共同协调运行方式

（一）成立风险治理委员会

教师创新风险治理组织的决策机构一般会成为天然的创新风险治理委员会，以马萨诸塞技术转化办公室联合会为例，该组织是一个促进创新成果转化的组织，而促进创新成果转化本身就含有降低创新成果转化风险之意，因此联合会中从事决策工作的理事会本身就是一个风险治理委员会。联合会的成员机构是本地区各个高校的技术转化办公室或其他相关部门，这些部门的理事可直接成为联合会的理事会理事，从而可以保证理事会的广泛代表性，能够更好地抓住创新成果转化过程的风险所在。

（二）进行风险决策

以马萨诸塞技术转化办公室联合会为例，该组织的理事会每年要举行一次年会，年会处理的事务包括按需要选举执行委员会的新成员，并就创新成果转化的相关事宜进行决策。另外，根据各种创新成果转化风险问题的性质和范围，联合会还有全体成员的会议和面向所有成员单位雇员的其他活动，如培训或讨论会等，也有只限于理事或执行委员会的活动。会议是向所有的成员开放，还是只局限于理事，由理事会根据具体情况决定。

（三）风险治理措施的实施

以马萨诸塞技术转化办公室联合会为例，它治理创新风险的具体措施包括：

1. 组织研讨活动

马萨诸塞州技术转化办公室联合会经常会组织各种研讨会或论坛，让各高校或科研机构技术转化办公室的工作人员讨论技术转化工作中所遇到的各种问题，以使他们能够更好地完成自己的工作，帮助高校中的创新主体顺利地进行创新成果转化。例如，在 2009 年 9 月 16 日，联合会举办了一次论坛，题目为"可授予专利事物的现状"（The Current Status of Patent-Eligible Subject Matter），讨论在当前哪些创新成果有资格获得专利。论坛特别讨论了方法类的创新成果是否可以申请专利的问题，尤其提到了在这方面影响较大的贝尔斯基诉卡波斯案（Bilski v.Kappos）。论坛最后强调，抽象概念、自然法则或数学公式等虽不能授予专利，但在既定的条件下使用相关的方法或公式所产生的发明则有可能被授予专利。这一关于专利问题的讨论对创新成果转化风险的治理意义重大，因为各高校技术转化办公室的工作人员在工作时经常会与专利问题打交道，提高人们对这个问题的认识有利于减少他们在创新风险治理时的障碍。

2. 提供培训指导

马萨诸塞技术转化办公室联合会和马萨诸塞技术转化中心经常会在网站中挂出一些培训材料和指导性文件，帮助各高校技术转化办公室的工作人员提高技术转化方面的知识和技能水平，促使他们更好地完成自己的工作。这些培训材料和指导性文件涉及多方面的内容，包括如何向高校创新主体进行宣传、如何进行技术许可、如何做市场调研、如何起草商业计划，以及对技术转化办公室和创业者有用的网站连接等。这些材料和文件有的是马萨诸塞技术转化办公室联合会自己开发的，有的是从其他高校或科研机构的技术转化办公室搜集来了，还有的是从相关的公司获得的内容。[2]将这些资料整合在一起不但可以增加新的完整性和丰富性，同时也可以实现资源的整合，调动各个相关机构的力量共同致力于高校创新成果转化风险的治理。

3. 展示新技术

马萨诸塞技术转化办公室联合会通过各种途径展示来自高校或其他科研机构的新技术。如联合会建立了一个马萨诸塞技术门户网站（Massachusetts

---

2　The Massachusetts Technology Transfer Center. "How-To" Tips, Tools & Techniques (EB/OL). http://www.mattcenter.org/resources/how-to-home.html, 2012-04-05.

Technology Portal），人们可以借助这个门户网站轻松便捷地搜索到马萨诸塞州 28 所高校或科研机构的 3500 多项新技术。该门户网站是由联合会与马萨诸塞技术转化中心联合创立的，它将各高校技术转化办公室的资源整合起来，提供了一个一站式搜索工具，使用者能够很方便地了解到由一流高校生产的专利，并准确锁定拥有该发明的研究者、实验室和高校等。使用者可以根据一个或多个标准来搜索专利。为了提高搜索的针对性，马萨诸塞技术门户网站建立了一个有 44 个技术类型的表单，并详细描述了每一种技术类型包含哪些具体的技术。每一种技术都可能实现技术许可，使用者只要点击技术的名称，就可以看到一个对该技术进行详细说明的网页，并通过该技术的管理机构的联系方式与相关高校进行协商，[3]最终实现高校创新成果的转化。

除了让使用者自己在联合会网站上寻找感兴趣的创新成果，联合会和马萨诸塞技术转化中心还通过组织技术博览会（Technology Showcase Conferences）为各高校的技术转化办公室、高校创新主体和企业搭建交流平台，使他们能够更好地建立合作关系，减少由高校教师自己寻找合作企业所面临的风险。联合会和马萨诸塞技术转化中心每年举办 2 到 4 次技术博览会。规模最大的技术博览会是服务于生命科学和清洁能源的，而纳米技术、传感器和机器人等技术领域也备受关注。[4]

可见，马萨诸塞技术转化办公室联合会的主要服务对象是相关机构的技术转化办公室，旨在通过提高技术转化办公室相关人员的专业水平和能力、为他们提供最新的创新信息，使他们更好地从事有关创新成果转化的中介工作，帮助降低大学教师创新成果转化风险。然而，再好的技术转化办公室都只能通过成功实现高校创新主体和企业之间的合作才能完成技术转化任务，因此联合会也会采取一些针对高校教师、创业者和企业人员的创新风险治理措施，为他们创造交流平台，提供培训和指导，努力提高高校创新主体和企业技术合作的成功率。

教师创新风险治理组织的协调决策执行机制的运行方式属于共同协调模式，成员之间的互动往往凭借一些正式的平台，如博览会、论坛等，因此参

3　The Massachusetts Technology Transfer Center. About the Massachusetts Technology Portal (EB/OL). http://www.mattcenter.org/portal/about-portal.html#top, 2012-04-05.

4　The Massachusetts Technology Transfer Center. MTTC Conferences and Technology Showcases (EB/OL). http://www.mattcenter.org/events/conferences-home.html, 2012-04-05.

与协商的是组织内的全部利益相关者，他们相互之间需要达成协调一致的共识才能达成风险治理目的。然而，由于这类组织对于个人成员来说是服务性的，其所制定的风险治理政策一般涉及要为个人成员提供哪些服务，因此对个人成员的约束力较小，其运行方式属于共同协调运行方式。

第二节 教育行政人员创新风险治理组织的协调决策执行机制

高校的教育行政人员是高校的领导者和管理者，他们在工作时是否能够创新管理制度关系到是否更够提高高校的管理效率，促进高校教学、科研和社会服务方面的创新。然而，教育行政人员在进行管理创新时也是有风险的，如果创新未能成功，轻则不能达到提高管理效率的目的，重则会阻碍高校在教学、科研和社会服务方面的创新，对高校乃至整个社会的发展带来消极影响。美国作为世界头号高等教育强国，其在高校教育行政人员的创新风险治理领域已经形成了许多风险治理组织，这些组织有的将风险管理作为自己的首要目标，如大学风险管理和保险协会（University Risk Management and Insurance Association），有的虽然不是直接与风险问题相关，但它们在推动教育行政人员工作的时候，都承认提高他们的创新力对于教育行政工作的顺利完成和高校的有效运转的重要意义。美国的这些教育行政人员创新风险治理组织在帮助教育行政人员降低创新风险的过程中都普遍采用协调决策执行机制，该机制的治理结构、各要素之间的关系和运行方式对教育行政人员创新风险问题的解决有一定的适应性。

一、治理结构

治理结构是高校教育行政人员创新风险治理机制发挥作用的基础。以教育行政人员创新风险治理组织为界，可将治理结构划分为外部治理结构和内部治理结构，分别具有网络型和金字塔型的形态。

（一）网络型外部治理结构

外部治理结构是教育行政人员创新风险治理组织与政府、其他利益相关者之间形成的组织结构（见图8），就教育行政人员创新风险治理机制来说，其外部治理结构是一种网络型结构。美国社会上存在许多教育行政人员创新风险治理组织，其中最重要的一个是"大学风险管理和保险协会"（University Risk Management and Insurance Association）。该组织的前身是"大学保险管理者协会"（University Insurance Manager's Association），主要探讨关于大学中财产保险和人身保险的问题。在 20 世纪 70 年代早期，密歇根大学（University of Michigan）的比尔．瑞恩（Bill Ryan）提出要强调大学中的风险管理而不仅仅是其保险功能，从而帮助大学处理各种已知和未知风险。在这一理念的倡导下，大学保险管理者协会在 1976 年被更名为大学风险管理和保险协会，5 由于关注领域的扩大，由教育行政人员的管理创新引发的风险也成为了协会的治理对象。具体来说，该组织的使命是促进高等教育风险管理学科的发展；愿景是成为具有创新性和有效性的风险管理理念和方法的信息源，帮助高等教育机构应对追求学术、社会和经济目标过程中所面临的挑战；价值观是要努力改善成员机构的管理工作，促进成员机构代表的专业成长和发展，并使协会的工作受到高尚的伦理标准的指导，具有可信性、完善性，以及分享和帮助的精神；6具体目标是通过将健全的风险管理实践整合进高校运行的各方面，保护高校免遭人员和资金方面的风险；为高等教育机构提供最好、最完整的信息；为高等教育中的风险管理专业人员提供卓越的专业发展机会。7通过分析大学风险管理和保险协会的组织目标我们可以看出，协会旨在从理论和实践两个方面促进高校教育行政人员的风险管理，实际上就是在高校之外建立一个第三方风险治理组织，吸收多方利益相关者共同应对高校教育行政人员的管理创新风险。

　　另外，美国还有一些创新风险治理组织只是针对大学中的某一部分教育行政人员，将风险治理的重点聚焦到管理中更加具体的问题上，相关组织有"全国学院和大学商务官员协会"（National Association of College and University Business Officers，简称 NACUBO）、"全国学院和大学律师协会"（National Association of College and University Attorneys，简称 ANCUA）、"大学和学院董事会协会"（Association of Governing Boards of Universities

5　Emerson, Charles D.. The Historical Compendium of URMIA (EB/OL). https://www.urmia.org/about/compendium.cfm, 1986-08/2012-03-27.

6　University Risk Managemebt and Insurance Association. State of the Association 2010 (R/OL). https://www.urmia.org/urmia.cfm, 2010/2012-02-20.

7　University Risk Managemebt and Insurance Association. About URMIA (EB/OL). https://www.urmia.org/about/index.cfm, 2011-04-01/2011-07-06.

and Colleges，简称 AGB）等。其中全国学院和大学商务官员协会是一个以高等教育机构为单位成员的协会，它主要关注各高校中商务官员的利益，旨在帮助高校中的相关人员从财务的角度应对高校管理中的创新风险。该组织的使命是增进高等教育机构的经济可行性，改善其商业实践，并为其履行大学使命提供帮助；愿景是成为高等教育商业和财务管理方面的思想上的领导者和权威性资源，并得到内外部利益相关者的认可；具体目标是关注高校的一般管理和财务管理；收集、交流、开发和发布信息；协助其他全国性的教育协会和公共政策的制定；与区域性协会合作；从事相关的教育性活动。可见，该组织旨在从理论和实践两个方面促进高校的商业和财务管理，而它想要很好地履行这一责任就必然要处理高校管理中的创新风险问题。一方面，高校可以进行商业和财务管理创新，而这种创新本身就是有风险的；另一方面，高校的教育行政人员可以进行其他领域的管理创新，而这种创新很可能为高校的财务状况带来风险，需要协会帮助高校的相关管理人员应对这种风险。因此，全国学院和大学商务官员协会在运行过程中自然而然地承担起了教育行政人员创新风险治理的使命，而其行动也证明了它对高校创新风险的关注。

大学和学院董事会协会是美国唯一一个服务于高校高层领导者的全国性协会，具体的服务对象包括高校的董事会、与高校相关的基金会的董事会、高校的 CEO 以及其他高校的高层教育行政人员，主要关注高等教育的治理和领导问题。从高校教育行政人员创新风险治理的角度讲，它主要关注高校中高层教育行政人员的利益，帮助他们应对自身工作中的创新风险，或是有效地管理其他教育行政人员工作中的创新风险。该组织的主导价值观是为那些委托他人代管高等教育的人提供支持，既尊重当前的事实，又期待着美好的未来。在主导价值观下又有着核心价值观，包括：

1. 为高等教育以及公民信托系统做贡献；
2. 为成员提供及时的、高质量的服务；
3. 在各种活动中尊重成员和同事；
4. 在协会内部，以及与其他组织进行团队合作；
5. 利用研究来发展协会的服务、宣传和交流活动。

具体目标是推进公民管理的实践，保证美国学院和大学的质量和成功。为了实现这个目标，大学和学院董事会协会推出的项目和服务旨在：[8]

---

8 Association of Governing Boards of Universities and Colleges. About AGB (EB/OL).

1. 加强校长和董事会之间的合作；
2. 对董事会成员的责任进行确认和分类；
3. 为管理者、董事会领导者和高校领导者履行相关的治理责任提供指导；
4. 提高管理者的专业化水平；
5. 监督高等教育和治理的影响因素，为董事会和高校领导者提供指导；
6. 促进所有教育的利益相关者之间的合作。

这样，以大学风险管理和保险协会这个专门进行教育行政人员创新风险治理的组织为中心，其他关注高校中部分行政人员创新风险的组织、政府以及其他利益相关者围绕大学风险管理和保险协会形成了一个网络组织，各个组织之间通过各种途径进行合作，以在更高层次上和更大范围内发挥教育行政人员创新风险治理的作用。

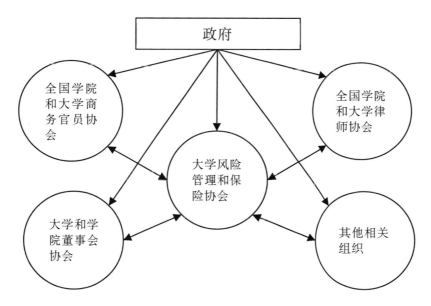

**图 8　教育行政人员创新风险治理组织中协调决策执行机制的
外部治理结构图**

（二）金字塔型内部治理结构

教育行政人员创新风险治理机制的内部治理结构是指第三部门的教育行政人员创新风险治理组织的内部组织结构。以大学风险管理和保险协会为例，该组织是一种金字塔型结构（见图 9），其最高决策机构是董事会，由董事会

http://agb.org/about-agb, 2011/2012-03-27.

负责制定协会的组织目标、战略方向和创新风险治理政策。具体来说，董事会的职责和权限包括：

（1）保证大学风险管理和保险协会成员的行为要正直诚实，服务于协会的利益和公共目的；

（2）保证大学风险管理和保险协会的资源得以负责任和谨慎地管理；

（3）保证大学风险管理和保险协会有能力有效地执行各种项目；

（4）监督、评价和决定人员的雇佣，保证大学风险管理和保险协会雇用政策的公平性和全纳性。

董事会下面的执行机构是执行委员会，由它执行董事会制定的创新风险治理政策。执行委员会由协会的全部官员组成，在董事会的两次会议之间行使对协会的管理权力。为了处理协会的各种具体事务，执行委员会之下还设有各种常务和临时委员会，包括年会委员会、附属委员会、交流委员会、财务委员会、政府和监管事务委员会、荣誉委员会、协会间联盟委员会、成员身份委员会、提名委员会、专业发展委员会、风险成本特别小组、全球特别小组等。[9]金字塔型结构保证了组织行动的统一，按工作性质组建部门又可以将相关的专业人员集中到一起，能够保证创新风险治理活动的专业化和高效率。

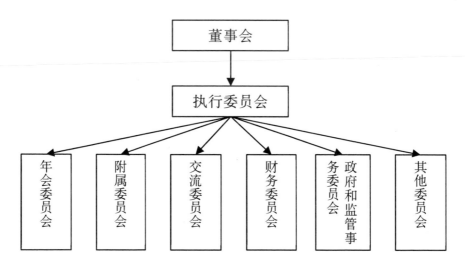

图9　教育行政人员创新风险治理组织中协调决策执行机制的
内部治理结构图

9　University Risk Managemebt and Insurance Association. Committees (EB/OL). https://www.urmia.org/about/committees.cfm, 2011-01-27/2011-07-14.

二、各要素之间的关系

机制除了指系统内部各要素之间的结构,还包括各要素之间的相互关系。就教育行政人员风险治理组织的协调决策执行机制来说,各要素之间的关系包括组织部门之间的关系、组织与成员之间的关系,以及成员与成员之间的关系。

(一)组织部门之间的关系

以教育行政人员创新风险治理组织为中心,组织部门之间的关系又包括组织与外部相关组织之间的关系,以及组织内部各部门之间的关系。

1. 组织与外部相关组织之间的关系

在组织和外部相关组织之间的关系方面,政府和教育行政人员创新风险治理组织是一种政策引导和上传下达的关系。一方面,政府并不直接参与组织的任何行动,而是通过制定相关法律政策引导组织的创新风险治理行为。另一方面,教育行政人员创新风险治理组织对于政府来说发挥的是一个桥梁和纽带的作用。以大学风险管理和保险协会为例,该组织通过内部的政府和监管事务委员会维系与政府的这种关系。该委员会的职责是监督与组织成员利益有关的联邦立法和政策制定,及时帮助成员了解新的或新修订的法律法规,并经常就组织感兴趣的话题向政府相关部门提出正式建议。为此,委员会的主席要制定一个法律政策问题清单,组织委员会就清单上的事项进行评审,并在协会董事会的春季和秋季会议上提交评审报告,[10]让董事会了解对这些问题的评审结果,以便就此采取相应的行动。

教育行政人员创新风险治理组织之间是一种交流和合作的关系。以大学风险管理和保险协会为例,该组织通过内部的联盟委员会和全球特别小组与其他教育行政人员创新风险治理组织以及其他相关组织进行交流和合作。其中协会联盟委员会已经取得的成就包括:第一,确定了大学风险管理和保险协会未来要建立合作关系的 5 个主要的战略伙伴,即全国学院和大学商务官员协会(NACUBO)、全国学院和大学律师协会(ANCUA)、大学和学院董事会协会(AGB)、国际教育者协会(NAFSA)和校园安全健康和管理协会(Campus Safety, Health and Environmental Management Association, 简称

---

10 University Risk Managemebt and Insurance Association. Bylaws of University Risk
Managemebt and Insurance Association, INC. (R/OL).
https://www.urmia.org/about/index.cfm, 2011-03-22/2011-10-06.

CSHEMA）。第二，由大学风险管理和保险协会的"风险总成本特别小组"（Total Cost of Risk Task Force）派代表参加了 NACUBO、CSHEMA、公共部门风险管理者协会（Public Agency Risk Managers Association，简称 PARMA）和公共风险管理协会（Public Risk Management Association，简称 PRIMA）的会议。第三，参与了一系列组织的演说和年会，包括 AGB、NAFSA、风险和保险管理协会（Risk and Insurance Management Society，简称 RIMS）、高等教育信息技术交流技术专家协会（Association for Information Communications Technology Professionals in Higher Education's，简称 ACUTA）和石丹森大学法律学院（Stetson University College of Law）。第四，与学生行为管理协会（Association for Student Conduct Administration，简称 ASCA)共同筹办了一个 90 分钟的网络研讨会，名为"掌握防欺负的方法以便不被欺负"（Ways to Manage Hazing So Hazing Doesn't Manage You）。

全球特别小组取得的成就包括：第一，参加了一系列组织的会议，包括澳大利西亚大学风险和保险管理协会（Australasian Universities Risk and Insurance Management Society，简称 AURIMS）和维尔京群岛大学（University of the Virgin Islands）的会议。第二，与欧洲大学协会（European Universities Association，简称 EUA)和英国高等教育保险管理者全国会议（National Conference for Insurance Managers in Higher Education in the United Kingdom）进行了交流。第三，进一步发展了一套资源和指导工具箱，以帮助管理者管理来自大学主校区的全球性风险。第四，创建了一个新的全球成员目录，帮助大学风险管理和保险协会更好地参与全球性活动。第五，与 NACUBO 合作开发了一个国际资源中心（International Resource Center，简称 IRC)，与大学风险管理和保险协会建立了链接以处理所有有关风险管理的问题。

教育行政人员创新风险治理组织与其他利益相关者之间的关系较为多样，其中较重要的一方面是创新风险治理组织要从其他利益相关者那里获得赞助。以大学风险管理和保险协会为例，该组织为更好地为成员提供服务较为注重通过获取捐赠来促进财务的良性运转，为此协会要保证所有筹款材料的真实性，允许根据捐赠人的意图扩充活动，并予以适当的承认和认可。此外，协会还要公布拉到捐款的人是协会成员还是雇佣的专业筹款人。在所有的情况下，为了保护协会及其成员的名声，协会只能和名声良好的组织签订协议，那些组织的性质、产品和服务不能和协会本身的使命和价值观相冲突。

另外，还有一些利益相关者通过推出各种奖项的方式，为教育行政人员创新风险治理组织中的个人成员提供资助。如美国的《风险与保险》（Risk&Insurance）杂志推出了一个名为"风险创新者奖"（Risk Innovator Award）的奖励计划，旨在资助风险管理领域的创新行为和杰出表现，鼓励包括高等教育领域的管理人员以创新的方式应对管理中的各种问题，并积极地克服其所遇到的风险。该奖项的基本理念是，人们不能仅仅将风险看成一种威胁，还要将其看成为组织带来的机会，因此人们应该勇于创新，承担风险，并用创造性的方式来解决风险。该奖项将颁给 20 个行业中的 60 到 100 名获奖者，奖励在过去一年中在风险管理领域有创造性和出色表现的人，[11]其中作为大学风险管理和保险协会的成员的一些高校管理者也获得了这个奖项，从而使协会的创新风险治理工作得到了其他利益相关者的支持。

2. 决策执行式的内部各部门之间的关系

教育行政人员创新风险治理组织因普遍具有金字塔型的内部组织结构，因此其内部不同层级的各部门之间是一种决策和执行的关系。由于这些组织作出各项决策主要通过召开年会或董事会议进行，作为一个会议机关它对所制定的政策只是一些宏观的大政方针，且缺乏执行力，因此这些组织普遍设立了执行机构、常务委员会和一些临时委员会承担大部分具体工作，以保证组织的创新风险治理政策能够真正落实。例如，全国学院和大学商务官员协会为应对高等教育面临的新挑战，提高协会与相关组织的合作水平，以及增强协会的服务能力，制定了相关的战略规划来增进协会内部各部门的协作水平。战略规划中确定了三项措施，第一，要通过定期对成员机构进行调查来促进全体成员的决策。这主要涉及协会的最高权力机构——全国年会与成员机构之间的关系，即全国年会上做出的决策要能代表成员机构的利益，这也反映了创新风险治理对利益相关者广泛参与的要求。

第二，要规定董事会会议及其他特别会议的活动的数量、类型和时间。董事会主要是根据成员机构会议的决议来制定协会的政策，为了使相关政策能够更好地反映成员机构会议的精神，对董事会的活动需要有所规定，以保证董事会更好地履行自己的职责。

第三，要规定董事会指定的委员会的活动的数量、类型和时间。协会的具

---

11 Risk&Insurance. Are You a Risk Innovator? (EB/OL).
　http://www.riskandinsurance.com/story.jsp?storyId=85216112, 2008-07-15/2011-10-06.

体工作由董事会指定的各个委员会来承担。董事会设有两个常务委员会,即"执行治理委员会"和"财务和审计委员会"。有时,如果获得董事会的多数票通过,董事会还可以增加常务委员会。除了常务委员会外,协会还有其他委员会,这些委员会由董事会批准建立,但不履行协会的管理职责。这些委员会主席和成员都由董事会主席任命,其成员可以包括董事会之外的协会成员。可以说,这些委员会是董事会政策的执行者,完善其相关活动制度,有利于增进决策机构和执行机构的关系,促进协会创新风险治理任务的顺利完成。

3. 相互依存、相互制约式的组织与成员之间的关系

教育行政人员创新风险治理组织和成员之间是一种相互依存式的关系。就教育行政人员创新风险治理组织来说,一方面,创新风险治理组织要采用多种方式为成员提供服务,如提供信息资源、组织交流活动和推出研究和教育项目等。其中,提供信息资源是为了提高高校相关教育行政人员的风险管理能力,使其在从事创新活动中能够更好地应对随之而来的风险。组织交流活动是为了给成员提供相互交流的机会,使他们在互动中丰富自己关于创新管理的知识,提高自己的创新管理能力。推出研究和教育项目则能够解决创新风险治理中的具体问题,针对高校教育行政人员创新风险管理能力的不足之处为其提供相关的教育和培训,促进其创新风险管理能力的增长。此外,为了促进组织成员的交流,教育行政人员创新风险治理组织还会提供一些技术支持,如大学风险管理和保险协会推出了群发邮件系统,使组织与成员,以及成员成员之间可以更加及时和有效地交流。

另一方面,教育行政人员创新风险治理组织还要监督组织成员的行为,使成员的行为与组织的目标相一致。例如,大学风险管理和保险协会要根据内部的运行规则——《行动规章》(Code of Conduct)来监督成员的行为,要保证其成员之间的公平性、全纳性、多样性、创新性和全面性,并促使其推动协会使命的完成。为了保证《行动规章》的有效性和合理性,组织还要定期评估和修订,并让组织的所有成员了解最新的《行动规章》。全国学院和大学商务官员协会在 2007 年 11 月 17 日通过了一个针对协会成员的新的《道德规范》,主要目的是为了帮助作为商务官员的成员建立和执行高标准的道德行为,保证他们行为的诚实和尊严,并尊重和鼓励其他人的良好行为。[12]大学和

---

12 National Association of College and University Business Officers. NACUBO Code of Ethics (R/OL). http://www.nacubo.org/documents/about/NACUBOCodeof

学院董事会协会也制定了相关文件作为监督成员行为的手段。如组织的"利益冲突声明"要求雇员和董事会成员道德、诚实地履行自己的责任，同时要使自己的行为符合协会的利益。组织的雇员和董事不得利用自己的职务，或以职务之便获取的知识来谋取个人利益。无论在什么情况下，如果组织的雇员感觉到他们已经从事、正在从事或想要从事的活动与协会的利益相冲突，他们应该在适当的时候立即将问题反映给其上级。

对于教育行政人员创新风险治理组织的成员来说，他们一方面要参与组织的决策，通过参加各种会议达成协议，从而左右组织的方针政策和具体行动。例如，全国大学和学院商务官员协会除了要召开年会以外，还要召开董事会议、执行会议、其他经常性会议和特别会议就包括创新风险治理等事务进行决策。这些会议的召开除了要遵循章程中的相关规定，一些经常性会议还可以通过董事会投票表决的方式决定会议的时间和地点。在董事会的任何会议中，只要人数超过了半数就构成了可以召开会议的法定人数。如果在会议一开始参会人数就不超过半数，会议就可以自动取消。[13]

另一方面，组织成员还要通过缴纳会费的方式维持组织的运转。以全国大学和学院商务官员协会为例，该组织的成员和用户每年都需缴纳年费，年费数量以及缴费日期要根据董事会的建议确定，并要在年会上由大多数出席的成员投票批准。如果年费要有变动，组织要公开发布通知，并要在年会召开前30天内发送给所有的成员。

4. 协商互动式的组织成员之间的关系

风险治理成败的关键在于是否能够实现主体之间的有效互动，使治理组织内的成员能够通过广泛的交流和合作，从不同角度贡献自己的观点和力量，实现资源共享，以促进解决实践中的风险问题。正是出于这方面的考虑，大学风险管理和保险协会通过召开会议来完善主体之间的互动关系。会议要求成员之间能够进行充分地对话和讨论，且成员可以使用各种交流方式来听取和发表意见，不管是亲自参会还是利用远程会议技术都可以，只要其他成员能够即时听到对方的讲话，以使成员能够在交流中获益。

大学和学院董事会协会的成员也注重通过对话和讨论实现交流和互动，其

Ethicsasamended-November1007. pdf, 2007-11-17/2011-07-14.

13　National Association of College and University Business Officers. NACUBO BYLAWS (R/OL). http://www.nacubo.org/About_NACUBO/Strategic_Plan_and_Bylaws.html, 2007-07-30/2011-07-09.

交流和互动的平台是协会举办的学会、会议、讲习班和研讨会等，为新老成员、校长、董事会专业人员、高层教育行政人员提供了许多发现新思想、制定新战略、建立团队合作关系、网络、学习新信息和与同行分享新思想的机会。在 2010 年，协会在这方面的旗舰活动是成立了独立高校董事会主席和校长学会（Institute for Board Chairs and Presidents of Independent Institutions），该学会主要是在 1 月和 6 月分别举办了两场会议，建立了 40 多个研究团队，为董事会主席和校长提供了建立合作关系的独特机会。另外，协会还举办了基金会领导论坛（Foundation Leadership Forum）和全国信托会议（National Conference on Trusteeship）为出席者提供了能够激发思想的内容、有价值的同行对话，同时还为董事会成员和高校领导提供了关注其日常事务之外的工作的机会。

除了论坛性的交流活动，在涉及需要决策的事项时，代表不同利益相关者的成员要共同努力，在会议中通过协商来形成一致意见，如制定一项政策，批准一笔经费的使用，或推出一个项目等。可以说，在决策的情境中，人们除了要通过对话和讨论交流自己的观点，还需要相互之间达成共识，以便于协会的运行和行动的采取。例如，全国学院和大学商务官员协会经常利用各种会议就各种事项进行决策。该协会较为重要的会议包括年会、董事会议、董事执行会议和特别会议等。其中年会是协会的机构成员每年召开一次的会议。董事会或董事会主席还可以召集特别的成员会议，这时董事会或主席要书面通知成员会议的时间、地点和目的，并要根据协会记录通过邮寄、传真、电报或其他最先进的交流媒介将通知发给成员机构的首席代表，并且要在会议之前不少于 30 天不多于 40 天发送。

三、共同协调运行方式

各个风险治理组织在教育行政人员创新风险治理机制的运作方式方面采用的都是共同协调运行方式，这是因为这些创新风险治理组织对于组织的机构成员或个人成员来说并不具有很大的强制力，它的组织目标的实现并不是通过制定具有极大约束力的政策强制成员高校必须执行，也不是要代替各个高校的行政人员进行创新风险管理，而是要为利益相关者提供一个交流和互动的平台，或是为他们提供相关信息和指导，帮助他们提高风险管理的能力。因此，各个风险治理组织一般都是先了解各个高校相关人员的风险治理状况，然后再根据当前趋势制定一些指导文件，推出一些会议和项目，以提高各高校教育行政人员的风险管理水平，促进管理创新风险的治理目标的实现。

（一）成立风险治理委员会

美国的教育行政人员创新风险治理组织都将教育行政人员创新风险的治理作为组织的重要任务之一，因此这些组织本身就可被视为创新风险治理委员会。作为创新风险治理组织，这些组织与普通管理机构的区别在于管理主体的多样性，即要求多方利益相关者在年会上通过协商和互动来共同决策，以使所制定的政策能够反映不同的风险观，使政策具有更广泛的代表性。例如，大学风险管理和保险协会在成员组成上也涉及多方利益相关者，其成员来自美国和世界上的各级各类高等教育机构和相关的公司，具体包括机构成员、附属成员、个人成员、荣誉退休成员和专业人员等。在 2010 年，协会执行了新的会费制度，它允许根据高校的学生规模吸纳高校代表，这样很多学院就可以在不增加额外费用的情况下增加协会的成员，从而可以使更多的人员参与到风险治理过程中去。

全国学院和大学商务官员协会的成员来源也非常广泛，包括机构成员、临时成员、辅助成员、附属成员、国际成员、退休成员、学生成员、营利性高等教育机构成员。其中，机构成员和临时成员是非营利性高等教育机构。辅助成员是与高等教育有关但非高等教育机构的组织，如博物馆、图书馆、仲裁理事会或机构、基金会或学会等。附属成员是除高等教育以外的其他教育阶段的相关机构、协会或组织。国际成员是在美国、加拿大和墨西哥以外的与高等教育有关的机构、协会和组织。退休成员是指对高等教育经济和财务管理感兴趣，从协会的成员机构退休且不领工资，或作为高等教育顾问的人员。学生成员是指当前正在一个已获认证的专业中攻读学位的学生。盈利性高等教育机构成员是指一个包含盈利性公司或机构的组织，主要提供中学后课程或资格证或学位。除了协会的各种成员，协会在运行时还吸收商业合作者的参与。所谓商业合作者是商业部门的盈利性组织、公司和个人，他们如果对高等教育感兴趣就可以申请成为协会的商业合作者。商业合作者对协会的活动进行有限的参与，旨在促进协会目标的达成，对协会的有效运转可以发挥重要作用。可见，全国学院和大学商务官员协会作为一个风险治理组织，与大学风险管理和保险协会一样，其成员组成涉及多方利益相关者，并吸收了商业部门的组织和人员参与组织工作，这样不但教育领域的相关组织可以进行有效地交流和互动，教育部门和商业部门之间也能形成良好的交流机制，有利于利益相关者之间的资源共享，促进风险治理目标的实现。

在年会做出的关于创新风险治理的大政方针的指导下，教育行政人员创新风险治理组织的决策机构负责更加具体的决策，它对于创新风险治理的意义也非常重大，这便要求创新风险治理组织具有完善的人事选举制度。以全国学院和大学商务官员协会为例，该组织的决策机构是董事会。董事会里一共有 12 名董事，是由 4 个地区性协会通过投票的方式从成员机构中选出的，每个地区性协会要选出 3 名董事。董事选出后要由协会会长或地区性协会的秘书向全国性协会的秘书书面确认被选出董事的名字、候补者的名字，以及哪个候补者对应哪个董事。想要免除一个董事的职务需要董事会 2/3 投票通过才行。董事会中还包括 9 名自由董事，这些人要从协会的执行治理委员会（Executive Governance Committee）提交的候选人名单中选出。董事会主席和副主席也要从成员机构中选出，而董事会的前主席在任期结束后的一年中要继续担任自由董事。在一般情况下，协会的会长也可以参与董事会，他拥有投票权，但在董事会主席的要求下可以不出席董事会议，或董事会议的一部分。可见，协会的董事会成员完全由成员机构中的商务官员组成，且能够代表协会所涉及的各个地区，这样就能保证协会的相关决策能够体现成员对创新风险问题的普遍认识，真正在创新风险治理方面发挥实效。

除了协会会长和财务官以外，协会官员皆由董事会从现有董事会成员里选拔，包括董事会主席、副主席、秘书和其他董事会认为必要的官员。协会官员皆在董事会的春季会议中被选出，如果春季会议无法举行选举，则要尽快在方便的时间进行选举。所有被选出的官员的任期都是一年，新官员要在协会年会结束时就职，如果其任期开始时没有这样的年会，他便要在 8 月 1 日就职。除了协会会长和财务官以外，任何官员不得连任 3 年，但每个官员都要在新官员被选出来后才能离任。如果董事会认为由于协会利益的要求需要解除某个官员或代理人的职务，并获得了多数票通过，该官员或代理人的职务就可以被解除。如果某个官员职务由于前任的死亡、辞职、免职、取消资格或其他原因而出现空缺，董事会可以填补这一空缺直到前任的任期到期。

（二）进行风险决策

有关教育行政人员创新风险治理的决策要在教育行政人员创新风险治理组织的各项会议中进行。以大学风险管理和保险协会为例，该组织为了完善风险治理的决策程序，在组织的章程中详细规定了协会成员的会议制度。根据章程，协会成员的会议有年会、常务会议和特别会议几种形式，无论是哪种形式的会议，在开会前都要发布会议通知，告知开会的时间和地点。在任何会议中进行投票表决时，有权投票的成员可以亲自投票也可以授权代理人投票，且只要多数票超过 1/3，就可以通过一项决议，除非法律或章程要求更高的投票数。此外，如果协会直接给有权投票的成员发去了选票，要求其就某一事项进行投票，且支持率超过了 80%，则即使不召开任何会议也是可以的。[14]

在教育行政人员创新风险治理组织制定的各项创新风险治理政策中，战略规划是一类较为重要的政策，它是组织通过分析运营环境，根据组织目标制定的最高管理层的计划，是组织制定其他创新风险治理政策和对组织进行管理的依据。在 2010 年 3 月，大学风险管理和保险协会的董事会评审了协会的当前目标，并制定了未来的战略规划。在新的战略规划里，协会确定了三个新的战略重点，即促进与其他相关组织的交流与合作、促进与世界各国风险管理者的交流与合作、促进成员之间的交流与合作。适应所确定的战略重点，协会组建了三个委员会或特别小组来执行相关领域的任务，即协会联盟委员会（Inter-Association Alliances Committee，简称 IAAC），旨在通过与其他相关组织建立合作与联盟关系来提高自己的声望，而它欲与之合作的组织必须是在高等教育风险管理领域有一定影响力的组织；全球特别小组（Global Task Force），旨在与世界各国的风险管理者建立交流网络，同时为他们提供管理全球风险的资源；知识管理特别小组（Knowledge Management Task Force），旨在继续建立网站和在线资源库，让成员能够更好地获得及时、有效的资源，并鼓励成员之间的交流。总的来说，协会所制定的战略属于组织战略，主要解决组织未来的发展方向和工作重点问题，对组织运行其纲领起指引作用。通过考察该战略可以看出，协会与其他相关组织建立联系的方式除了建立正式的战略伙伴关系，主要的形式是召开和参加会议，由此可见协会与其他组织的合作关系是比较松散的，并没有以一定的组织结构来巩固这种合作，这一方面说明了教育行政人员创新风险问题的复杂性，另一方面说明对教育行政人员创新风险的治理还有很大的发展空间。

---

14 University Risk Managemebt and Insurance Association. BYLAWS OF UNIVERSITY RISK MANAGEMENT AND INSURANCE ASSOCIATION, INC. (R/OL). https://www.urmia.org/_assets/documents/URMIABylaws.pdf, 2011-03-22/2011-07-14.

为了提高协会与相关组织的合作水平，增进组织的服务效能以帮助协会成员机构更好地在本校进行风险管理，全国学院和大学商务官员协会在 2010 年 7 月 23 日发布了《NACUBO 长期战略规划（2011-2013 财年)》(NACUBO Long-Range Strategic Plan FY 2011-FY 2013)。该战略规划确定了未来的 3 个战略目标，其中第三个战略目标与风险治理的联系较为紧密，即要发现高等教育面临的新挑战，并为其解决未来的问题提供更多的帮助。为了实现这个目标，协会确定了 6 项优先工作，它们是：[15]

1. 利用已有的数据并进行新的研究来发现和发布相关信息，使高校能够知道未来高等教育可能面临的问题；

2. 发现商务官员未来可能需要的新技术；

3. 促进高等教育机构领导者之间的交流和互动，共同探讨可能会影响高等教育未来的问题；

4. 开发新工具和新模式来分享资源和服务；

5. 开发连续性规划机制来帮助应对可预见的首席品牌官／首席商务官的人事变动；

6. 加强与其他高等教育协会、商业合作者或其他单位的合作。

以上的 6 项优先工作主要是从发布信息、开发新技术和促进行政人员交流等几个方面来帮助高校中的教育行政人员发现和应对工作中包括创新风险在内的各种风险，为了实现这个任务，协会还在战略规划中还制定了一些措施以提高协会与相关组织的合作水平，增强协会的创新风险治理能力。

大学和学院董事会协会主要关注董事会相关人员的创新风险治理问题，它不仅在作为中心组织的大学风险管理和保险协会建立起来的网络组织中占有一定的地位，而且还致力于在自己主要关注的领域中发挥主导作用。协会也注重运用战略管理的方式来协调协会和其他风险治理组织以及大学之间的关系。以协会制定的 2006 年到 2011 年战略规划为例，协会在 2005 年的时候就由董事会批准了长达 12 个月的战略规划过程，期间注重吸收多方利益相关者参与战略规划的制定，邀请了 800 多名教育实践工作者、高等教育学术带头人、协会成员、董事、职员和其他相关人员就协会的承诺、挑战、

---

15 National Association of College and University Business Officers. NACUBO LONG-RANGE STRATEGIC PLAN FY 2011 – FY 2013 (R/OL).
http://www.nacubo.org/Documents/about/NACUBO_LRSP_FY2011_2013.pdf, 2010-07-23/2011-07-08.

未来等一系列事项进行了交流和对话。制定战略规划的目的是引领协会的发展，巩固协会作为高等教育治理的主要信息源和倡导者的地位，而这与协会服务于高校的董事会成员，帮助他们克服高校治理中的创新风险的重要任务是一致的。

选择这个时候制定新的战略规划是为了应对当时高等教育领域面临的新风险，即公共信任的危机。公众对高校管理的不信任使高校中的董事会面临着更大的责任压力，包括校长选聘、支出和价格、教育质量和信用监督等。这些压力迫使董事会创新工作方式，付出更多的努力，具有更大的独立性，更加关注和了解他们的责任，而这些都使董事会的工作面对更大的风险。为了帮助高校的董事会应对创新活动中的风险，满足其变化了的需要，董事会决定制定新的战略规划，作为创新风险治理的基本政策。

通过针对多方利益相关者组织的小组讨论、调查、访谈、制定白皮书、自评和结构化对话等活动，协会制定了战略规划的蓝图，具体战略优先工作涉及以下几个方面：[16]

优先工作一：协会将制定和执行一个完善的研究计划，帮助协会为成员提供更好的服务，将协会打造成高等教育治理的主要信息源。

关键项目：（1）促进研究活动，为协会的交流、出版和项目提供信息和最新的数据；（2）每年出台以研究为基础的关于治理的报告；（3）打造一支高级学者队伍，让他们代表协会，通过研究、著述和发言提高协会的知识、经验和信度。

额外的战略目标：（1）改进网站和英果资源中心（Zwingle Resource Center），使成员能够更容易地获取信息；（2）制定相关战略，从成员和其他人那里收集关于治理的反馈信息；（3）成立 AGB 出版社来出版和推广协会的研究，提高协会出版物的知名度。

优先工作二：通过推出新项目和服务，和加强已有的项目和服务，使协会的成员受到高度评价，并对大学和学院董事会和校长具有重要意义。

关键项目：（1）精心选择一所高质量的私立大学，与之合作建立治理研究所，从而为校长和管理者提供一系列项目：开办一所校长专科学校，为其

---

16 Association of Governing Boards of Universities and Colleges. A BLUEPRINT FOR AGB (R/OL).http://agb.org/system/files/u3/Blueprint_for_AGB.pdf, http://agb.org/system/files/u3/Blueprint_for_AGB.pdf, 2006-08/2012-03-27.

提供关于治理、财务和相关课题的培训项目；为新校长提供关于治理的培训项目；为董事会成员开办关于治理的讲习班；从事关于高等教育治理的研究；（2）提供咨询服务，提高现有董事会教育项目的灵活性；（3）为协会制定和执行新的交流战略，利用纸质和电子交流工具提高协会的知名度，提高成员身份的价值，加强信息传输，为当前和未来的成员以及其他重要机构提供及时、有用的信息。

额外战略目标；（1）为高质量院校的董事会提供特殊项目；（2）为公私机构的成员制定年度短期会议时间表；（3）在协会已有一定基础的工作基础上，改进协会的项目、服务和研究计划；（4）通过开发新的项目和改进协会的研究日程，拓展英格拉姆公共信托和治理中心（Ingram Center for Public Trusteeship and Governance）的工作；（5）为需要迅速、保密电话咨询的校长和董事会主席创造和推广"呼叫"服务；（6）通过网站、英果资源中心和电子交流工具为成员提供免费的、有价值的信息；（7）保证《信托》（Trusteeship）杂志始终是治理领域的主导性协会出版物，通过使其更加及时、内容丰富、能够回应当前需要、关注新问题和趋势，而使之更好地服务于成员的利益；（8）继续加强全国信托会议（National Conference on Trusteeship），使其能够更好地为成员服务，使其出席人数和声誉都能够不断增长。

优先工作三：协会将成为学院和大学公民信托的全国性倡导者。它在高等教育治理的相关问题上能够与州和联邦的政策制定者进行有效地对话。

关键项目：（1）建立和使用 AGB 受信托人倡导网（AGB Trustee Advocacy Network）来解决与协会使命相一致的公共政策问题；（2）与有利于改进协会公共政策议程的组织和协会建立合作伙伴关系；（3）改进 AGB 美国高等教育校长状况特别小组（AGB's Task Force on the State of the Presidency in American Higher Education）的建议，让州公共政策制定者加强公共信托制度的建设。

额外战略目标：（1）监督州和国家影响高等教育治理的立法、政策变化和公共对话；（2）利用英格拉姆中心促进协会的信托改革日程，使之向目标进一步迈进，并在必要时与其他组织合作；（3）广泛传播协会的董事会关于问责的声明，让高校的董事会了解其内容、目的和与协会董事会网络工作的相关性。

优先工作四：加强协会的内部运行和实践，保证整个工作计划的成功。

关键项目：改革协会的组织结构，使协会的功能领域与战略目标相一致。

额外战略目标：（1）促进协会内部的交流、创新和问题解决，以使前三个优先工作能够成功完成；（2）保证协会拥有多样化和有能力的职员，且他们要与协会的核心价值相一致；（3）继续在收取费用和提供服务之间寻找合理的平衡点，在保证协会必要收入的前提下保持对成员需要的敏感性。

可见，协会的战略规划是一种组织规划，它旨在为协会的长期发展指明方向，并通过确定优先工作和具体措施来保证战略目标的实现。战略规划对协会内部各部门来说发挥了指引作用，它通过协调内部各部门的工作，提高协会的服务质量保证协会的发展与战略目标一致，从而增强协会治理相关教育行政人员创新风险的效能。就协会的外部环境来说，加强与其他组织的合作也是协会的战略重点，这种合作不但包括与地位相同的创新风险治理组织的合作，还包括努力影响政府和公众，监督国家和州相关立法和政策的变化，以使政府行为和公众舆论朝着有利于协会工作的方向发展，为协会治理教育行政人员创新风险营造良好的环境。

（三）风险治理措施的实施

教育行政人员创新风险治理组织所采用的风险治理措施类型多样，包括提供信息资源、组织交流活动、推出研究和教育项目、给予奖励资助等。

1. 提供信息资源

教育行政人员创新风险治理组织通常会在网站上发布与创新风险治理有关的信息资源，或通过咨询的方式提供相关信息，具体包括学术资源、法律政策、标准工具和成员通讯录等。这些信息能够为高校行政人员的创新活动提供参考，提高其创新活动的成功率。例如，大学风险管理和保险协会的网站上会为成员提供许多信息资源，如网上图书馆、相关调查、各种出版物、成员观点、政府的政策和法规、就业信息、成员通讯录等。全国学院和大学商务官员协会除了提供一些研究报告、书籍和杂志等，每年也要在相关法律的要求下以规定的格式发布年度报告，介绍协会的名称、注册办公室的地址、注册代理人、董事和官员的名字、协会正在处理的事务的简介等。大学和学院董事会协会也为成员提供很多信息资源服务，例如出版杂志、书籍和报告，如《信托》（Trusteeship）杂志、《评估校长的有效性：学院＆大学董事会指南》（Assessing Presidential Effectiveness: A Guide for College & University Boards）、《高等教育校长的继任规划》（Succession Planning for the Higher Education Presidency）、《技术背景：学院和大学董事会要考虑的 10 个问题》（Contexts for Technology: 10

Considerations for Governing Boards of Colleges and Universities）等；开辟知识中心，即在 2011 年秋天在协会网站上开辟的一个版块；提供董事会教育和咨询服务（Board Education and Consulting Service，简称 BECS），包括讲习班、当面咨询和电话咨询三种方式，旨在帮助公私立大学和与高校有关的基金会应对治理方面的挑战；提供参考数据服务，即一个在线的互动工具，允许订购这种服务的成员获得其他相关机构的可比性数据。

除了针对"创新"提供的信息资源，教育行政人员创新风险治理组织还会针对"风险"，提供一些风险评估标准和工具，帮助教育行政人员及时发现和应对创新活动中的风险。例如，全国学院和大学商务官员协会为了帮助相关人员提高审计效力，推出了"风险评估标准工具"（Risk Assessment Standards Toolkit），来评估大学的一般管理和财务管理中的风险，及时发现和应对由于教育行政人员的创新活动以及其他活动造成的财务风险。该工具由国富浩华律师事务所（Crowe Horwath LLP）开发，其目的是帮助人们理解和使用在审计领域具有权威性的"审计标准声明"（Statements on Auditing Standards）。"风险评估标准工具"的服务对象有董事会、审计／财务委员会、管理者、会计、内部审计员，以及负责建立和评估内部控制系统的相关人员，它所起到的是一个框架的作用，使相关审计人员在审计时能够发现错报风险，并促使其关注错报风险最大的领域。"风险评估标准工具"在设计上具有很大的灵活性，它包含五个层次的评估工具，高校可以根据实际任务的难度和目标的高度，自由决定选择使用哪个层次的评估工具。这五个层次的评估工具具体如下：

（1）评审检核表。《风险评估标准工具》可以仅仅作为一个检核表或参考标准使用，适用于简单的控制程序；

（2）记录控制。第二个层次的工具是一个工作单，它所起到的是一个模板的作用，帮助高校根据《审计标准声明》的规定记录其内部控制情况；

（3）评价设计。一旦高校的内部控制系统被记录了下来，管理者就可以评价内部控制系统的设计是否合理，也就是评估内部控制系统的设计是否符合规定的目标；

（4）执行证明。一旦管理者认定内部控制系统的设计是合理的，接下来便要通过证实程序证明内部控制制度得到了事实上的执行。另外，管理者还要考虑是否为外部评估提供了适当的支持和材料；

（5）检测执行有效性。在最后一个层次，管理者要集中检测内部控制系统，以确定其运行是否有效。

为了增进内部控制系统评估的有效性，高校的管理者在自评过程中可以考虑与其他内部人员合作，以在评估过程中获得更加客观的反馈。另外要注意的是，《风险评估标准工具》只适用于高校的自评，高校的外部审计员则有自己的评估程序，也包括评价内部控制系统的设计、执行和效果等几个方面。

此外，为了应对教育行政人员以及其他人员的创新活动为高校的人员和基础设施带来的风险，全国学院和大学商务官员协会还推出了"ASME-ITI 高等教育风险标准"。该标准是美国机械工程师协会（The American Society of Mechanical Engineers，简称 ASME）的创新技术研究所（Innovative Technologies Institute, LLC）开发的，其依据是在风险管理领域具有权威性的"重要财产保护的风险分析和管理程序+"（Risk Analysis and Management for Critical Asset Protection (RAMCAP) Plus® process），并获得了美国国家标准学会（American National Standards Institute）的正式认可。该标准主要是提供一套完整、健全的方法来发现、分析和处理学院和大学校园中的自然和人造风险。[17]这里所说的人造风险是指由高校中人的活动引起的风险，其中也包括由教育行政人员的创新活动所引起的风险，旨在帮助他们评估资产，发现威胁，分析损失的可能性及结果，促进校园中的人们对风险问题的交流，并作出应对风险的决策，从而起到创新风险管理工具的作用。

2. 组织交流活动

教育行政人员创新风险治理组织还通过召开各种会议来为成员创造交流的平台，使成员通过讨论和互动丰富对管理创新的认识，从而更好地解决管理中的问题，减少创新活动中的风险。以大学风险管理和保险协会 2010 年召开的第 41 届年会为例，会议的主题是"跨越风险之河"（Bridging the Rivers of Risk），它为成员提供了很多教育和交流机会，并在以下方面表现出了许多突出之处：

（1）60 多场分组会议发言，30 场分组会议和 4 场及时性一般会议。

（2）1 场会前讲习班，主要是提供高等教育风险管理的简介，并指导人们如何在当前的经济环境中进行风险管理。

（3）提供许多建立网络的机会，创造持久的关系，并与高等教育风险管

---

17 National Association of College and University Business Officers. New Risk Analysis Standard Available (EB/OL).
http://www.nacubo.org/Business_and_Policy_Areas/Risk_Management/Risk_Manage ment_News/New_Risk_Analysis_Standard_Available.html, 2010-10-06/2011-10-08.

理领域的同事分享问题和解决办法。

　　（4）成功开展了第三届志愿者活动——URMIA 在关注（URMIAcares），主要服务于四个慈善组织。

　　大学和学院董事会协会也通过举办会议和讲习班的形式为成员搭建交流的平台，如"全国信托会议"（National Conference on Trusteeship），该会议每年春天举行，参会人数平均每年 800 名，主要关注与治理有关的问题和挑战，以促进相关人员的合作；"独立学院和大学董事会主席和校长学会"（Institute for Board Chairs and Presidents of Independent Colleges and Universities），这是一个很受欢迎的研讨项目，旨在帮助高校的领导团队成员加强联系，进一步提高对高校的治理水平；"基金会领导论坛"（Foundation Leadership Forum），这是一个年度计划，旨在为基金会会长、基金会董事会主席、委员会主席和其他董事会领导者提供交换思想和寻找典型做法的机会，以提高基金会董事会的治理水平；"董事会专业人员讲习班"（Workshop for Board Professional Staff），该活动与全国信托会议同时举行，主要为董事会专业人员设计，旨在为他们提供帮助、信息和专业发展机会。[18]

　　3. 推出研究和教育项目

　　针对教育行政人员创新活动中的具体问题，教育行政人员创新风险治理组织还会推出一些研究和教育项目，帮助教育行政人员深化对相关问题的认识，提高管理创新能力。如全国学院和大学商务官员协会每年都会推出针对高等教育商务官员的基础、中级和高级课程，以促进这些教育行政人员的专业发展。在众多课程中有许多是关注教育行政人员的创新能力的，从而能够使他们更好地应对创新活动中的风险。例如，一门名为"CAO／CFO 合作：在经济困难时期有效地工作"的课程主要是帮助首席商务官员（chief financial officer，简称 CFO）在经济困难时期创造性地与首席学术官员（chief academic officer，简称 CAO）合作，这是因为面临经济危机，教育行政人员和学术人员只有对当前的情境达成共识，能够形成共同的目标和战略，才能很好地应对所面对的挑战。经济危机不仅仅是给高校的正常运转带来威胁，还能够为高校创造创新的机会，而是否能利用这个机会则取决于商务官员与学术人员建立创造性的合作关系。全国学院和大学商务官员协会开设的这门课程就是

---

18 Association of Governing Boards of Universities and Colleges. Conferences and Workshops (EB/OL). http://agb.org/conferences-and-workshops, 2011/2012-03-27.

要帮助他们建立这种关系。另一门课程名为"思想领导者项目"，该课程也是帮助高校中的首席商务官员应对高等教育所面临的不断变化的环境。该课程主要是让高层领导者接触相关的权威资源和专家，使他们能够丰富自己的知识，反思已有的观点，并受到启发开展一些具有创新性的活动，从而引领高等教育的变革，开创新的前进路径。[19]

大学和学院董事会协会也发起了很多研究和教育项目，主要侧重于三个方面，即董事会治理、高校治理，以及国家和州的治理和公共政策。其具体项目包括"学生成功治理项目"（Governance for Student Success Project），主要关注董事会在与校长和合作时的角色，以及如何才能更好地满足国家的教育需要；创立"英格拉姆公共信托和治理中心"，主要是通过与州政府和高等教育协会建立伙伴关系、进行政策分析和研究、直接与协会的成员董事会和校长进行合作来提高公民治理委员会和基金会的有效性，加强州政府与公立高等教育的合作；[20]与与高校有关的基金会合作，为基金会会长和董事会主席志愿者提供一系列项目，包括范围广泛和结果导向的教育计划、资源和服务，以加强基金会的治理能力。[21]

4. 给予奖励资助

教育行政人员创新风险治理组织经常会推出一些奖项，通过为成员高校及相关的教育行政人员的创新行为提供支持，帮助其应对创新活动的经济风险。以全国学院和大学商务官员协会的创新奖（NACUBO Innovation Award）为例，该奖项旨在奖励不同类型的高等教育机构在商业和财务管理方面的创新成就，具体包括两个方面，第一是过程改进，即认可高等教育机构在过程管理方面的创新性行为，促进其开发新的管理项目，根据本校的需要改进管理服务活动；第二是资源改善，即认可高等教育机构在资源管理方面的创新型行为，促进其根据本校的需要减少成本，提高收入或提高生产力。[22]

---

19 National Association of College and University Business Officers. Course Descriptions (EB/OL). http://www.nacubo.org/Events_and_Programs/Course_Descriptions.html, 2011-10-09/2012-03-27.

20 Association of Governing Boards of Universities and Colleges. Advancing the Integrity and Vitality of Higher Education Governance (R/OL).
http://agb.org/sites/agb.org/files/u3/AGB_Annual_Report_2010.pdf, 2010/2012-02-13.

21 Association of Governing Boards of Universities and Colleges. Centers and Initiatives (EB/OL). http://agb.org/centers-and-initiatives, 2011/2012-02-13.

22 National Association of College and University Business Officers. Innovation Award (EB/OL).http://www.nacubo.org/Membership_and_Community/NACUBO_Awards/In

第三节　学生创新风险治理组织的协调决策执行机制

一、治理结构

（一）网络型外部治理结构

以全国学院发明家和创新者联盟（National Collegiate Inventors and Innovators Alliance，简称 NCIIA）为例，该组织成立于 1995 年，旨在通过鼓励美国高校中的发明、创新和创业教育，为相关课程的开发提供资金，支持卓越和创业小组，扶持学生、教师和工业导师组成的多学科团队等活动推进高校中的技术创新和创业行为，以为高校中的学生创造好的学习机会，同时也促进有社会价值的企业的成功。

NCIIA 的成员包括美国的 200 多所大学和学院，它每年帮助 5000 多个学生和教师创新者和创业者将其创意商业化。NCIIA 的主要支持者是杰罗姆．勒梅尔森及其家庭创立的勒梅尔森基金会（Lemelson Foundation），除此之外，NCIIA 的其他支持者还包括梅耶纪念信托基金会（Meyer Memorial Trust）、奥林巴斯公司（Olympus Corporation）和国家科学基金会（National Science Foundation）等，这些利益相关者以 NCIIA 为中心组成了一个治理学生创新风险的网络型结构。（见图 10）

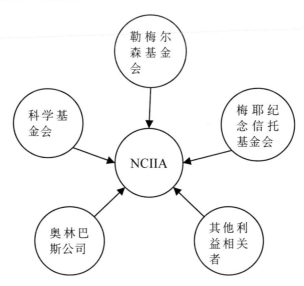

图 10　学生创新风险治理组织中协调决策执行机制的外部治理结构图

novation_Award.html, 2010/2012-02-13.

勒梅尔森基金会的使命是通过资助发明、创新及相关活动改善人们的生活，其资金发放由基金会的董事会、国际顾问委员会和其他顾问共同决定。基金会的创始人勒梅尔森认为，向年轻人传授发明、创新和创业的相关知识是培养新一代创新者的最有效途径，这能够促进开发新产品、创造就业机会、加强国民经济，并促进全球重大问题的解决。为此，勒梅尔森基金会的主要工作分为了三个部分，即"从课堂到现实世界"、"从工厂到市场"和"从市场到个人生活"。其中"从课堂到现实世界"与大学生的创新活动联系最为紧密，它主要是通过为学生提供科学、技术和实际操作学习机会来培养未来的发明家。[23]

梅耶纪念信托基金会是 NCIIA 的另一个资助者，它原名为弗雷德.G.梅耶慈善信托基金会，其创立者是已故的弗雷德.G.梅耶，他曾经以他的名字在西北太平洋地区建立了连锁零售店。在 1978 年梅耶故去那年，他建立了一个慈善信托基金会，并将弗雷德.梅耶有限公司的 200 万美元的股权捐赠给了基金会。现在基金会和公司已经没有任何关系了，因此它在 1990 年改名为梅耶纪念信托基金会，以示二者的区别。[24]梅耶纪念信托基金会的资助范围是较小的，仅限于俄勒冈州和华盛顿州的克拉克县，旨在对人们进行资助，以使其创新观念和努力为该地区带来社会效益。基金会的基本价值观之一是希望人们能够学习、发展和创新，因此它在投入时倾向于那些有风险，但有潜力提高人们的生活质量的创意和活动，[25]因此对学生的创新活动进行资助也在其工作范围之内，这使它也成为 NCIIA 的一个投资者。根据梅耶先生的意愿，基金会的领导机构是一个五人的董事会，负责基金会的政策、资产和资助活动。董事会成员是终身制的，除非有人辞职，否则一直在任。如果有董事会席位出现空缺，便由其他董事负责将空缺补上。董事会主席的人选两年一换届，新的一届任期从新财年的 4 月 1 日开始。[26]

奥林巴斯公司是一个企业组织，但它在运作时非常关注社会公益事业，

---

23 Lemelson Foundation. Mission-The Lemelson Foundation is dedicated to improving lives through invention (EB/OL). http://www.lemelson.org/index.php, 2010/2012-03-27.

24 Meyer Memorial Trust. History (EB/OL). http://www.mmt.org/history, 2011-09-05/2012-03-20.

25 Meyer Memorial Trust. Mission and Values (EB/OL). http://www.mmt.org/mission-and-values, 2011-09-04/2012-03-27.

26 Meyer Memorial Trust. Trustees (EB/OL). http://www.mmt.org/trustees, 2011-09-05/2012-03-13.

将自身看作是社会的一部分，致力于分享社会认同的价值观，并通过努力创造新价值来帮助全世界的人们过上更加健康和满足的生活。[27]

国家科学基金会是美国唯一一个资助基础研究及相关活动的联邦机构，它是国会在 1950 年创立的，目的是"促进科学的进步；增进国民的健康、富足和福利；保证国防事业"等。基金会在 2010 年的年度预算是 69 亿美元，资助了美国的大学和学院中大约 20%的联邦支持的基础研究。在数学、计算机科学和社会科学领域，基金会是联邦科研项目的主要经济来源。除了资助传统学术领域的研究，基金会还支持"高风险、高投入"的创意、创新性的合作活动以及其他各种开创性的项目。此外，基金会还注重将研究和教育结合起来，通过今天的革新活动来培养明天的顶级科学家和工程师。在组织结构上，基金会类似于一个大学，其领导机构是全国科学理事会，相当于大学的董事会，行政机构是基金会会长和副会长领导的各个行政部门，以及总监察办公室这个独立于行政机构，直接向全国科学理事会负责的部门，下面又分设多个投资部门或办公室负责科学、工程学，以及科学、数学、工程和技术教育。[28]

综观学生创新风险治理组织的协调决策执行机制的外部治理结构，这一结构成网络型，其各个网络节点包括了第三部门组织、企业和政府部门等多种类型的组织。这些不同类型的组织是在共同的目标的指引下聚在一起的，它们都对高校学生的创新活动感兴趣，而为了帮助学生的创新活动降低风险，它们各自的资源优势只有整合在一起才能发挥更大的效用。由于不同组织之间的合作不能简单地通过领导和被领导的方式达成，因此它们便以资金为纽带联系成一个网络，为社会多方利益相关者共同治理学生创新奠定了组织基础。

（二）金字塔型内部治理结构

学生创新风险治理组织的内部治理结构一般也是金字塔型，即最顶层是董事会或理事会，负责制定创新风险治理政策；中间层是执行机构，负责执行决策机构所制定的政策，保证创新风险政策的实施；最底层是各个成员机构，它们的代表会自动成为决策机构的成员，代表所在机构共同协商制定组

---

27 Olympus Corporation. Corporate Philosophy (EB/OL).
http://www.olympus-global.com/en/corc/profile/philosophy/, 2011-09-05/2012-03-13.
28 National Science Foundation.Proposal and Award Policies (R/OL).
http://www.nsf.gov/about/how.jsp, 2010-05-28/2011-09-05.

织的政策。然而，也由一些小型的或组织较为松散学生创新风险治理组织并没有这样完备的组织结构，它只有金字塔的最顶层——决策机构，即由各方利益相关者组成一个委员会，共同对相关问题进行探讨，并达成协议，然后由这些利益相关者分工执行各自的任务。

二、各要素之间的关系

在组织与外部相关组织的关系方面，它们之间一般是一种支持和合作关系。例如，NCIIA 为了推动工程学本科生的创新和创业活动，于 2011 年 9 月在斯坦福大学工程学院建立了一个工程创新中心。这一合作活动受到了国家科学基金会的科学、技术、工程和数学人才扩展计划（Science, Technology, Engineering and Mathematics Talent Expansion Program，简称 STEP）的支持，同时也是斯坦福技术风险投资项目（Stanford Technology Ventures Program，STVP）的重要组成部分。该中心是全国性的，主要通过创造和收集创新资源，并促进该资源在美国 350 个工程学院之间的分享，来刺激本科工程教育的变革，培养下一代的创新者和创业者。在该中心的运作过程中，NCIIA 发挥的作用巨大。由于它在全国范围内有着 200 多个成员高校，因此它可以打破与单个大学合作成立创新中心的局限，扩大活动的参与范围，将该中心提供的服务推广到全国各地。该中心的活动有着很好的推广价值，正如 NCIIA 的执行董事菲尔·维勒斯坦（Phil Weilerstein）所说："NCIIA 正在努力利用这一经验帮助大学在校园中建立创新文化，并支持工程学领域的学生和教师的创业活动。"[29]可见，NCIIA 与斯坦福大学工程学院的合作是一种通过变革工程教育，并为学生的创新活动提供支持的形式来提高学生的创新能力和创新意识，降低其创新风险。同时，这种合作行为还可借用 NCIIA 具有较多高校成员的特点，吸引更多高校的参与，扩大创新风险治理活动的影响范围。

在组织内部各部门之间的关系方面，它们是一种决策和执行的关系。即由董事会或理事会等机构进行创新风险治理决策，然后由执行机构执行相关政策。在一些规模较小或较为松散的组织，其内部并没有设立正式的执行部门，这时候执行创新风险治理政策的任务就落在了参与决策的个人身上，由

29　National Science Foundation. Engineering Innovation Center Brings Together Tools to Launch Future Entrepreneurs (EB/OL).
　　http://www.nsf.gov/news/news_summ.jsp?cntn_id=121178&org=DUE&from=news, 2011-07-25/2011-11-20.

他们凭借自己的力量或其自身所在单位的力量去执行组织的政策。

在组织与个人成员的关系方面，他们之间是一种相互依存的关系。一方面，组织需要为个人成员提供服务，帮助他们克服在创新过程中遇到的风险；另一方面，个人成员需要通过参与组织的各种会议，或在组织的各个部门任职，承担起组织的决策和管理工作，维持组织的顺利运转。

在组织内部个人成员之间的关系方面，他们是一种协商互动式关系。学生创新风险治理组织中的学生之间要在其参加的相关会议中形成对话和讨论关系。例如，在 NCIIA 的年会上，学生代表是重要的参与者，他们之间以及他们和教师及其他利益相关者之间通过对话和讨论增进对学生创新活动的理解，建立合作关系。年会上虽然并不会做出对利益相关者具有强制约束力的决策，但却可以促进他们对相关的问题形成共识，并在未来进一步指导他们的相关活动，起到学生创新风险治理的作用。

三、共同协调运行方式

（一）成立风险治理委员会

对于正式的学生创新风险治理组织来说，创新风险治理政策的制定者一般是组织的决策机构，如董事会或理事会等，这些部门在遇到与创新风险有关的问题时，会自动扮演起创新风险治理委员会的角色。还有一种情况是以政府、高校和企业等各部门的代表召开临时性的会议作为创新风险治理委员会，由他们来商讨有关高校创新风险的各种问题。这种会议往往缺乏正式的章程和规则，只是为社会各方利益相关者参与创新风险问题的治理提供一个契机，会议结论只具有参考价值而缺乏强制力。例如，在 2011 年 10 月 5 日，五个企业老总、7 个高校的领导、奥巴马总统的科学顾问约翰．霍德伦（John Holdren）、美国专利和商标办公室（U.S. Patent and Trademark Office）主任戴维．卡波斯（David Kappos）等人在华盛顿召开了一次会议，探讨如何通过促进创新来推动经济的发展。该会议由彭博新闻社（Bloomberg News）主办，由哈佛大学和经济圆桌团（Business Roundtable）赞助，体现了多方利益相关者对创新风险治理活动的参与。会上，各单位的代表从各个角度探讨了美国的创新问题，其中弗吉尼亚大学校长特蕾莎．沙利文（Teresa Sullivan）指出，美国的许多大学已经在运用垂直整合的方式实施创业教育，这种教育方式使学生从大一开始就接触有关创业和创新的理念。此外，许多大学还为学生营造了有利于创新的经济环境，这种环境鼓励学生创业，并且许多教师和研究生已经建立了一些小公司，并与美国的大型企业和跨国公司建立起了良好的合作关系。[30]鉴于此，沙利文指出不能仅仅通过一门课来培养学生的创新能力，而是要通过全方位的创业教育为学生提供更多的创业机会，帮助学生应对创新风险。

（二）进行风险决策

风险治理委员会的成立为人们进行风险决策奠定了组织基础。一般来说，正式的学生创新风险治理委员会都会制定完善的会议和投票程序，保证民主决策，使所制定的创新风险治理政策具有合法性和合理性。对于一些非正式的创新风险治理委员会来说，由于其所制定的创新风险治理政策强制性较低，一般只具备建议和指导的作用，因此它缺乏正式的会议程序，力求让利益相关者畅所欲言，通过对话和讨论提高人们的相关的创新风险问题的认识。

（三）风险治理措施的实施

1. 组织竞赛

竞赛能够激发学生的创新灵感，促进其更好地实施创新或创业项目，因此，NCIIA通过组织一些竞赛活动来推动学生的创新活动。这种竞赛活动对于学生创新风险治理的意义在于，它在高校之外为学生开辟了从事创新活动的渠道，分担了单由高校组织创新活动所面临的风险。此外，由于这些竞赛活动是教育中介组织组织的自愿参加的活动，不与升学和就业直接挂钩，从而削弱了创新风险对学生的影响，起到了风险治理的作用。具体来说，NCIIA现有的一些竞赛活动包括：

生物医学竞赛。NCIIA在2011年为大学生组织了两个年度生物医学工程竞赛，即生物医学创意竞赛和生物医学开端竞赛，前者针对所有的研究生和本科生团队，后者只针对本科生团队，其目的都是发现和认可学生创业小组开发的具有创新性和商业可操作性的医疗器械和技术。[31]

想象杯竞赛。NCIIA与微软公司合作支持技术发明新秀参加微软公司组

---

30 Bloomberg. Obama Aide Outlines Ways to Promote Innovation (Transcript) (EB/OL). http://www.bloomberg.com/news/2011-10-07/obama-aide-outlines-ways-to-promote-innovation-transcript-.html, 2011-10-07/2011-12-11.

31 National Collegiate Inventors and Innovators Alliance. Advance your project or career through these events (EB/OL). http://nciia.org/competitions, 2011-09-03/2012-03-27.

织的年度想象杯竞赛。想象杯竞赛是世界上最大的学生技术竞赛，主要是为学生提供机会，使他们可以利用自己创造力、热情和技术知识帮助应对全球性挑战，并为世界带来改变。在 2011 年的想象杯竞赛中，来自包括美国在内的 183 个国家和地区的 358000 名学生参加了竞赛。他们不但可以获得资金和奖牌，还可以获得真实的生活经验，交到新朋友，并为世界带来改变。[32]

英特尔国际科学和工程博览会竞赛。在英特尔国际科学和工程博览会（International Science and Engineering Fair，简称 ISFE）上，NCIIA 与英特尔公司合作开发了 11 个特别奖项，每个奖项 1000 美元，用来吸引来自世界各地的优秀科学家和发明者。2010 年的博览会有来自包括美国在内的 50 个国家和地区的学生参加，这些学生在参加总决赛之前都经历了当地的选拔赛，其获奖项目反映了各个国家不同的技术兴趣。[33]

创新展示竞赛。该竞赛是与美国机械工程协会（American Society of Mechanical Engineers，简称 ASME）合办的，主要是为优秀的大学生团队提供一个平台，让他们竞争种子基金，以将自己的创意商业化。学生除了要展示自己的技术创新成果和商业才干，还要在评委以及由成功发明家、工业专家、风险投资者和知识产权专家组成的观众面前说明其产品的商业可行性。

2. 提供资金支持

以 NCIIA 为例，该组织在勒梅尔森基金会（Lemelson Foundation）的支持下每年为美国高校的教师和学生技术发明者提供大约 200 万美元的资助，用来支持有积极社会影响的课程、项目、产品和创业活动。目前，NCIIA 已有的资助项目包括：[34]

高级卓越和创业小组资助计划。资助的最高额为 2 万美元，主要帮助学生将技术创新从想法转变为模型，并最终投放市场。该计划中的小组以学生为主，但也有教师和顾问的参与。小组要深入到企业中去，并在学校中开发新产品。在 2008-09 年，NCIIA 投放了 24 笔高级卓越和创业小组资金，总额达 39 万美元，涉及了大约 100 个学生。

---

32 Microsoft. What is the Imagine Cup (EB/OL). http://www.imaginecup.com/CompetitionsContent/WhatistheImagineCup.aspx, 2011-09-04/2012-03-27.

33 National Collegiate Inventors and Innovators Alliance. Intel ISEF (EB/OL). http://nciia.org/node/991, 2011-09-04/2012-03-06.

34 National Collegiate Inventors and Innovators Alliance. Grants (EB/OL). http://nciia.org/grants, 2011-09-03/2012-03-06.

课程和项目资助计划。资助的最高额度为 5 万美元，主要帮助教师加强已有的或开发新的课程，推动发明、创新和技术创业活动。具体来说，该计划支持创造性的教学方法，以组建卓越和创业小组，并将技术应用行为引入课堂内外。在 2008-09 年，NCIIA 向教师提供了 27 笔资金，总额达 50 万美元，既包括为期一年的资助，又包括连续多年的资助。

可持续愿景计划。资助的最高额度为 5 万美元，主要用来支持技术转化教育项目，促进突破性技术的开发和商业化，以使美国和海外的贫困人口获益。为了促进计划的运行，计划还推出了一个名为"可持续愿景创新实验室"的讲习班，帮助学生和教师提高创业的成功率；一个"可持续愿景教学实验室"，旨在提高人们的知识、教学和创业活动水平，更好地参与新兴市场中各种项目。

上述的资助项目有些是专门资助学生，帮助他们将自己的创新成果转化成现实的生产力，从而促进其创新能力的提高，降低创新成果转化的风险。还有一些资助项目虽然是针对教师的，但由于学生创新能力的提高与教师进行的教育密切相关，而这些项目主要是帮助教师提高创新教育和创业教育的能力，因此，它对应对学生的创新风险也能起到推动作用。

3. 创业支持计划

NCIIA 为学生提供创业发展培训和资源，以帮助他们推进其创意和创业活动，而无论其创新行为处于哪个阶段。目前，NCIIA 提供的资助和支持已经帮助 400 个学生小组开办了 130 家新企业，并筹集了 1.8 亿美元的额外投资。NCIIA 的创业支持活动类型多样，主要包括以下几个：

（1）学生大使活动。从 2011 年到 2012 年，NCIIA 在高校的校园中引入了 13 个学生大使，这些人都是杰出的学生创业家，[35]他们在校园中的工作包括：通过创建网络和开办活动，激励他们的同学成为大学中的创业者；鼓励他们的同学参见 NCIIA 组织的项目和活动；帮助他们的同学进行有社会价值的发明和创新活动。被选为学生大使的人也能享受很多好处，如可以获得在市场营销、计划开发、网络工作和项目管理等方面的宝贵经验，还可以被吸收进新的全国性项目。学生大使的年薪是 2000 美元，并有机会参加相关的会议和讲习班，如西南偏南互动活动、常在会议、CEO 会议和 NCIIA

---

35 National Collegiate Inventors and Innovators Alliance. NCIIA's Student Ambassadors 2011-12 (EB/OL). http://nciia.org/ambassadors2011, 2011-09-04/2012-03-27.

年会等。[36]

（2）发明到创业（I2V）和高级 I2V 讲习班。从 2003 年开始，NCIIA 与主办高校合作举办了持续一天的"发明到创造"（I2V）讲习班和持续四天的 I2V 讲习班。这些讲习班将大批学生和教师引入了技术创业领域，充分利用了学生和教师身上的创业资源。这些讲习班不但向学生和教师开放，还向商业界开放，不但为他们提供了实践性教育经验，还为他们提供了建立网络进行合作的机会。在 2009 年，NCIIA 在美国各大学共开办了 35 个讲习班，共有 2200 人参与。在 2009 年 5 月，NCIIA 还在明尼阿波利斯的克莱顿大学（Creighton University）举办了第一届生物科学高级 I2V 讲习班（BioScience Advanced Invention to Venture，简称 BAI2V），主要针对想把生物医学发明推入市场的创新团队，对于推动生物科学领域的创新活动，帮助相关的学生应对创新风险起到了积极作用。

（3）研究到创新讲习班。在国家科学基金会（National Science Foundation，简称 NSF）的资助下，NCIIA 举办了两个"研究到创新"培训班，主要针对 NSF 化学创新中心的计划中的研究生和博士后。培训班帮助参与者从技术转化的视角去看待他们做研究的科学，并考察在大学和学院中开展创新活动所能获得的资源。

（4）好好创业计划。该计划原名"全国学院发明家计划"，主要是支持 NCIIA 的其他计划中的较有潜力的创业项目。在 2009 年 1 月，该计划通过精心甄选，选出了 9 个创业项目进行扶持。为了帮助学生更好地进行创新，该计划还开辟了好好创业论坛。该论坛是一个年度活动，与 NCIIA 的年会同时举办，主要是邀请创业者加入由同行、顾问和投资者组成的网络，让创新团队和发明者就合作和未来投资的可能性进行协商。[37]

4. 组织交流活动

为了促进对学生创新风险的治理，NCIIA 还致力于建立网络，将美国各个大学和学院中技术创新和创业领域有新思想的人组织起来，促进其交流和

---

36 National Collegiate Inventors and Innovators Alliance. NCIIA Student Ambassadors program (EB/OL). http://nciia.org/studentambassadorsFAQ, 2011-09-04/2012-03-01.

37 National Collegiate Inventors and Innovators Alliance. NCIIA Annual Report FY2009 (R/OL). http://nciia.org/sites/default/files/NCIIA%20annual%20report%202009.pdf, 2009/2012-03-27.

沟通。具体来说，NCIIA 针对的机构包括：[38]具有积极的技术转化计划的科研机构、探索应用技术创新教学的学院、向学生传授创造性和实用性经验的工程学院和商业学院。为了在这些机构的人员之间建立合作关系，NCIIA 每年都要举办一次年会。以 NCIIA 在 2011 年举办的第 15 届年会为例，会议于2011 年 3 月 24-26 日举行，地点在华盛顿特区，主题是"开放2011"，有380个教师和学生参加了会议。[39]该会议旨在激励人们的创新行为，通过思想的交流与碰撞来丰富人们的创意，从而帮助各个创新团队更好地完成自己的创新项目，提高其创新活动的成功率。

第四节　协调决策执行机制的功能和优势

正如全国学院和大学商务官员协会会长约翰．沃尔（John Walda）所说，"我相信成功取决于使用新的方法、探索新的观点，并对创新不懈追求"，[40]美国第三部门的创新风险治理组织正是在用实际行动践行着它们创新风险治理者的角色。首先，由于高校创新主体会受到高校外部环境变化的影响，单个高校的创新主体由于受眼界的限制不一定能对环境中的风险因素进行准确的判断，这就需要创新风险治理组织通过收集和统和从各方面获得的信息，准确地识别出创新活动的环境风险因素。另外，高校创新主体的创新活动还会受到主体风险因素的影响，包括创新意识、认识和能力等。创新风险治理组织除了能够识别环境风险还能够通过评估、交流等途径识别高校创新主体在创新认识和能力方面的不足，从而使其在制定相应的创新风险治理措施时能够有的放矢。

利用协调决策执行机制进行创新风险治理的组织一般都以机构为会员，但其创新风险治理的活动一般都要直接作用于个人主体才能成功，如马萨诸塞技术转化办公室联合会的会员就是各高校及科研机构的技术转化办公室，

38 National Collegiate Inventors and Innovators Alliance. Network (EB/OL). http://nciia.org/network, 2011-09-04/2012-02-23.

39 National Collegiate Inventors and Innovators Alliance. Open 2011: NCIIA 15th Annual Conference (EB/OL). http://nciia.org/network/conference/2011, 2011-09-04/2012-02-23.

40 National Association of College and University Business Officers. Reaching New Heights in Chicago (EB/OL). http://www.nacubo.org/Business_Officer_Magazine/Magazine_Archives/September_2008/Reaching_New_Heights_in_Chicago.html, 2008/2012-03-27.

其主要目标是提高办公室的工作人员帮助教师进行创新成果转化的能力，实际上就是借助技术转化服务人员的手，来降低教师的创新风险。这种关注创新成果转化的机构会员制组织主要通过为组织中的个人成员提供服务来完成创新风险治理任务，例如，面对高校创新主体创新活动中的经济环境风险因素，创新风险治理组织会通过一些奖励为他们提供创新的经费支持，帮助他们降低创新的经济风险。面对高校创新主体缺乏创新意愿、正确的教育理念，对高校的组织运行机制、创新活动的本质和规律缺乏了解，以及创新能力不足等主体风险因素，创新风险治理组织通过各种教育和交流活动，提高他们的创新意识、认识和能力，减少阻碍创新活动的主体风险因素，提高其创新的成功率。在这里我们可以看出，利用协调决策执行机制进行创新风险治理的组织所推出的创新风险治理措施都是指导性和服务性的，这就决定了个人主体有较大的自主活动空间，他们是否接受组织的服务，接受组织的哪种服务，并在多大程度上接受组织的服务，在很多时候是能够由自己自由决定的。

第五章　美国高校创新风险治理的扶持和监督反馈机制

　　美国的很多高校创新风险治理组织都是会员制的，对于那些会员数量不是特别大的组织，它们可以采用金字塔型的内部治理结构来应对高校创新主体的创新风险，但如果会员的数量特别巨大，金字塔型的内部治理结构便难以容纳这些成员，因此需要利用分会型的内部治理结构来对组织的结构进行设计，而组织的内部治理结构的不同，则导致组织需要采用另一种创新风险治理机制——扶持和监督反馈机制帮助高校创新主体应对创新过程中的风险。美国高校中的创新主体包括教师、教育行政人员和学生，其中教师和学生数量庞大，是高校创新活动中的主要力量，因此以教师或学生为会员的高校创新风险治理组织便经常会运用扶持和监督反馈机制来治理创新风险。

第一节　教师创新风险治理组织的扶持和监督反馈机制

　　教师的创新活动对经济的增长影响巨大，但教师在创新活动中可能遇到的风险也不容忽视。能够引起教师创新风险损失的事件有很多，如创新失败、创新成果未能转化或学术自由遭到侵犯等等。在美国治理教师创新风险的组织中，关注其学术自由风险的组织在运行扶持和监督机制方面是较为突出的。这种组织包括专业组织和工会组织两类，这些组织中所存在的扶持和监督反馈机制对于捍卫大学教师的学术自由，化解他们所面临的学术自由风险起到了重要作用。

一、治理结构

治理结构是扶持和监督反馈机制发挥作用的基础。以教师学术自由风险治理组织为界，可将治理结构划分为外部治理结构和内部治理结构。美国的教师学术自由风险治理组织包括专业组织和工会组织两类，前者主要是出于提高教师队伍专业化水平的考虑而治理学术自由风险，后者则将学术自由看作是教师职业应享有的权利，出于维护劳工利益的考虑而治理学术自由风险。美国社会对教师学术自由风险进行治理的较为重要的专业组织是美国大学教授协会（American Association of University Professors，简称 AAUP），较为重要的工会组织是美国教师联合会（American Federation of Teachers，简称 AFT）。它们因其第三部门身份虽对于各大学不具有强制力，但由于其具有较高的权威性，其发表的声明和采取的行动对社会造成了较大的影响，甚至影响了司法部门的判决，因此对教师的学术自由风险发挥了治理者的角色。两个组织在学术自由风险治理的具体方式上虽然不尽相同，但就其治理结构来说是具有相似性的。

（一）网络型外部治理结构

外部治理结构是学术自由风险治理组织与政府、其他利益相关者之间形成的组织结构，该组织结构具有网络型特征。例如美国在学术自由风险治理历史上最有影响的专业组织是 AAUP（American Association of University Professors，简称 AAUP），其成立的目的是促进学术自由和大学治理，为高等教育确定基本的专业价值观和标准，并保证高等教育为公共利益作出贡献。[1] 它在进行风险治理过程中除了独自发起一些活动，还经常与其他相关组织合作，共同签署一些声明文件，以扩大其影响力。现在 AAUP 还积极与其他相关组织结成正式联盟，如校园自由交流联盟（Free Exchange on Campus）等，使学术自由的风险治理组织在结构上从单个组织发展为了覆盖广泛的网络组织（见图 11）。校园自由交流联盟的成员组织包括 AAUP、美国公民自由联盟、美国劳工联盟和工业组织大会、美国教师联盟（AFT）、美国图书馆联合会等 20 多个组织，其中除了 AAUP 这样的专业组织以外，还有进行学术自

---

1 American Association of University Professors. About the AAUP (EB/OL). http://www.aaup.org/AAUP/about/, 2011-08-26/2012-03-27.

由风险治理的工会组织，如 AFT。校园自由交流联盟的使命是倡导高校中的教师和学生倾听和表达思想的权利，使之不会受到政治和意识形态的干预。[2] 另外，由于政府也是学术自由风险治理的重要利益相关者，因此它与这个联盟一起形成了一个更加复杂的网络，扩大了组织的治理范围。

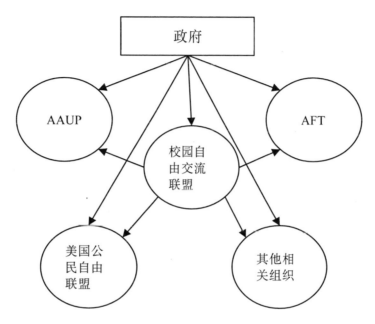

图 11　教师创新风险治理组织中扶持和监督反馈机制的外部治理结构图

（二）分会型内部治理结构

内部治理结构主要指教师学术自由风险治理组织的内部组织结构（见图 12），而无论是专业组织的组织结构还是工会组织的组织结构都呈现一种分会型结构。例如，AAUP 在许多高校都设有分会，这些分会一般都是由高校各院系的教师组成。然而高校中的分会和高校中的教授委员会等学术治理机构还是有区别的。高校各院系的学术治理机构要么是由全体教师组成，要么是由教师选出的代表组成，如果其组织良好，能够代表特定院系的教师的声音，而 AAUP 由于是一个全国性的组织，代表大学教师整体的利益，它的作用在于当院系的学术治理机构运行无效，或被行政部门越俎代庖时，可以帮助教师争取学术自由权利，改善该院系的正式治理结构。

2　Free Exchange on Campus. About Free Exchange on Campus (EB/OL).
　http://www.freeexchangeoncampus.org/index.php?option=com_content&task=view&i
　d=1&Itemid=2, 2006-02-15/2011-09-01.

AFT 也是一种分会结构。该组织是一个代表全体教师利益的工会组织，由 5 个部门组成，分别是 AFT 教师部、AFT 教辅专业人员和与学校有关的专职人员部、AFT 高等教育部、AFT 公共雇员部和 AFT 卫生保健部。在这几个部门中，专门负责高校教师事务的是 AFT 高等教育部，它由高等教育计划和政策委员会领导。高等教育计划和政策委员会的下属机构是各个地方分会，分会一般以工会的形式组织，即高校中的教育工作者自愿地组织在一起，其共同目标是改善其工作条件，并使其利益诉求能够影响到当政者和社会公众。工会的管理机构是由工会成员的核心人物组成的工作小组或"组委会"，由该组委会负责构建工会的组织结构，并领导组织中的积极分子走访他们的教师同事，鼓励他们参加工会。工会的组建是一个自下而上的行为，而不是自上而下的行为，也就是说基层的工会组织者需要主动与 AFT 联系，然后由 AFT 全国或州或地方的下属机构委派工作人员或官员帮助各个地方的相关人员组建工会。

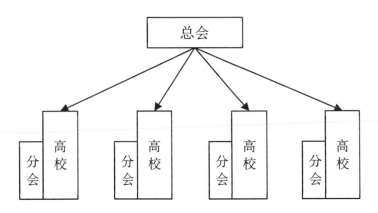

图 12 教师创新风险治理组织中扶持和监督反馈机制的内部治理结构图

然而，就总会本身来说，由于它需经常制定重要的学术自由风险治理政策，根据需要采取各种行动，因此它自身的组织结构需要保证组织有较高的决策和执行力。在各种组织结构中，较为传统的金字塔型结构有利于保证决策的执行，因此上述两种学术自由风险治理组织的总会本身的结构是一种金字塔型结构。以 AAUP 为例，该组织的最高权利机构是年会，它处在金字塔的顶端。在年会召开之前，AAUP 的秘书兼财务官要提前 30 天通知所有的成员，保证所有的成员都能够获得会议通知。年会的法定人数必须超过半数，以保证年会中做出的决议具有广泛的代表性。具体来说，年会的权力包括：

修改 AAUP 的章程；在专业问题上发表见解；审批理事会提出的建议；要求理事会就相关问题进行报告；提出行动建议，且在理事会同意后执行；如果理事会与年会发生分歧，负责做出最终决定。如果理事会不同意年会上的某个会议的建议，理事会须向年会报告不同意的原因，但该建议是否能够执行还是取决于年会。

　　AAUP 总会的决策机构是理事会，它处在金字塔的第二层，其任务是根据年会制定的大政方针作出相关决策，以实现 AAUP 学术自由风险治理的目标。具体来说，它的职责包括：在获得年会批准的前提下，决定年费的数量和支出管理规则，召开各种会议，并将缴纳总会和分会的会费作为获得成员资格的条件；管理 AAUP 的财产和财务，有权接受给 AAUP 的礼物；解释AAUP 章程的条款；提供 AAUP 的出版物；在理事会全体人员的监督之下任命秘书长、总顾问、财务助理以及其他高级官员和雇员，并决定他们的薪水；决定年会的时间、地点和具体活动，在必要的情况下召开特殊会议；授权组建 AAUP 的委员会；在 10 年内至少重新任命和分配一次成员。作为 AAUP的代表，每个理事会理事都要推动理事会和成员之间的意见交流，具体来说要接收成员、分会和州会议提出的各种建议，并将其提交给理事会，并且要成为各种会议的治理委员会的当然成员，只不过没有投票权。[3]

　　AAUP 总会的执行机构是执行委员会，它处在金字塔的第三层，负责执行理事会作出的学术自由风险治理决策。执行委员会在理事会的两次会议之间负责管理 AAUP 的各项事务，它的职责是承担理事会授权范围之内的工作，在特殊情况下还可承担上届理事会授权范围之内的工作。执行委员会成员包括 AAUP 会长、第一副会长、第二副会长、秘书兼财务官、上届会长、集体谈判大会主席、州会议联盟主席，以及从理事会被直接选举出的 29 个理事中选出的 4 个理事。这 4 名理事的选举要在年会和理事会会议之后进行，由理事会制定选举规则并选举。执行委员会一年至少开两次会，在必要时可以由会长或执行委员会的大多数成员召集其他会议，以对新出现的事宜进行商议。

　　执行委员会之下又有许多常务委员会处理协会的具体事务，它们是金字塔中的基层组织，负责从不同的角度，或针对不同类型的高校教师进行学术自由风险治理活动。这些委员会包括学术自由和终身聘任制委员会（A 委员

3　American Association of University Professors. AAUP Constitution (EB/OL). http://www.aaup.org/AAUP/about/bus/constitution.html, 2009-06-13/2011-10-29.

会）、学术人员委员会、认证委员会、学院和大学治理委员会、社区学院委员会、非终身制教师委员会、教师经济状况委员会、政府关系委员会、研究生和专业学位学生委员会、黑人高校和有色人种学者委员会、专业伦理委员会、退休委员会、性别多样性和性别角色委员会、教学、科研和出版委员会、女教师委员会等。这些委员会的成员由协会的会长任命，而协会会长则是这些委员会的当然性成员。[4]

除了常务委员会，AAUP 还有州会议联盟、集体谈判大会、特殊基金治理委员会、咨询委员会、协会事务委员会和特别委员会等。其中州会议联盟是一个州 AAUP 会议的母体组织，它在政府关系、学术自由和终身聘任制、成员发展和交流等方面为州的活动提供培训和帮助。[5]集体谈判大会是地方的 AAUP 集体谈判分会和附属机构的母组织，主要任务是开发和传播信息和资源，以支持 AAUP 分会的集体谈判活动，并组织其他活动支持高等教育的集体谈判。特殊基金治理委员会负责管理 AAUP 的学术自由基金、非终身制教师基金和法律辩护基金，具体包括决定基金的管理政策，为基金做宣传，提供基金的管理费用，以及批准基金的申请。[6]咨询委员会包括学术咨询理事会、AAUP 公报咨询理事会和诉讼委员会，分别就 AAUP 的杂志《学术》的栏目、AAUP 公报、相关人员遇到的法律问题提供咨询建议。[7]协会事务委员会主要帮助协会管理各种事务，包括协会投资委员会、审计委员会、选举委员会、选举投诉委员会、申诉委员会、协会历史委员会、部门间关系委员会、成员委员会、提名委员会、协会组织、分会和会议批准委员会等。[8]特别委员会只在特殊情况下组建，其持续的时间是有限的，要么是为了处理 AAUP 常务委员会职责范围之外的事情，要么是因为需要特殊的关注。[9]

---

4 American Association of University Professors. National AAUP Committees (EB/OL). http://www.aaup.org/AAUP/comm/default.html#contcomm, 2011-08-28/2012-03-27.

5 American Association of University Professors. State Conferences (EB/OL). http://www.aaup.org/AAUP/about/asc/default.html, 2011-08-11/2011-08-27.

6 American Association of University Professors. Fund Governing Committees (EB/OL). http://www.aaup.org/AAUP/comm/fundcommittees.html, 2011-08-28/2012-03-27.

7 American Association of University Professors. Advesory Committees (EB/OL). http://www.aaup.org/AAUP/comm/advisorycommittees.html, 2011-08-28/2012-02-10.

8 American Association of University Professors. Association Business Committees (EB/OL). http://www.aaup.org/AAUP/comm/businesscommittees.html, 2011-08-28/2012-02-10.

9 American Association of University Professors. Special Committees (EB/OL). http://www.aaup.org/AAUP/comm/specialcomms.html, 2011-08-28/2012-02-10.

二、各要素之间的关系

在治理结构的基础上，教师学术自由风险治理的整个系统的各要素之间还需要通过互动，建立起各种相互关系，以使扶持和监督反馈机制发挥高校创新风险治理的作用。具体来说，各要素之间的关系又分为组织部门之间的关系、组织与个人成员之间的关系，以及个人成员之间的关系。

（一）组织部门之间的关系

以教师学术自由风险治理组织为中心，组织部门之间的关系又包括组织与外部相关组织之间的关系，以及组织内部各部门之间的关系。

1. 组织与外部相关组织之间的关系

在组织与外部相关组织的关系方面，政府和组织是一种政策引导和上传下达的关系。一方面，学术自由风险治理组织所进行的治理活动需要以政府的法律和政策支持为前提。在过去，美国由于缺少专门立法，在面对高校与其教师之间的学术自由纠纷时一般会做出对高校有利的判决，这使教师面临着很大的学术自由风险。然而，联邦最高法院在 1967 年凯伊珊诉纽约州立大学董事会案（Kaiyishian v. Boad of Rengents of the University of the State of New York）中裁定凯伊珊胜诉，扭转了这一局面，使学术自由风险治理组织在保护教师学术自由时有了判例法的依据可循。凯伊珊是纽约州立大学的教师，该大学按照纽约州的公务员法，要求该校的教师进行"忠诚宣誓"，凯伊珊不服则提起上诉。联邦最高法院大法官布雷南表示："国家未来领导者将依靠教师来培养，只有允许教师在观念市场上不盲从权威，而是通过思想的自由交流，才能发现真理。没有任何地方比学校更需要自由，因此决不允许用正统的观念限制教师的思想和教学自由。学术自由不仅对于教师，而且对于整个社会和国家都具有十分重要的价值，因此需要美国联邦宪法第一修正案加以特别保护。"[10]这一判决在法律上明确了教师的学术自由权利，将教师的学术自由置于宪法第一修正案的保护之下，为相关组织治理学术自由风险奠定了法律依据。

对于进行学术自由风险治理的工会组织来说，它散布在各高校的工会在成立时也要寻求法律或相关部门的认可。具体来说，工会获得合法性的方式

---

10 Morris, Arval A. (1980). The Constitution and American Education 2nd edittion. St.Paul: West Publishing Co., 1980.180.

包括以下几种形式：[11]

（1）工会运作的主要形式是集体谈判，而在不允许集体谈判的州，工会组织必须寻求政策制定者的认可，即相关的政府部门或人员要能够意识到让教育工作者自由发表意见的重要性。在这种情况下，工会组织在组建时只需获得相关教育工作者的承认，成立后的工会组织需要制定政治行动计划来争取自己的利益。

（2）在允许集体谈判的州，工会的组织就是被法律所认可的，但工会的正式组建还是要大多数教育工作者投票赞成才算获得了认可。

（3）在一些地方，许多教育工作者对工会持抵制态度，为了保证工会的广泛代表性和合法性，公立高校的工会可以要求州劳动理事会负责人员的选举，私立高校的工会可以要求全国劳动关系理事会（National Labor Relations Board）负责人员的选举。选举的形式可以采用一人一票的简单形式，也可以引入较为复杂的程序。

另一方面，政府制定的关于保护学术自由的政策除了要由学术自由治理组织进行传播和贯彻，学术自由风险治理组织在相关问题方面的倡导和影响也会影响政府的决策。如 AAUP 与美国大学和学院联盟联合发布的《1940年学术自由和终身聘任制原则声明》在社会上的影响较广，已被教育领域的200 多个协会和组织所认可，并为大学和学院在教师规章和手册中广泛引用。时至今日，美国的法院在处理有关学术自由的案件时经常会援引 AAUP 的相关原则和标准，这不但奠定了 AAUP 在学术自由风险治理方面的权威地位，同时也对提高其对学术自由风险的治理力度起了重要的推动作用。现在，影响政府的立法和行政依然是学术自由风险治理组织的重要目标。例如，AAUP 为影响政府行为建立了政府关系委员会，主要工作是为国会和州立法机构分析议案，根据国家的立法作出协会的政策建议，有时还会在有关高等教育事件的立法和司法听证会上作证。该委员会推出了政府关系计划，追踪在联邦层面和州层面与学术自由有关的立法，并与政策制定者、公务员和其他高等教育组织建立联系，为政策讨论提供专业建议，并对其施加影响。[12]此外，AAUP 还会通过影响社会观念和舆论的方式影响美国政府的法律行为，使政府迫于公众

---

11 American Federation of Teachers. Forming a Union (EB/OL).
　http://www.aft.org/about/union101/forming-union.cfm, 2011-09-01/2012-03-27.

12 American Association of University Professors. Government Relations (EB/OL).
　http://www.aaup.org/AAUP/GR/, 2011-10-29/2012-03-27.

压力出台有利于保护学术自由的政策，降低高校教师面临的学术自由风险。

工会组织也注重参与政治和立法活动来争取在政府学术自由方面的政策支持。如 AFT 要求教师和教育工作者参与州和地区的立法过程和政治过程，以使关键政策的制定能够代表教师的利益。例如，一些州的法律不允许教师和学者参与集体谈判，教师就应该通过政治活动来改变法律。另一种必要的政治活动是通过各种方式抵制州的法律对高校中学术自由的限制。由相关的组织对这些法律进行抵制使教师不用再通过单打独斗的方式实现相关目标。AFT 对立法者的游说对于恢复政府对高等教育的投入也是有好处的，这样就可能恢复完善的人事制度，使其有利于保护学术自由。而 AFT 当前工作的重点就是通过在州和联邦层面的立法游说活动，使非终身制教师和教育工作者在经济上和专业上获得平等的地位，并增加终身教职的数量。

工会组织影响政府政策的另一种措施是加强政策制定者和公众对学术实践的了解。公共政策制定者和普通公众对高等教育非常重视，他们能够对高等教育的未来发挥极大影响，因此有权了解大学和学院中发生的事情。另一方面，高校中的一些影响学术自由的因素，如教授的权威被质疑、经费短缺、人事制度不合理等问题好多都是政策制定者和公众对高校不理解所造成的，而这便会损害学者的工作能力。因此，AFT 等教师工会组织正在鼓励学术工作者主动向公共官员解释自己的工作，并展示其工作能够为人们带来的好处。为此，AFT 敦促高校教师和教育工作者合作制定计划，经常访问立法者，并将立法者带到校园里来。高校教师和教育工作者也要找机会在社区的相应场合展示自己，向人们解释自己的工作。

不同的学术自由风险治理组织之间是一种互动和合作的关系。如当前在学术自由领域影响最大的文件是《1940 年学术自由和终身聘任制原则声明》（1940 Statement of Principles on Academic Freedom and Tenure），该声明由 AAUP 和美国学院协会（Association of American Colleges，现已更名为美国大学和学院协会）联合签署，奠基于两个协会从 1934 年就开始的多个联合会议。现在，AAUP 加入了校园自由交流联盟这个更高层次的风险治理组织，并正在与其他合作者一起反对政府的一个名为《学术权力法案》的提案。AAUP 以及其他合作组织都认为该法案违反了受到人们广泛认可的学术自由原则，其各种合作活动的结果就是到目前为止还没有任何一个州通过这项立法，可以说是各相关组织在学术自由风险治理方面所取得的成绩。

2. 扶持和监督反馈式的内部各部门之间的关系

无论是专业组织还是工会组织，由于他们在内部治理结构上都是一种分会结构，因此它们在组织部门间关系上都是一种扶持和监督反馈式的关系，即由全国层面的总会为分会的建立和运转提供支持，分会由于设在各地区的高校，负责监督高校中的学术自由情况，帮助教师应对学术自由风险，并在必要时将情况反馈给总会，以获取总会的指导和干预。

（1）AAUP 内部各部门之间的关系

以进行学术自由风险治理的专业组织 AAUP 为例，该组织全国层面的总会负责制定专业标准和大学管理政策，而各地的分会则负责守护和解释这些标准和政策。为此，AAUP 分会的领导者必须经常接触 AAUP 国家办公室专业人员，由他们帮助解释这些标准。与此同时，院系的领导在平时也可以咨询 AAUP 分会的官员关于学术自由政策的问题，在遇到困难时，他们也可以借助 AAUP 分会领导向华盛顿的工作人员求助。在大学的行政人员和学术部门领导就 AAUP 标准发生分歧时，AAUP 分会作为标准守护者的角色就变得更加重要。

AAUP 分会中较为重要的部门是 A 委员会，它可以为院系的教师提供意见，帮助他们解决与学术自由和终身聘任制有关的问题。即使一所大学的治理制度是有效的和完善的，AAUP 分会也可以更好地在申诉听证会上，或在学术人员和行政人员之间较为敏感的会议上充当中立观察员。

AAUP 分会除了可以承担知识和经验信息源的角色，帮助人们了解 AAUP 标准，它还可以发挥重要的政治作用。如果院系的学术治理机构能够代表教师的利益，AAUP 分会可以发挥"政治党派"的作用，不但未来的院系领导可以从中产生，它还可以为治理机构草拟议事日程。即使 AAUP 分会和学院领导之间已建立起来了友好的合作关系，但还是有一些院系领导不愿意挑头处理、而 AAUP 分会愿意处理的事情。另外，AAUP 可以通过政治活动获取外部组织的支持，这些组织从外部施加压力能够有力地帮助内部人员更好地开展工作。这些外部组织可以为院系提供决议和建议，举办论坛或发布公报，从而引起院系领导对相关问题的注意，对有关学术自由的问题进行优先考虑。

然而，并不是所有的大学或学院都有 AAUP 分会，但这些大学的 AAUP 成员对于 AAUP 全国性组织来说也非常重要。有些大学虽无 AAUP 分会但治理结构良好，并能够遵循 AAUP 的指导方针。无论一所大学或学院的治理情况如何，它们都会从 AAUP 的分会中受益。[13]

当一州之内几个 AAUP 分会决定合作推进 AAUP 政策和目标的制定，就可以召开州会议。通过州会议，已经存在的 AAUP 分会可以发挥全州范围的影响，而新的分会则可以就近获得他们需要的支持和指导。[14]

（2）AFT 内部各部门之间的关系

相关的工会组织也是如此，以 AFT 为例，该组织分会的建立需要获得总会颁发的许可状。有了许可状，工会才可以制定宪章和章程、选举官员，并确定会费等。工会分会在各高校中的职责是监督高校的学术自由情况，维护教师的相关权益，特别是要通过集体谈判在侵犯教师学术自由案件中的利益相关者之间进行仲裁，以保护教师的学术自由权利。在一些凭借高校中的单个工会难以解决的问题上，做为分会的工会可以向总会求助，帮助其分会及其成员应对政治、经济和技术力量的挑战，以捍卫高校中教师的学术自由。

（二）相互依存式的组织与成员之间的关系

组织与成员之间是一种相互依存式的关系。由于学术自由风险治理组织的目的就是保护高校教师的学术自由，帮助教师应对学术自由风险，因此当教师的学术自由受到侵犯时，相关组织会采用各种方法来为教师提供援助。以 AAUP 这种专业组织为例，该组织一般会用学术自由谴责的方式来帮助受到侵害的教师。例如在 AAUP 刚成立之时，宾夕法尼亚大学的一个名为林尼尔的教授因公开反对资本主义自由化引起了学校董事会的不满，尽管教授会一致认为应该续聘林尼尔，但他在 1915 年还是遭到了董事会的解聘。两星期后，AAUP 伸出援助之手，派出以洛夫乔伊为首的调查委员会到宾夕法尼亚大学进行调查，并对它进行了公开谴责。在 AAUP 以及社会媒体的压力下，宾夕法尼亚大学最终不得不对终身聘任和解聘教师的程序做出了重新规定。[15]

---

13 American Association of University Professors. On the Relationship Between AAUP Chapters and Faculty Senates (EB/OL).
http://www.aaup.org/AAUP/involved/startchapter/senatesandchapters.html, 2011-08-27/2012-03-27.

14 American Association of University Professors. State Conferences (EB/OL).
http://www.aaup.org/AAUP/about/asc/default.html, 2011-08-28/2012-03-27.

15 李子江：《学术自由在美国的变迁与发展》（M）。北京：北京师范大学出版社，2008，65-66。

AFT 是一个工会组织，它旨在维护高校教师的权利，帮助教师应对政治、经济和技术力量对自身在高校中地位的挑战，因此 AFT 在治理教师的学术自由风险时是将学术自由作为教师的一种权利来把握，无论是经济原因、高校行政部门的原因、外部政治力量的原因，还是高校内部管理制度的原因都可能在一定程度上给教师的学术自由带来损害，因此需要发挥 AFT 的治理作用，帮助教师捍卫应有的学术自由权利。在这一过程中，AFT 尤其注重为非终身制教师提供援助。当前美国高等教育中的趋势是，全职的终身制教师越来越少，取而代之的是工资较低、缺乏保障的非终身制教育工作者，包括兼职教师、全职的非终身制教师和研究生雇员等。这些非终身制教师工作者在高等教育领域 160 万教职员工中已占到了 73%的比例，他们在公立高等教育机构中承担了超过半数的本科课程。[16]因为这些教职员工缺乏终身任期的保障，他们很容易被过度使用，并遭受经济剥削，而这便被 AFT 称为学术领域的人事危机。为了解决这种学术领域的人事危机，AFT 倡导通过集体谈判来改善教职员工的工资、福利和工作保障，保护教师不受随意解雇，保证教师参与高校治理。虽然在非终身制教师中贯彻学术自由标准并不容易，但集体谈判时还是应该关注保护其学术自由。在这种情况下，AFT 建议引入模仿终身聘任制的相关做法，如建立续聘制度和非终身教师参与治理委员会等方式来降低这类教师所面临的学术自由风险。

另一方面，各个高校的教师要通过对学术自由风险治理组织的参与来保证该组织学术自由风险治理作用的发挥。以 AAUP 为例，AAUP 的成员是高校中从事学术工作的教师，他们通过参与设在各高校的分会，或设在总会中的年会及其他部门来为 AAUP 的运行贡献力量。对于分会来说，由于其成员数量较少，组织结构扁平，参与的教师往往会直接承担分会的决策和执行工作。对于总会来说，高校教师除了可以参与年会，行使自己的权利，还可以通过选举进入董事会以及各个层次的执行部门，负责 AAUP 在学术自由风险治理过程中的各种更加具体的工作。

（三）协商互动式的组织成员之间的关系

组织成员之间的关系是一种协商互动式的关系，主要通过对话、讨论和协商等各种方式实现。无论是在总会的各种会议中，还是在各个大学分会中

---

16 American Federation of Teachers. Academic Staffing Crisis (EB/OL).
　　http://www.aft.org/issues/highered/acadstaffing.cfm, 2011-09-01/2012-02-01.

的各种会议，协会成员都需要通过发表自己的观点，听取他人的观点，就各种观点进行讨论并达成一致的方式进行互动，以最终作出决定，推动创新风险治理机制的运行。

三、共同协调运行方式

扶持和监督反馈机制适用于具有分会型内部治理结构的创新风险治理组织。由于这种治理结构的分权化程度与金字塔型结构的组织相比较高，因此各个分会有一定自主决策权，能够根据分会所在高校的具体情况制定相应的学术自由风险治理政策。由于各个分会分散在各个高校中，因此这些分会的规模一般不会很大，仅由高校中的相关教师组成，通过共同协商制定相关的风险治理政策。分会的规模较小使其组织结构具有扁平化特征，个人成员能够充分地参与分会的决策，较少受到上级部门的层层管制，即使是州层面的上级组织或总会也只是在一定范围内对分会的行为进行指导和干涉，帮助分会更好地履行自己的职责。鉴于分会组织中的个人成员比金字塔型结构的组织具有较大的自主活动空间，扶持和监督反馈机制在该组织中的运行方式也表现为一种共同协调方式。具体来说，其运行过程由三个基本步骤组成：

（一）成立风险治理委员会

无论是进行学术自由风险治理的专业组织还是工会组织，保护教师的学术自由，使之免受学术自由风险的侵害都是它们的重要工作内容，因此它们总会和分会的决策机构本身就是各级各类的学术自由风险治理委员会。以AAUP 为例，它在全国层次的总会中的最高权力机构是年会。年会由 AAUP的全体成员代表组成，其职责是修改章程、接受理事会章程、审批理事会建议，以及就其他重大问题作出决策。总会的决策机构是理事会，负责在年会制定的大政方针的基础上对较具体的重大问题进行决策。理事会的成员包括会长、前任会长、副会长、秘书兼财务官、州会议联盟主席和前任主席、集体谈判大会主席和前任主席，以及 29 个通过直接选举选出的理事。理事会的官员和普通理事要从 AAUP 的积极成员中选举产生，这些成员来自高校中具有学术岗位的教师或研究人员，但不包括行政人员。人员的选举要遵循规范的程序，即各种职位的候选人要由一个由 5 人组成的提名委员会提名，其中的一个人要由集体谈判大会的执行委员会指定，一人要由州会议联盟的执行委员会指定，另外三人要在年会上从理事会理事中选出，而这些提名委员会成员都不能来自同一个选区。对于 29 个普通理事来说，其中的 20 个要由 10 个选区各自的积极成员选举，每个选区 2 个成员。另外 9 个是自由理事，他们要由全体积极成员来选举，且他们不能来自同一个选区。AAUP 在地区层面的具体事务由分会负责，在一所高校中只要有 7 个人就可以组成一个分会，成员包括该高校中的所有在职教师、研究生和退休人员。分会要从其积极成员中选出一个会长、一个秘书、一个财务官（或秘书兼财务官）和其他官员。[17]由于分会的人数较少，内部结构简单，主要采用民主集中的方式进行决策。因此可把分会看成是一个地方层面的学术自由风险治理委员会。

可见，AAUP 总会将最高权力授予由全体成员代表组成的年会，保证 AAUP 的大政方针能够符合高校教师的整体利益。总会的理事会虽成员人数较少，但其在成员选举时也注重其代表性，即力图能够囊括所有选区，要求负责选举工作的提名委员会的成员不但要代表不同的选区，还要兼顾 AAUP 不同的部门，从而使其具体决策不偏离年会中制定的大政方针。AAUP 的分会由于是高校中的基层组织，其成员直接由本校教师及相关人员组织，因此它更能够直接采用治理的方式解决本校的学术自由问题，帮助教师克服学术自由风险。

（二）进行风险决策

无论是进行学术自由风险治理的专业组织还是工会组织，它们相当于风险治理委员会的组织都需要通过定期开会的方式来进行风险决策，制定治理学术自由风险的大政方针。一般来说，这两类组织做出的最有影响力的决策是总会关于学术自由的原则声明，它不但决定着组织对教师学术自由问题的基本态度和行动方针，各个分会对具体学术自由问题的处理，还对社会其他利益相关者起到影响和制约作用，甚至在一定程度成会影响到社会的主流价值观。

1. AAUP 的学术自由原则声明

AAUP 在成立之初就遇到了许多大学侵犯教师学术自由的案件，为了更好地处理这些案件，协会认为有必要将这些学术自由问题作为一个整体来考虑，以找到捍卫学术自由的恰当方式。想要有效地保卫美国大学中的学术自

---

17 American Association of University Professors. AAUP Constitution (EB/OL). http://www.aaup.org/AAUP/about/bus/constitution.html, 2009-06-13/2011-10-28.

由，一方面要对学术自由原则有清晰的理解，另一方面要让大学采纳这些原则，并能够对侵犯学术自由的原则进行有效地处理。为此，协会在 1915 年便发表了《1915 年学术自由和学术任期原则宣言》(1915 Declaration of Principles on Academic Freedom and Academic Tenure)，以指导大学及教师的行为。

从传统的意义来讲，"学术自由"有两个含义，第一指教师的自由，第二指学生的自由。在 1915 年宣言中，学术自由仅指教师的自由，包括探索和研究的自由、在大学和学院教学的自由、在校外发言和行动的自由。人们对教师第一项学术自由的保护比较好，侵犯这种学术自由的现象比较少。第二项学术自由和第三项学术自由的联系比较紧密，通常难以彼此分离。

在讨论学术自由问题时，人们必然会涉及三个问题，第一是学术自由法定权威享有的权力的范围和基础；第二是学术职业的性质；第三是学术机构和大学的功能。对于第一个问题来说，美国大学最高权力为董事会所享有，因此一般是由他们来决定学术自由的限度。除了少数宗教性的高校以外，美国大多数高校的董事会都要向公众负责，这对于公立大学来说自然是不证自明，对于私立大学来说，由于它们都要争取公共经费的支持，因此他们的教师必须服务于公共利益，而不是少数人的利益。

对于第二个问题来说，如果想保证社会的发展和文明的进步，就必须提高学术职业的地位，吸引最有能力、受过良好的教育、具有坚强和独立人格的人进入这一职业。这不仅指要付给从事这一职业的人较高的工资，还指要给他们充分的自由，使他们能够诚实地、忠于良心地发挥这一职业所应发挥的功能，使他们在生产知识，并将其传递给学生和公众时不必害怕受迫害或丢掉饭碗。这就要求学者能够免受金钱的驱使和诱惑，真诚地、不带任何色彩地坚持或表达自己或同行的研究结论，保证学者的观点真正代表其研究结论，而不是公众意见的回声，或是为了迎合大学管理者或捐赠者的意愿。学术职业的性质揭示了大学董事会和大学教师关系的性质。后者是前者的受委托者，而不是前者的雇员，即类似于法官和法院的关系。这意味着，学者一旦受了委托，作为委托者的董事会就无权，也无资格干涉学者专业功能的发挥。大学教师首先要向公众负责，并根据自己的专业作出评判。因此在大学中，董事享有重要和崇高的地位，但大学教师却享有着独立的地位。

对于第三个问题，学术机构或大学想要实现存在的目的就必须保护学术自由。大学的使命包括教学、科研和社会服务三个方面，对于教学来说，其成功有赖于赢得学生的尊敬，有赖于学生对教师思想的一致性的信任。然而，如果学生怀疑教师没有充分地、坦率地发表自己的见解，或大学中的教师都是一群唯唯诺诺的无胆鼠辈，不敢坦率地、勇敢地发表自己的见解，便难以赢得学生的尊重，教学的效果也会大打折扣。对于科研来说，这方面的学术自由要求学者在探索和发布研究结果方面享有完全的、终极的自由，这种自由对于所有的科研活动来说都是至关重要的。对于社会服务来说，大学教师，尤其是经济、社会和政治领域的教师已经不仅仅需要搞科研，还要把自己的研究成果发表出来，帮助政府做决策。而想要让他们的意见真正对立法者或行政者发挥作用，就要让他们相信大学教师做出的结论是毫无偏见的，而这也要求保护大学教师的学术自由。[18]

1915 年宣言虽然澄清了学术自由的含义和意义，但它的内容主要是原则性的，并没有具体说明学术自由原则的保障措施。为了进一步推动学术自由的发展，AAUP 在 1940 年与美国大学和学院协会联合发布了《1940 年学术自由和终身聘任制原则声明》，对学术自由的问题进行了进一步的说明，指出声明的目的是促进公众对学术自由和终身聘任制的理解和支持，就其在程序上达成一致，以保证其在大学和学院中的发展。学术自由对于大学实现自己的目标是必要的，因此既适用于教学又适用于科研，但教师在享有学术自由时还必须承担相应的义务。具体来说，学术自由包括以下几个方面：

（1）教师有权享有科研和发表科研成果的自由，同时还要很好地履行其他学术责任，但是教师在从事获取金钱回报的研究时，必须要对高校的权威有正确的理解；

（2）教师有权享有在课堂上讨论问题的自由，但是需要小心不能在教学中引人与学科无关的有争议的问题。如果高校由于宗教目的或其他目的对学术自由有所限制，必须要在聘任时写明白；

（3）大学和学院的教师是公民、学术职业的人员和教育机构的工作人员。当他们作为公民发表言论或写作时，他们有免受高校审查或规训的自由，但他们在社区中的重要地位还是要求他们承担特别的责任。作为学者和教育工作者，他们要记住公众可以根据他们的言论评判他们的专业和其所在的高校。

18 American Association of University Professors. 1915 Declaration of Principles on Academic Freedom and Academic Tenure (EB/OL).
http://www.aaup.org/AAUP/pubsres/policydocs/contents/1915.html, 1915/2012-03-27.

因此，他们应该时刻保持谨慎，恰当地约束自己，尊重他人的观点，并注意说明他们的言论不代表高校的观点。

声明特别说明了终身聘任制的问题，指出终身聘任制主要用于保证教师的教学、科研和校外活动自由，同时在一定很程度上也是一种经济保证，使学术职业能够吸引有能力的人，因此对于保证大学成功履行自己对学生和社会的责任是十分必要的。对于教师或研究者来说，当他们试用期满后就应该获得终身任期或得到续聘。除去退休的情况，他们的服务只有有恰当的原因时才能被终止，包括特殊的经济环境的原因。具体来说，对终身聘任制的规定包括以下方面：

（1）在聘任书中要写明聘任的期限和条件，且在聘期结束之前高校和教师都要持有聘书；

（2）对于被聘为全职教师或高级职称的教师，其试用期应该超过七年，包括其在其他高校全职服务的时间。但是还有一个附加条件，即当教师在一所或多所高校经历了三年以上的试用期，又转到了其他高校，他可以与新高校达成书面协议，将试用期定义为不超过四年，尽管该教师在学术职业上经历的试用期累计已超过了最小期限七年。如果试用期结束而该教师又不再在该高校继续工作，高校应该在试用期结束前一年向该教师发出通知。

（3）在试用期间，教师应该拥有高校的其他教师所享有的学术自由；

（4）如高校因为某种原因决定不再续聘教师，或因某种原因决定在任期结束前解聘教师，该决定应该由高校中的教师委员会和董事会共同审查。如果决定是有争议的，高校应该在听证会前向被指控教师发出书面通知，并要求所有相关机构听取教师为自己辩护。应该允许教师由自己的顾问陪同，或其自己指定的作为顾问的人陪同。所有的相关方都应该能够获得听证会的记录。如果在听证会上有人认定教师缺乏能力，听证会必须考虑教师和其他学者提供的证据，这个证据既要有来自教师一方的，又要有来自高校的。在续聘阶段被解聘的教师，如果不是因为道德堕落，校方要在解聘通知下达之日起至少向其支付一年的工资，无论他是否还来在学校的岗位上；

（5）如果校方因为经济原因不再续聘教师，必须要以合法的方式处理相关事务。

1940 年声明出台后，AAUP 和美国较有影响的教育协会，以及作为个人的教师和教育行政人员就此展开了激烈的讨论。在 1969 年，AAUP 和美国学院协会组建了一个联合委员会，重新评价这份政策声明。在委员会收到的意见和后续讨论的基础上，委员会认为最好是对声明进行修正和解释，以反映三十年来执行和适用声明所获得的经验，并使之满足当前的需要。随后，委员会将其制定的"解释性评论"发送给了两个协会，并于 1970 年 4 月被 AAUP 的理事会采纳为协会的政策。具体来说，1970 年解释性评论对 1940 年声明做出的解释表现在以下方面：

（1）美国学院协会和 AAUP 长期以来认为，学术职业成员承担着特殊的责任。一直以来，两个协会或分别或联合在主要的政策声明中强调了这些责任，为教授们提供了指导，内容涉及作为公民发表言论、履行对高校和学生的责任、离职以后的行为或承担政府科研项目的行为。与该条直接相关的是 AAUP 在 1966 年通过的政策《专业伦理声明》；

（2）声明的目的并不是要平息意见分歧，因为意见分歧是学术自由的状态下所不可避免的，因此声明只是强调教师要避免引入与所教学科无关的长期以来有争议的问题；

（3）大多数与宗教有关的高等教育机构不得再违背 1940 年声明中的学术自由原则，协会也不会允许它们背离相关的学术自由原则；

（4）如果一所大学或学院的行政部门认为教师没有遵守 1940 年声明关于学术自由的第三条规定，并且认为教师的校外言论使人们质疑其是否胜任其学术岗位，行政部门可以遵循声明中关于终身任期的规定向该教师提出指控。在提出指控时，行政部门应该记住教师是公民，因此应该享有作为公民的自由。在这样的案件中，行政部门应该完全对自己的行为负责，而 AAUP 和美国学院协会则能够自由地对事件进行调查。

（5）所谓"全职教师或高级职称教师"是指任何全职工作的教师，无论其具体的头衔是什么；

（6）声明要求通过"书面协议"规定教师在其他大学经历的试用期，有利于增进教授对任期和聘任条件的理解。但这并不是说如果没有草拟书面协议就是对教师任期方面权利的侵犯。但是，由于不同的高校做法不同，在聘任时达成对相关问题的书面协议无论对个人还是对高校来说都是有好处的；

（7）对于教师任期的决定无论是好是坏都应该在教师试用期结束前的 12 个月内作出。如果所做出的决定是消极的，未来的一年将会标志着聘任的结束。如果所做出的决定是积极的，1940 年声明中关于试用期结束后教师任期

的规定要在决定做出之日起生效;

（8）为了保证试用期教师的学术自由,要建立程序规则在试用期期间定期评价和评估教师的学术表现。另外还应制定关于试用期教师申诉的程序规则,以防他们的学术自由被侵犯。为了实现这个目的,AAUP 制定了《高校学术自由和终身聘任制规则建议》;

AAUP 和美国学院协会还在 1958 年共同批准了《教师解聘程序标准声明》。该声明主要处理教师被停职的事宜,而这个问题在 1949 年的声明中却没有提及。1958 年声明指出:"如果某教师的存在会立即对其他教职人员造成威胁,对该教师进行停职就是合理的。在对教师进行停职时必须支付一定的工资,除非法律禁止在这种情况下支付工资。"如果教师被停职之后就没有被复职,也没有召开听证会,人们就可以将这种停职视为违反正当学术程序的解雇。

2. AFT 的学术自由声明

进行学术自由风险治理的专业组织 AFT 也关注学术自由的问题,并通过相当于风险治理委员会的组织,即高等教育计划和政策委员会制定了自己的学术自由声明,号召高校遵循较高的学术自由标准。联盟希望高校教师、教育工作者和整个学术共同体通过各种方式,尤其是有法律约束力的合同推进标准的执行,将学术自由保护的范围扩大到高校中所有的教师和教育工作者。在学术自由声明中,联盟提出了学术自由的标准,主要包括:

（1）教学

- 高等教育机构中的学术机构必须有最初权力,使之能够根据认可的专业标准,开发和批准课程和教学方法。该原则反映了教师在自治性学术机构的集体权力。在履行这一集体责任时,非终身制教师和工作人员也必须被吸收参与相关决策,也就是说要吸收非终身制教师参与高校自治,且他们在履行相关责任时,他们所获得的经济补偿要与终身制的教师一致。
- 教师和教育工作者个人在自己的课堂上,在选择教学材料、安排课程内容和决定学生评价方法方面负有主要责任,同时他们要与同事合作保证在课程实施时的一致性,并且要符合学者共同体普遍接受的学术标准。
- 在课堂中,所有的教师和教育工作人员都有权完全自由地讨论课程中的问题，同时要符合学术共同体中普遍认可的学术标准。

- 教师和教育工作者有权坦诚地、直率地表达和讨论专业问题，包括与其所教学科和方法有关的有争议的问题。
- 教师和教育工作者在评价自己班的学生时，有权只根据学生课堂作业表现出来的学术素养来评估。学生需要直面争议，进行批判性思考，评价不熟悉的观点，考察跨学科问题以及一个学科同另一个学科的关系，并积极地思考其所生活的世界。
- 所有的教师和教育工作者在开发和教授教学材料时，都有权适用于知识产权。

（2）研究和出版

- 所有的教师、教育工作者和其他专业人员在高校中进行研究时，都有权完全自由地选择研究问题和方法，只要其符合专业的和同行制定的标准。他们有权完全自由地出版自己的研究成果。
- 学术研究共同体要求共享研究发现，并将知识主要看成公共物品而不是私人物品。

（3）参与高校治理

- 所有的教师和教育工作者都有权自由地参与高校治理，无论他是终身制教师还是非终身制教师都不必害怕威胁和报复。
- 高校有责任建立适当的共同治理机制，为教师提供参与治理的时间，对于非终身制教师和教育工作者还要为其参与治理提供适当的补偿。
- 所有的教师和教育工作者都有权参与影响教育政策的决定，包括课程和学术项目的开发、问责机制的建立和学习结果的评价方法、预算制定和资源分配，以及学术和行政部门的人事问题。
- 所有的教师和教育工作者都有权参与高校的内部认证过程，参与外部质量认证协会和认证访问小组。

（4）公共生活的自由

- 学术共同体的全体成员，包括所有教师、教育工作者和所有职员可以自由地参加或建立协会和组织；组织工会并为其工作；就任何话题发表言论，只要言论不是代表其所在高校发表的。

为了保证学术自由的标准能够贯彻执行，使学术自由能够成为现实，并

保证课堂上充满有良好教养的、完善的人，学术自由声明中又确定了三个关键的程序来保护学术自由，具体如下：[19]

- 终身聘任和恰当程序。终身聘任制及其相关程序主要是为了保护高校教师不会因发表言论而被惩罚或开除，而这些言论虽然没有违反专业行为规范，但是却冒犯了外部有权势的个人及其利益。终身聘任制出现的原因是，如果人们因非学术的原因遭受制裁或解雇，好的教育和客观的研究就会面临风险。因此，终身聘任制不但可以保护教师的专业工作不受外部力量的不合理干涉，还能够保证教师不会因为挑战高校内部的学术权威或使用非传统的方法而被所在高校制裁。

- 同行评价。学术自由有赖于教师、教育工作者和其他学者建立和修订的学术论理和良好行为标准，并有赖于他们是否能够监督标准在高校中的执行，而这就需要进行同行评价。同行评价是自治的，这与在法律和医学专业的情况一样。它所基于的原则是，学术工作者应该自己做出学术决定。

- 共同治理。在好的大学和学院，教育者要参与行政管理过程，而这就是共同治理。共同治理是一个决策过程，它包括预算、雇佣和人事管理、课程和专业标准等。学术自由的前提假设是，教育者自身是训练有素的专家，他们能够做出、交流和执行有关教学、研究和社会服务的决定。因此，学术自由不仅是个人的特权，而且还是整个专业共同体的责任和义务。

总的来说，AFT 出台的学术自由声明与 AAUP 出台的学术自由在基本精神上是一致的，都强调学术自由是教师的权利，而教师在享有学术自由时又要履行相应的义务，但由于联盟作为一个工会组织侧重于通过工会活动维护教师的权益，其对学术自由的规定更加具体，涉及教学、科研、管理和校外活动中的更加具体的事宜。

（三）风险治理措施的实施

尽管 AAUP 和 AFT 出台的学术自由政策获得了社会的广泛认同，多数

---

19 American Federation of Teachers. Academic Freedom in the 21st-Century College and University: Academic Freedom for All Faculty and Instructional Staff (R/OL). http://www.aft.org/pdfs/highered/academicfreedomstatement0907.pdf, 2007-09/2012-03-27.

高校也都签署了这些政策以表示对它们的认可，但是还是有一些高校并不严格遵守政策中的原则，出现了危害教师学术自由的行为。为了保证学术自由政策的贯彻执行，学术自由风险治理组织还通过一些具体措施来维护教师的学术自由权利，最有影响的措施是 AAUP 的学术自由谴责和 AFT 的集体谈判制度。

1. AAUP 的学术自由谴责

以专业组织 AAUP 为例，该组织治理学术自由问题的活动很多，其中最有代表性的是学术自由谴责。由于 AAUP 是一个对教师学术自由风险进行治理的民间组织，它不能通过具有法律强制力的惩罚手段迫使大学服从学术自由原则，而只能采用曝光和谴责的方式来约束相关大学的行为。协会对学校行政部门的谴责开始于 1930 年，目前有 47 所高校被列入协会的谴责名单。

当协会收到关于大学违反学术自由的指控，且指控的事件无法得到妥善解决，协会的秘书长就会在工作人员的建议下委任一个特别委员会对被指控大学进行调查。调查委员会由与被调查案件无关的大学教师组成，主要调查大学的行政管理情况。在调查期间，委员会要访问被指控大学，会见大学中主要的利益相关者，并向全国学术自由和终身聘任制 A 委员会提交报告草案。报告草案要重述案件的事实，并分析大学的行政管理行为在程序上是否是正当的，是否符合协会所认可的原则和标准，如《1940 年学术自由和终身聘任制原则声明》（1940 Statement of Principles on Academic Freedom and Tenure）等。报告形成后，A 委员会要对调查报告进行重审，并将报告的修订草案发给大学中的主要利益相关者，征求他们的意见并改正报告中的错误。最后，调查委员会要根据大学的意见对报告进行最终修改，并在协会的双月刊中公布。在每年的春季会议上，A 委员会要考察调查委员会在过去一年发布的报告，对于被确认违背了协会原则的大学，向协会的成员年会建议将其投入谴责名单。最终的谴责决定由协会的成员年会作出，该年会一般在 6 月份召开，[20]届时它会向协会的成员、广大教师和公众曝光并公开谴责有不良行为的大学，迫使该大学在公众和舆论谴责的压力下改进自己的管理制度。

谴责名单要发布在协会的网站上，被谴责的大学或学院以时间顺序排列。所谓的谴责并不是针对大学整体，也不是针对全体教师，而是针对大学的行

20　American Association of University Professors. What is Censure (EB/OL). http://www.aaup.org/AAUP/issues/AF/censure.html, 2011-07-11/2011-08-27.

政领导和董事会，因此并不影响大学教师个人申请成为协会会员的资格，也不影响被谴责大学中的教师的个人权利。除了谴责名单，协会还要在网站上发布相应报告，并在必要的时候发布补充报告，具体说明该大学的不良行为。但是，当大学改进了其管理程序和实践之后，协会的年会也可以将该大学从谴责名单上除名，[21]并将之视为该大学学术健康的改善，以及协会原则和标准的有效性的证明。

以 2009 年的赛达维尔大学（Cedarville University）案为例，该案是由该大学 2007 年 7 月解聘戴维．M．霍非兹（David M.Hoffeditz）教授的行为引起的。赛达维尔大学坐落在俄亥俄州南部的赛达维尔，是一个男女同校的浸会大学，开设艺术和科学等专业，还涉及专业教育和研究生教育。在 2005 年秋天，该大学的学术副校长罗伯特．W．米里曼（Robert W.Milliman）建立了一个教师委员会，旨在澄清真理与教师们每年签署的教义声明的关系，并于 2006 年秋季学期开始时发布了一份关于"真理和信仰"的决议。然而教师们却说他们根本就没有对其进行讨论，更没有认可其最后版本。据鲁德博士说，这份文件在 2006 年 8 月 21 日由董事会的执行委员会批准，并在 9 月 13 日被传到了校园网上，但该文件与教师们制定的原始文件差异十分巨大。该文件也引起了学生的不满，一些学生发博客向董事们抱怨该文件偏离了赛达维尔大学的保守主义立场。在当年的 10 月和 12 月，该校的董事会先后收到了一封匿名信和由 225 名学生签署的一份声明信，皆抱怨赛达维尔大学在真理和信仰的问题上偏离了传统的基础主义立场。一名名为霍非兹的教授被指责怂恿该学生写这封信，并帮助学生完成信件的撰写。尽管霍非兹教授否认了这一指控，但在他签署了 2007-08 年的聘任合同之后的三个月，他还是从副校长处接到了通知书，被告知一个月后他将被解聘。通知书的解聘理由是他"不能保持一致的、符合圣经的、宗教的兴趣，也不能维持与大学的有效的基督教关系"，且"引入了与学术无关的话题和材料，而这些材料是不适宜引入课堂的"。

鉴于此，霍非兹教授首先在 AAUP 的 2007 年俄亥俄会议上寻求建议和帮助。会议的 A 委员会主席将这件事反映给了协会的华盛顿办公室。办公室的工作人员于当年的 9 月 11 日给赛达维尔大学的行政部门写信，表达了在霍

---

21 American Association of University Professors. Censure List (EB/OL).
　　http://www.aaup.org/AAUP/about/censuredadmins/, 2011-08-26/2012-03-27.

非兹案件中对学术正当程序问题的关注，即认为行政部门没能在开除霍非兹之前向学术部门提供听证记录，而对于行政部门来说，他们有责任向学术部门说明行为的原因，因此有责任提供听证记录。这封信敦促将给霍非兹教授的解聘通知作废，恢复其学术职务和其他责任，而关于他所采取的所有后续行动都应该符合 AAUP 的原则和标准。然而，赛达维尔大学的顾问哈非先生于 10 月 1 日回信说"在这件事上，大学及其雇员由相关的规章制度管理。由于赛达维尔大学中教师人事事务是保密的，大学不能回应你们的质询。"在与哈非先生进行了多次磋商之后，AAUP 的调查委员会终于于 5 月 20 日在赛达维尔大学进行了考察，在当地宾馆中呆了 3 天，并用 2 天的时间访问了 14 个相关人员，其中有 10 个在事件发生时在大学的学术部门或行政部门任职，另外 4 个是一个退休教师、两个律师和一个董事。通过上述调查取证过程，调查委员会总结了赛达维尔大学中行政管理方面的几个问题：[22]

（1）赛达维尔大学的行政部门违反了《1940 年学术自由和终身聘任制原则声明》和《1958 年教师解聘过程的程序标准说明》，在解聘霍非兹教授时没有在相关学术机构的面前，通过有记录的裁决听证会的形式说明解聘原因；

（2）赛达维尔大学确证解雇霍非兹教授正当性的程序不是正当的学术程序，它错将举证责任加在霍非兹身上；没有在学术机构面前为其召开听证会；不让他接触不利于他的证据和证人；没能将案件诉诸董事会；

（3）赛达维尔大学违反相关的规则和程序，没收了所有的证据和程序记录，将有记录的听证会变成了毫无意义的活动，剥夺了霍非兹教授申诉的机会；

（4）赛达维尔大学对霍非兹教授的指控远远超过了学术自由的限制，其导致的解聘行为侵犯了霍非兹在自己学术领域的学术自由；

（5）赛达维尔大学的行政部门缺乏有效的治理结构，再加上其有意跳过已建立起来的作出学术决策的渠道，缺乏有关解聘的程序保证，使该大学的教师中间缺乏安全感和信任感，从而对学术自由造成了危害。

学术自由谴责一方面是利用舆论的压力迫使违反学术自由原则的高校

---

22 American Association of University Professors. Academic Freedom and Tenure: Cedarville University (EB/OL).
http://www.aaup.org/AAUP/programs/academicfreedom/investrep/2009/cedarville.html, 2009/2012-03-27.

改正自己的行为,另一方面也是要通过将高校的行为与学术自由原则作对比,找出其不符合规定的地方,让高校了解如何更好地遵守学术自由原则。然而 AAUP 毕竟只是一个第三部门组织,它对学术自由风险的治理主要依靠其在该领域的权威地位,但是由于其所出台的学术自由原则深受社会的普遍认可,还是会有许多高校迫于公众的压力对自己的教师聘任制度等与保护教师学术自由有关的制度进行修改和完善,这对于降低教师的学术自由风险是有利的。

2. AFT 的集体谈判

对于进行学术自由风险治理的工会组织来说,它的风险治理措施也较多。以 AFT 为例,它在促进高校教师学术自由上常用的手段包括,开启学术对话、帮助政策制定者和公众了解学术实践、进行集体谈判、参与政治和立法活动等。在这些活动中,集体谈判是工会组织经常用到的一个较为典型的学术自由风险治理措施。它是教育主管部门、高校管理当局和代表教师的工会组织共同进行的谈判活动,旨在就教师的工资、福利和工作环境等事项达成具有约束力的协议,以维护教师的合法权益。AFT 认为,扩大和保护学术自由的最好方式是将学者们组织起来,通过集体谈判等活动来增强学者的沟通能力,并改进学术自由的实践,但具体采取什么措施还要根据当地的情况来定。大学和学院行政部门和教师集体谈判机构达成的协议是执行学术自由原则的强有力的法律工具。虽然大多数集体谈判协议主要关注教师的工资和福利问题,但也有的协议是关于学术自由的。例如,有些合同就保障教师的聘用、续聘和晋升标准做出了规定,这就为所有教师能够自由地教学、研究和社会服务奠定了基础,使其不用害怕惩罚和报复。此外,集体谈判协议还可以推动知识产权保护,保护和扩展大学和学院的内部治理制度,为终身制和非终身制教师提供恰当的程序保护等。

为了推动集体谈判活动的开展,AFT 在 2006 年根据高等教育计划和政策委员会的建议发起了一项全国性运动,要求保证美国高等教育中拥有强大的、有保证的终身制教师,并使现有的非终身制教师获得公正的、专业的对待。这项全国性运动在 2007 年正式推出,名称为教师和学院卓越运动(Faculty and College Excellence,简称 FACE),并成为整个联盟的首要工作。为了推动这项全国性运动的顺利开展,AFT 还发布了一个《集体谈判工具包》(Collective Bargaining Tookit),指导联盟的各级组织有效地开展集体谈判活动。根据这一

文件，集体谈判分为以下几个步骤：[23]

（1）准备阶段

所谓知己知彼，百战不殆，因此准备阶段的第一步是评估地方分会的能力，利用能够得到的信息制定目标，以帮助加强分会和相关合同的力量。具体来说地方分会要评估分会的结构和能力，评估地方集体谈判协议，以及该协议如何才能与地方分会的长远目标相一致。在评估分会的结构和能力时，评估者要考察分会中的领导职位和委员会职位是否有空缺；分会是否有准确的成员表；分会是否知道这些成员都在哪里；成员代表之间是否形成了有效的组织结构；分会是否有有效的记录备案制度；分会是否有有效的成员交流机制；分会在解决上述问题时是否需要帮助等。在评估了分会的结构和能力之后，便需要对相关协议进行评估，即进行"FACE 审计"。"FACE 审计"是评估地方分会的集体谈判协议和高校的政策，需要将它们与 FACE 的原则进行比较。首先要列出 FACE 学术领域的人事目标有哪些与分会所在的高校的目标相一致；其次要评审高校的人事合同和行为，并将其与 FACE 的目标进行比较；再次要根据现有的差距，制定达到 FACE 目标的初步战略。准备阶段的第二步是制定分会的集体谈判议程。在这一阶段，分会可以将 FACE 的要素整合进分会的优先工作中。具体来说，分会可以通过集体谈判调查寻找可以参加的成员；分析参与的成员并制定初步的集体谈判议程；通过一对一的组织对话、小组会议、电子邮件讨论和其他途径向参与的成员寻求反馈。准备阶段的第三步是利用"团结就是力量"计划。每一个工会领导者都知道，让成员团结一致、充满激情是进行有效的工会运动的关键。为此，AFT 制定了一个名为"团结就是力量"计划，其出发点是认为学术工作者由不同类型的人员组成，包括全职终身制教师、全职非终身制教师、兼职教师、研究生雇员和其他专业人员，这些人员之间往往存在意见分歧，甚至针锋相对，使工会组织难以进行集体谈判、政治活动和内部组织活动，因此必须通过工会中和高校中不同成员开诚布公的反复讨论，工会成员才能团结一致。"团结就是力量"计划就是整合相关的项目和资源，将工会中和校园中的不同教师成员聚在一起，帮助他们寻找共同点，并协助他们建立一个共同的计划。同时该计划还会对自身进行解释，对地方分会的领导者进行培训，并协助其进行

---

23 American Federation of Teachers. Collective Bargaining Tookit (R/OL).
　　http://www.aftface.org/storage/face/documents/face_cbtool.pdf, 2011-09-01/2012-03-27.

公共教育等。

（2）执行阶段

执行阶段是指分会的相关人员与高校的管理者坐在一起、进行沟通的过程。执行阶段的第一步是与管理人员谈判。与管理人员进行谈判的形式要依具体情境而定，其影响因素包括地方分会的文化、谈判的途径以及分会与高校管理人员的关系等。首先，建立一个具有代表性的谈判小组是十分重要的，也就是说该小组的成员要尽可能地代表工会以及学术共同体中的各类成员。其次，提出谈判建议也很重要，为了让人们接受这一建议，有必要通过工会的简讯或网站来使人们分享建议及其制定的依据。再次，相关人员要到谈判桌前进行正式谈判，这时既要保证谈判的进度，又要维持融洽的气氛，而在谈判期间，分会一般要做的事情是，制定一个明确的交流时间表，以确定管理人员是否愿意就系统的变革进行谈判；定期向分会成员汇报提出的建议和反对意见；与更广大的校园社区讨论沟通过程。执行阶段的第二步是赢得公众支持。赢得公众支持的途径包括与各种社区团体接触、与其他相关组织建立联盟、与媒体进行接触，以及进行公众教育等，具体怎样做依赖于谈判问题的性质、与相关组织的沟通情况，以及地方分会领导者的个人行事风格。执行阶段的第三步是达成协议。在沟通过程的最后，地方分会的成员，以及谈判各方可能已经就谈判的重点达成了广泛的一致，这时便可以形成一个协议，标志着集体谈判最重要环节的完成。

（3）后续阶段

即使集体谈判已经结束，地方分会依然可以做很多工作来完善学术领域的人事管理制度，并促进工会的进一步巩固。后续阶段的第一步是集体谈判协会认可，也即在沟通结束以后要告知成员和相关联盟，地方分会的哪些FACE 目标已经达成。这么做是因为分会成员和 AFT 的合作者需要看到，他们采取的行动取得了真正的进展，而地方分会也需要通过协议认可过程使相关条款得到成员的认同。后续阶段的第二步是认可谈判的积极分子和相关联盟的工作，并维持与他们的关系。想要使集体谈判活动继续下去，就要让分会的成员知道，他们对谈判的成功是功不可没的。因此，维持与集体谈判中相关人员的关系有利于保持和壮大地方分会未来进行集体谈判的力量。为此，分会要承认和感谢为集体谈判的成功贡献力量的人们，具体的形式包括分会领导向积极分子致以个人感谢信；致以荣誉证书或其他奖励；在成员大会或庆功会上致以正式认可。后续阶段的第三步是谈判后评估,主要考察新达成的集体谈判协议是否实现了分会的目标,在哪些方面取得了进步,以及在哪些方面还要继续努力。具体来说,分会可以关注以下问题,即通过集体谈判达到了哪些短期目标;哪些短期目标还没有达到;短期目标的现实可行性如何;是否有目标可以不通过集体谈判就能达成;分会长期目标的进展如何;长期目标的现实可行性如何;哪些长期目标可以不通过集体谈判过程就能达成。后续阶段的第四步是展望下一轮集体谈判。为了准备下一轮集体谈判,分会可以做的工作包括,根据未达成的目标确定未来的集体谈判目标;通过申诉程序监督和巩固协议中的新条款,从而使地方分会了解新条款是否有效,以及如何修订;围绕 FACE 继续发展成员、公众和法律支持。

学术自由谴责和集体谈判由于最早是不同性质的学术自由风险治理组织所采取的治理措施,它们分别体现了各自组织的特色。学术自由谴责倾向于通过向高校施加压力,迫使高校迫于相关专业组织在高等教育领域的巨大影响,改正自己对教师学术自由的侵犯行为。集体谈判由于是工会组织经常采用的措施,它倾向于直接发起相关人员之间的谈判活动,帮助教师解决涉及学术自由的具体问题,使其能够应对单凭自己力量难以应对的风险。

四、教师创新风险治理组织中扶持和监督反馈机制的功能和优势

在教师创新风险治理组织治理创新风险的过程中,扶持和监督反馈机制发挥的作用是能够将组织的触角伸向基层,通过分会的设立与高校建立密切的联系,从而时刻监督高校中教师的创新活动,发现创新过程中存在的风险,并将具体情况反馈给总会,由总会汇总来自各地的信息,统一制定创新风险治理政策,以此来指导分会帮助教师应对所在高校的具体风险。这样,扶持和监督反馈机制尤其适用于保护教师的学术自由,以此来降低教师的创新风险。阿瑟.刘易斯在他的《经济增长理论》中提到,"制度促进或者限制经济增长取决于制度对努力的保护,为专业化提供的机会,以及所允许的活动的自由。"可见,在教师的创新活动中,学术自由就像是周围的空间和空气,如果其遭到了剥夺,教师的创新活动就会被束缚和窒息。学术自由问题是每一个高校教师在做学术工作时都可能遇到的问题,因此对侵犯学术自由行为的应对并不是只关系到一小部分教师,而是关系到高校教师的主体。利益相关者数量的庞大决定了利用扶持和监督反馈机制来治理教师的学术自由风险是

适当的，这也说明了为什么美国在学术自由领域较有影响的组织都采用该机制来帮助教师应对风险。由于创新活动的成果能够给社会各方利益相关者带来巨大的利益，因此无论是政府还是企业等部门都希望以各种手段对创新活动进行控制，这便为教师的创新带来了学术自由风险。扶持和监督反馈机制对教师学术自由风险的治理实际上是各种力量围绕高校教师学术自由问题进行博弈的结果，也即单个教师的力量过分弱小，无法对抗高校行政力量所带来的学术自由风险，因此他们选择结成代表教师利益的组织，作为居于第三部门的利益集团对教师学术自由风险进行治理。无论是学术自由谴责措施，还是集体谈判制度，教师学术自由风险治理组织都注重通过宣传和游说等活动赢得政府和公众的支持，通过政府的法律政策以及公众的舆论向侵犯学术自由的高校施加压力，使它们出于长远发展的考虑而不得不对教师让步。各种力量对教师造成的学术自由风险往往是通过制度性的安排实现的，为此教师学术自由风险治理组织所采取的风险治理措施一般都致力于促使高校进行制度变革，如对内部的教师聘任制度或大学治理制度进行调整和修正使教师能够按照学术发展的规律自由地进行研究和教学，而不用担心因受到制度的压迫而不能达成学术的目的。

第二节　学生创新风险治理组织的扶持和监督反馈机制

学生也是高校创新活动中的重要主体之一，他们的创新成果不但可以为所在社区及整个社会作出贡献，通过创新活动的所引起的学生创新能力的提高，还有利于为社会输送更多符合时代要求的创新人才。为了使高校的学生更好地从事创新活动，减少或消除学生创新活动中的风险，美国社会中也存在着一些学生创新风险的治理组织，它们将学生作为成员，主要服务于学生，并利用扶持和监督反馈机制治理创新活动中的风险。

一、治理结构

治理结构是学生创新风险治理机制发挥作用的基础。以学生创新风险治理组织为界，可将治理结构划分为外部治理结构和内部治理结构，它们分别具有网络型和分会型的形态。

（一）网络型外部治理结构

以一个针对健康职业的学生创新风险治理组织——美国健康职业学生组织（Health Occupations Students of American，简称 HOSA）为例，该组织是一个受到美国教育部和职业和技术教育协会（ACTE）的健康科学部的认可的全国性学生组织。该组织有两个使命，一是增进卫生保健行业的职业机会，二是向全体人民提供高质量的卫生保健服务。要实现上述目的，就必须培养出具有创新精神的毕业生，使他们能够大胆地发挥自己的创造能力用于造福社会。因此，HOSA 在履行自己的职责时也关注卫生保健领域的学生的创新风险问题，并通过各种方式实现对学生创新风险的治理，以促进卫生保健教育的发展。

就 HOSA 的外部治理结构来说，它已经形成了一个网络结构。这种网络结构又体现在两个方面，一方面是 HOSA 作为主体的网络，主要表现在将其他组织的一个成员吸收进 HOSA 的董事会，或吸引企业组织提供赞助，参加会议等，从而使更多的利益相关者参与 HOSA 对学生创新风险的治理；另一方面是 HOSA 作为成员的网络，也就是 HOSA 加入更高层次的合作网络，如全国健康科学和技术教育联盟（National Consortium on Health Science and Technology Education）和全国职业和技术学生组织协调委员会。以全国职业和技术学生组织协调委员会（National Coordinating Council for Career & Technical Student Organizations）为例，该委员会位于华盛顿特区，成员是来自美国现有的 10 个职业学生组织、美国教育部、职业和技术教育协会（ACTE）、州职业教育主管协会（State Directors of Vocational Education Association）和全国职业教育顾问委员会（National Advisory Council on Vocational Education）。上述的 10 个学生组织除了 HOSA 之外，还包括美国商业专业学生组织（Business Professionals of America）、美国零售业教育俱乐部（Distributive Education Clubs of America，简称 DECA）、美国未来商业领导人组织（Future Business Leaders of America）、全美未来农民组织（National FFA Organization）、美国家庭、职业和社区领导者组织（Family, Career & Community Leaders of America）、全国中等后农业学生组织（National Postsecondary Agricultural Student Organization）、全国青年农民教育协会（National Young Farmer Education Association）、技术学生协会（Technology

Student Association)、技术美国——职业工业协会（Skills USA—VICA）。[24]在这种合作网络中，HOSA 以成员的身份出席，它与网络中的其他相关组织是平等主体的关系，因此要与各个组织通过共同协调的方式实现对学生创新风险的治理。

　　可见，学生创新风险治理机制的外部治理结构是一种由学生创新风险治理组织、政府部门、其他第三部门组织和企业组成的网络组织，这些组织之间的合作体现了多方利益相关者对学生创新风险的共同治理。在具体治理过程中，学生创新风险治理组织直接作用于学生及其创新活动，而其他组织则为学生创新风险治理组织提供经费支持以及其他方面的支持，从而实现了组织间的分工合作，即学生创新风险治理组织将主要精力放在开发各种活动、帮助学生应对创新风险上，而其他组织则将主要精力放在为学生创新风险治理组织的有序运转提供支持上，从而促进了不同领域的专家有针对性地发挥自己的专长，使他们能够在学生创新风险的治理上发挥合力。

（二）内部治理结构

　　本书还以 HOSA 为例来探讨学生创新风险治理组织中的扶持和监督反馈机制的内部治理结构。HOSA 是一种分会结构，即在全国 HOSA 下面又设有州协会等地方附属机构。该组织成立于 1976 年，自成立之后发展很快，到2009-2010 年已有 120000 名成员，47 个 HOSA 州协会和大约 3200 个中高等教育分会。HOSA 的成员都是健康科学专业的中学生、继续教育学生和大学生，并且这些学生未来都想在健康行业就业。那些虽不是学生，但是与健康科学领域有关，或在该领域工作，或为该领域提供支持的人也可以成为 HOSA的成员。HOSA 还有一些自由成员，这些成员在 HOSA 全国会议上没有投票权，也不能担任任何职务，但是在有效的 HOSA 分会没有建立起来时有资格成为正式成员。这些自由成员直接隶属于州协会，或州协会下面的区域协会。当有的州协会还没有建立起来时，自由成员便直接隶属于全国 HOSA。HOSA的荣誉成员是那些为 HOSA 的发展做出重大贡献的，或为组织提供了优良服务的人。当 HOSA 的董事会有 3/4 票通过时，一个人就可以当选为荣誉成员。荣誉成员对 HOSA 没有责任，单享有组织的所有特权，除了投票权、动议权、任职权和竞选权之外。HOSA 的终身成员只赋予专业人员，他们必须是或曾

---

24 Health Occupations Students of American. The History of HOSA (R/OL).
　　http://www.hosa.org/natorg/hosa_history.pdf, 2011-09-07/2012-03-27.

经是组织的积极成员，或正在参与或曾经参与了 HOSA 的工作。终身成员的会费是 150 美元。他们虽然获得了终身身份，但没有投票权，不能提出动议或在组织中任职。

HOSA 的最高领导机构是 HOSA 有限公司的董事会。HOSA 有限公司与作为学生组织的 HOSA 不同，它是 HOSA 的赞助者，主要以公司法人的身份负责管理各种学生计划，制定学生创新风险治理的政策。HOSA 有限公司的成员是由赞助机构正式委任的，直接负责 HOSA 和各附属机构的健康职业教育。董事会成员由 13-17 名 HOSA 各部门的代表组成。他们需要参加董事会的各个委员会，执行由董事会主席委派或指定的任务，并要向 HOSA 的执行委员会及其成员汇报行动。

董事会成员分为投票成员和非投票成员。投票成员又包括以下一些人：

（1）3 名代表州 HOSA 的成员，每名成员来自一个地区，任期 3 年；

（2）3 名来自中等教育或中等后 / 高等教育部门的地方 HOSA 顾问，每人来自一个地区，任期 3 年；

（3）1 名卫生保健行业的代表，任期 2 年；

（4）1 名健康专业的教师教育工作者，任期 3 年；

（5）HOSA 会长，任期 1 年；

（6）HOSA 候补会长，任期 1 年；

（7）2 名 HOSA 学生成员，一名来自中等教育部，一名来自中等后 / 高等教育部。这两名成员要在 HOSA 全国会议上由其各自的部门选出，任期 1 年；

（8）1 名自由董事或 HOSA 校友部成员，任期 1 年。

在董事会主席、候补主席、上届主席或秘书不能列席董事会时，还可以设置额外董事会席位，而这些席位要由投票成员担任。

董事会还有非投票成员，包括：[25]

（1）HOSA 的执行董事；

（2）HOSA 有限公司的财务官；

（3）职业和技术教育协会（ACTE）的副会长、健康职业教育部的副会

---

25 Health Occupations Students of American. HOSA, INC. AND THE BOARD OF DIRECTORS （EB/OL）. http://www.hosa.org/natorg/secta/part1-16.html, 2011-09-07/2012-03-27.

长或其他被指派者；

（4）健康职业监督者和教育教师工作者协会（Health Occupations Supervisor and Teacher Educator Council，简称 HOSTEC）的会长；

（5）健康职业教育工作者协会（Council of Health Occupations Teacher Educators，简称 COHOT)的会长；

（6）1 名美国教育部的代表，这名代表要由教育部长指派，且必须是教育部中直接负责健康职业教育的重要人员；

（7）1 名州职业生涯和技术教育主管全国协会（National Association of State Directors of Veteran Affairs，简称 NASDVA）的代表，具体人选由该协会的会长推荐。

可见，董事会的成员来源广泛，既有 HOSA 总会的工作人员，又有来自全国各地分会的成员；既有来自高等教育部门的人员，又有来自中等教育部门的人员；既有学生，又有教师；既有来自政府的代表，又有来自其他相关教育中介组织的代表等。HOSA 董事会人员构成的多样性使由多方利益相关者治理学生的创新风险成为可能，这样人们就可以从多个角度来考虑学生在创新活动中可能遇到的风险和问题，制定完善的创新风险治理战略来帮助学生降低创新风险。

在董事会之下还有许多全国委员会，包括教育研讨会委员会、执行委员会、市场委员会、专业发展委员会、政策和提名委员会和学术委员会。这些委员会由全国 HOSA 官员、HOSA 有限公司成员或 HOSA 有限公司董事会成员担任主席，其成员包括其他全国 HOSA 官员、其他 HOSA 有限公司董事会成员、州顾问、地方顾问、从中等教育部和中等后/高等教育部选出的 HOSA 成员。这些成员的职责是在董事会决策时，通过州顾问或州 HOSA 有限公司指派的人员，向董事会提出意见和建议。

HOSA 的执行机构是执行委员会，负责执行董事会制定的创新风险治理政策。执行委员会成员由全国 HOSA 的所有官员组成。执行委员会每年至少开两次会，这种会议要在 HOSA 全国会议后立即召开。其他的会议可以以见面会议的形式举行，也可以以电话会议的形式举行。这种会议要由会长或执行委员会的大多数成员提出，并由董事会主席批准。执行委员会要帮助规划和执行全国会议计划和商业活动，并帮助执行 HOSA 年度工作计划。

HOSA 的管理人员包括会长、候补会长、每个地区不同部门的副会长以及其他官员。会长以及其他官员的职责要在组织章程中明确写出，并由组织的最高领导机构批准。HOSA 的各种官员都要努力增进 HOSA 的福利，其中会长要主持全国 HOSA 会议和所有的 HOSA 官员会议，委任委员会，并在 HOSA 董事会和执行委员会的帮助下制定年度工作计划。会长也要参与董事会和执行委员会的工作。会长要由中等教育部和中等后／高等教育部在全国 HOSA 会议上共同投票选出。候补会长要在会长的指导下全权负责 HOSA 的事务，并在会长不在时代任会长之职。候补会长在会长的任期结束之后要继任会长之职，并要参与董事会和执行委员会的工作。地区副会长要根据年度工作计划，促进他所在地区、所在部门的发展。他们要成为提名委员会的成员，并在会长的领导下从事各种工作。每个地区不同部门的副会长有三个，其中一个要由执行委员会任命，负责草拟所有部门或官员会议的备忘录，将备忘录和其他记录整理好，并在 30 天内向 HOSA 全国总部汇报。第二个也要由执行委员会任命，他要记录该部门具有历史意义的记录和材料，将其整理成部门的年鉴，准备他在职期间 HOSA 的活动报告，并负责出版、通信和发展与成员组织之间的关系。第三个也由执行委员会任命，负责在必要时主持部门的会议。[26]

HOSA 州协会是 HOSA 的分会，它必须由 HOSA 的董事会授权，且必须包括以下部门，即中等教育部、中等后／高等教育部、外联部、校友部和专业部。其中中等后／高等教育部由中等后或大学生组成，他们必须有中学毕业文凭，是卫生保健专业的本科生，并致力于从事健康专业的工作。州协会的校友部成员必须曾经是 HOSA 的成员，他们要交会费，但没有投票权，不能提出动议，不能担任职务，也不能参加竞选。专业部的成员由健康科学教育领域的专业人员组成，包括健康专家、校友和社区中愿意帮助和支持 HOSA 发展的成年人。专业部成员要支付会费，但没有投票权，不能提出动议，不能担任职务，也不能参加竞选。HOSA 州协会还有监督人员，即州健康科学技术教育计划监督员，或州协会中的指定代表。

在 HOSA 的地方组织中，地方顾问是一个非常重要的职位。由于 HOSA 是一个学生组织，因此需要一个能够意识到自己承担的职责，并且熟悉 HOSA 地方、地区、州和全国性组织结构的人对学生进行咨询和指导。顾问的角色是多样的，既是一个教师，一个指导者，又要是一个资源提供者，最重要的是他

---

26 Health Occupations Students of American. HOSA Bylaws (R/OL). http://www.hosa. org/natorg/hosabylaws.pdf, 2010-06/2012-03-27.

要成为组织发展和学生学习的驱动力。为了帮助 HOSA 分会更好地工作，使学生能够更好地学习健康科学教育课程，并在未来担任健康领域的工作。顾问的具体工作有：支持行政工作；组织地方 HOSA 分会；保证将 HOSA 的理念和活动融入到健康科学教育的课堂中；作为资源帮助和促进 HOSA 学生成员工作计划的制定和相关活动的执行；影响领导力的发展。总之，HOSA 顾问的作用是巨大的，他可以直接帮助学生降低创新风险，因为学生在从事创新活动时，可以向顾问寻求帮助，及时改进自己的解决问题的方法，提高成功的几率。

二、各要素之间的关系

在治理结构的基础之上，学生创新风险治理机制还包括各要素之间的相互关系，具体指组织部门之间的关系、组织与学生之间的关系，以及学生与学生之间的关系。

（一）组织部门之间的关系

1. 支持合作式的组织与外部相关组织的关系

学生创新风险治理组织要能够有效地发挥创新风险治理的作用就必然需要获得其他组织的支持。一方面，创新风险治理组织需要政府提供政策支持以及其他方面的支持服务，另一方面，这些组织还需要从一些基金会以及企业那里获得资金支持，以弥补组织的会费收入的不足。除了获得支持，学生创新风险治理组织还要与其他相关组织展开合作。一方面，创新风险治理组织为了扩大自己的影响力和治理力度，需要与其他教育中介组织联合起来，共同作出相关的决策，以在更大范围内解决学生创新活动中的风险问题。另一方面，这些组织还需要与高校合作，参与他们的课程开发和实施，以借助创新风险治理组织的专业资源，更好地提高学生的创新能力，以降低创新活动中的风险。

（1）政府与学生创新风险治理组织之间的关系

政府是学生创新风险治理组织的重要支持者，主要体现在政策支持和其他支持方面。以 HOSA 为例，该组织是由美国教育部认可的组织，相关的政策文件是"职业和技术学生组织政策声明"。在该政策文件中，美国教育部指出，教育部与职业和技术学生组织（career and technical student organiations，简称 CTSOs）一直保持着密切的关系。教育部认可 HOSA 过去的成就和未来发展潜力，认为它能够促进美国 21 世纪教育目标的达成，为此，教育部对

HOSA 的目标表示支持，并要求 HOSA 继续推进职业和技术教育的发展。此外，教育部还表示，要通过州的相关机构向 HOSA 提供技术和支持服务，帮助组织改进健康科学教育的质量和适应性，发展学生的领导力和公民责任感，消除性别和种族歧视和刻板印象，并为特殊学生群体服务。[27]

（2）学生创新风险治理组织与其他第三部门组织之间的关系

a. 支持关系

其他第三部门组织也是学生创新风险治理组织的重要支持者，它们除了可以为学生创新风险治理组织提供资金支持，还可以为其提供智力支持。以考夫曼基金会为例，该组织是世界上最大的创业基金会，它非常关注创新成果转化问题和学生创新专业能力培养问题，因此是一个重要的学生创新风险治理组织。在 2006 年 1 月，考夫曼基金会成立了一个由优秀教育者组成的多学科小组，旨在考察美国高校中的创业教育，并就其有效地开展提出建议。创业教育是一种以提高学生的创新和创业能力，促进学生成功创业的教育，它可以帮助降低学生在缺乏支持情况下的创业风险，是一个重要的创新风险治理措施。为了帮助高校以创业教育为手段降低学生创新风险，这个多学科小组通过研究多种创业教育模式和实践，在报告中提出了很多建议，包括如何在本科教育、专业教育、研究生学习和教师评价等诸多事项中贯彻创业因素，并且还就合作课程和大学管理等诸多话题发表了自己的看法。[28]在报告的靠后部分，研究者还列举了当前美国高校中专业教育的成功案例，这样就使报告能够从理论上对高校开展创业教育提供指导，为其他学生创新风险治理组织有效开展风险治理工作带来启示。

b. 合作关系

在合作方面，学生创新风险治理组织与其他第三部门组织的合作关系表现在决策合作和教育合作两方面。其中决策合作主要指创新风险治理组织吸收其他相关组织的代表参与自己的决策，从而完善自己的创新风险治理行为，或是参与其他第三部门组织的相关会议，通过与利益相关者进行协商，共同制定相关政策。以 HOSA 为例，HOSA 经常会和许多第三部门的相关组织建立起合作关系。有些组织会派一个成员加入 HOSA 董事会，如健康职业教师

---

27 Health Occupations Students of American (EB/OL).
http://www.hosa.org/ctsopolicy.pdf，2006-09-21/2011-09-07.

28 Kauffman Foundation. Entrepreneurship in American Higher Education (R/OL). http://www.kauffman.org/uploadedfiles/entrep_high_ed_report.pdf, 2006-01/2012-03-27.

委员会（Council of Health Occupations Teachers）和职业和技术教育协会（Association for Career and Technical Education）。其中职业和技术教育协会中参与 NOSA 董事会的成员是协会的健康科学技术教育部的副部长。另外，HOSA 还会出席高校中的相关会议，以及有高校参加的外部组织会议等。在这些会议上，HOSA 能够与高校中的相关人员进行面对面的交流和协调，有利于进一步将 HOSA 的理念引入高校，加强与高校的合作

在教育合作方面，学生创新风险治理组织的相关人员会通过交流、协调及其他各种方式与高校建立合作关系。以 HOSA 为例，它通过加入公共地址系统、发出活动的邀请信、发传单、学校报纸以及广播电视宣传等途径向高校宣传自己，争取获得高校和学生的支持，扩大其在高校和学生中的影响。另外，它经常将自己的一些教育活动或措施整合到高校健康科学教育的课程中，旨在将学生培养成全面发展的人，使他们不仅掌握卫生保健专业的基本技术，还具有创新能力，成为卫生保健团队的领导者。[29]

（3）学生创新风险治理组织与企业的关系

学生创新风险治理组织与企业之间的关系主要表现为资金方面的相互支持。一方面，企业能够为学生创新风险治理组织提供经费，而创新风险治理组织也会利用各种机会来吸引企业对组织的资助。以 HOSA 为例，它在 2010 年的全国领导会议上积极向企业及其他组织开放，凡是提供赞助的企业都可以参加会议。会上企业或其它组织可以见到 6500 个未来的卫生保健专业的领导者，除了参会讨论外还有 4 天的全国竞赛、领导发展活动、团队建设活动、健康行业赞助和组织的讲习班等。[30]企业参加的这种会议虽然不像董事会那样能够做出有约束力的决议，但通过参会也能够激发各方利益相关者的讨论，促使他们就学生创新风险的问题达成共识，并推动相关企业实现与 HOSA 更高层次的合作。

另一方面，学生创新风险治理组织也可能会为企业提供资金支持，促使企业开发一些能够帮助学生降低创新风险的工具。例如，帕罗．阿尔托研究所（Palo Alto Institute）对马拉兰制片公司（Miralan Productions）的教育资助

---

29 Health Occupations Students of American (EB/OL). http://www.hosa.org/whatis.html, 2011-09-06/2012-01-23.

30 Health Occupations Students of American. HOSA Future Health Professionals 2010 (R/OL). http://www.hosa.org/natorg/partnerships/partnership_opportunities.pdf, 2011-09-07/2012-01-23.

就是一个创新风险治理组织资助企业的范例。帕罗. 阿尔托研究所是一个非营利性的第三部门组织,该组织成立于 2005 年,因坐落于硅谷中心的帕罗. 阿尔托而得名,旨在联合对创造性和智力性探索感兴趣的创新思想者,通过研究和教育在一些新兴领域发现和推广真理。[31]在 2011 年,该组织资助马拉兰制片公司制作了纪录片——《冒险之事》(Something Ventured)。该片讲述了苹果、因特尔和思科等世界知名公司的早期创立者的故事,而帕罗. 阿尔托研究所的贡献则是投资 2000 美元帮助该片开发了一个教育包,为经济、工程和科学领域的学生和教师提供学习指导,其主要的话题就是创业、创新、风险和领导力等问题,从而鼓励包括学生在内的未来创业者打破传统的边界,积极参与创新项目。[32]

2. 扶持和监督反馈式的组织内部各部门之间的关系

以 HOSA 为例,该组织内部的组织结构是一种分会式结构,即 HOSA 由若干州协会组成,而每个州协会又由若干地方分会组成,一些州也可能在州协会和地方分会之间增加一个组织层级。HOSA 总部、州协会和地方分会等各部门之间是一种扶持和监督反馈式的关系。如果哪个州对 HOSA 的活动感兴趣,它可以联系 HOSA 总部,表达其成立州协会的意愿。对于一个新建的州协会,全国 HOSA 提供的支持包括:[33]

- 一部全套的 HOSA 正式出版物;
- 就组织州协会及其地方分会的活动提供咨询;
- 派遣 HOSA 全国官员或其他代表对州协会进行访问;
- 提供保证州协会成功建立的其他帮助。

如果建立一个州协会存在难以克服的困难,HOSA 的董事会就会指定一个州机构或非盈利性组织对该州协会进行赞助。在这种情况下,HOSA 总部会根据程序寻找州协会的赞助者,而在赞助者找到之前,州协会的成员和下属分会都要直接隶属于 HOSA 的全国组织。

HOSA 的地方分会是由地方顾问组建的,这个地方顾问并不是从 HOSA

31 Palo Alto Institute. About Us (EB/OL). http://paloaltoinstitute.org/about-us, 2011-11-29/2012-03-27.

32 Palo Alto Institute. Grants (EB/OL). http://paloaltoinstitute.org/grants, 2011-11-29/2012-01-17.

33 HOSA. Policies and Procedures Manual (R/OL). http://www.hosa.org/natorg/polpro.pdf, 2010-08-01/2012-03-30.

上级部门派遣下来的官员，一般是在高校中或相关学校中从事健康科学教育的教师。地方顾问在组建地方分会时要与其所在州的州顾问联系，表达其组建地方分会的兴趣。地方顾问除了可以从州顾问那里获得支持，还可以求助于本州其他已经存在的地方分会，这些地方分会会向新的地方顾问介绍自己过去的经验和未来一年的发展计划。地方顾问对于地方分会的筹建和运行意义重大，其在筹建地方分会时负责调动广大学生的积极性，确定可能成为领导的学生，以及最有动力、创造力和最投入的学生。地方顾问可以跟学生个别开会，讨论调动同学积极性和获取支持以建立分会的方法，并让学生展开互动，决定可能的分会活动，以使学生迅速投入到分会中去。地方顾问要鼓励学生竞选分会的职务，并与学校领导者接触以获得认可和支持。地方顾问要意识到学区、地区、州和全国 HOSA 组织的不同功能，并要根据所在的层次，让学生参与到相关的活动中去。地方顾问还要鼓励分会与分会之间的竞赛活动，因为各个分会不仅是合作的关系，它们还可以形成一种竞争关系，这样可以提高人们的积极性，激发人们对组织目标的认同，并且提高分会之间交流的热情。地方顾问不但是地方分会活动的促进者，还是地方分会活动的监督者。他负责监督地方分会中各委员会的活动，参加地方分会的各种仪式，出席学生组织的有关各种活动计划的会议，监督地方分会的财务活动，完善地方分会的组织程序，帮助学生评价他们的活动程序，监督和修正地方分会的各种报告，同时还要向 HOSA 州和全国层面的相关官员汇报地方分会取得的成绩。[34]

总之，HOSA 内部各组织部门的这种扶持和监督反馈式的关系使 HOSA 的各地方分会能够在上级组织的支持下顺利运转，同时由于地方分会的地方顾问就是所在高校的教师，他对该校学生的创新活动和其他活动的情况有更加深入的了解，因此他可以利用组织赋予他的自主权采取各种符合实际的措施治理学生的创新风险，并又能在监督学生创新风险治理活动的过程中将组织的情况及时汇报给上级组织，使上级组织不断调整自己的创新风险治理战略，更好地完成学生创新风险治理的使命。

3. 相互依存式的组织与学生之间的关系

对于学生创新风险治理组织来说，治理学生创新活动中的风险是其重要

---

34 HOSA. New Advisor Handbook (R/OL). http://www.hosa.org/advisor/advisor_ handbook.pdf, 2008-08-21/2012-03-30.

使命，而要圆满地完成这种使命就必须要通过提供资助、创业支持、组织交流活动、推出教育项目和组织竞赛等方式提高学生的创新能力，为学生的创新活动提供经济、技术和信息方面的支持。在上述方式中，提供资助和创业支持和组织交流活动等主要是从克服创新的环境风险因素的角度来应对创新风险，旨在为其提供各方面的支持，完善创新活动开展的条件，从而降低其创新活动的阻力。组织交流活动和推出教育项目主要是从克服创新的主体风险因素的角度来应对创新风险，旨在通过各种活动弥补学生创新能力上的不足，提高其创新活动的成功率。组织竞赛则是从克服创新的实践风险因素的角度来应对创新风险，旨在以竞赛的方式为学生提供创新机会，使他们在竞赛中充分发挥自己的创新能力，而不用为创新活动的组织、协调和经费等事宜花费过多的精力。

对于学生来说，一方面他们可以通过参与学生创新风险治理组织的决策的方式来对组织的行为产生影响，如 HOSA 召开的各级各类会议就是吸引成员学生参与决策的活动；另一方面，学生还要通过缴纳会费的方式维持组织的运转。例如 HOSA 在会费制度方面，州协会的年度会费必须在相关的政策和程序说明中指出，并获得 HOSA 和各部的代表批准。如果有额外的会费需由州和地方的相关组织进行评估。秋季入学的学生的会费要由全国 HOSA 在 1 月 1 日之前收取。春季入学的学生的会费要由全国 HOSA 在同年的 3 月 1 日之前收取。学生作为成员的期限是按照年来算，且到 12 月 31 日结束。不按规定日期入会的学生将没有资格参加 HOSA 的年度竞选，因此没有资格在全国 HOSA 任职。

4. 协商互动式的学生之间的关系

在扶持和监督反馈机制中，学生是创新风险治理组织的主要组成人员，学生与学生作为平等主体，他们之间的关系通过对话、讨论和协商表现出来。如在 HOSA 对学生创新风险进行治理时，需要学生参与董事会，通过沟通与协商作出决策。还有一些学生创新风险治理组织是由相关领域的专家和教育工作者组成的，决策时没有学生参与。在这种学生创新风险治理组织中，学生的参与比较有限，即并不能参与到董事会决策，而只能参与到一些非决策性的成员大会中。在以学生为主体的学生创新风险治理组织中，由于学生数量庞大，其内部治理结构一般采用分会形式，且每一级分会组织都有一定的自主权，这样学生能够作为董事会成员更直接地参与分会的决策，在创新风险治理过程中居于主导地位。

三、共同协调运行方式

（一）成立风险治理委员会

成立学生创新风险治理委员是进行创新风险治理的第一步。为了保证创新风险治理的有效性，美国的学生创新风险治理组织都有严格的人员选拔程序。以 HOSA 为例，该组织的所有官员都是在候选人中选出的。候选人必须是 HOSA 声誉良好的现有成员，且必须通过 HOSA 的信息和会议程序考试。及格分是多少由执行委员会决定，并由董事会批准。每个职务的候选人都要通过各自的州协会向全国 HOSA 总部提交要求的信息。信息的提交要在 HOSA 全国会议开始之前进行，截止日期由董事会确定。候选人要提交的信息包括：

1.附有 HOSA 办公室记录的提名表；

2.当年学术成就的确认声明；

3.有签名的支持声明，包括学校校长、职业和技术教师或大学院长的签名；地方分会顾问的签名；州协会顾问的签名；如果候选人是中学生，还需要有家长或监护人的签名。

人事选拔由提名委员会负责，该委员会由董事会委任，其成员至少要包括一个董事会成员、其他州的两名中学生、两名大学生（其中之一要来自其他州）、一名中等后／高等教育副会长和三个地区副会长，具体的人选由董事会指定。提名委员会要评审候选人的资格，每个职位的候选人不得超过五个，每个州协会对每个职位最多只能提名两位中等教育候选人和两位中等后／高等教育候选人。候选人已有的职位并不一定要很高，只要其符合要求，可以选拔基层人员。

除了会长之外，学生官员都要在 HOSA 全国年会上由无记名投票选出，选出的官员任职一年，直到其继任者被选出。候补会长可继任会长，任职期限为一年。如果在选举时哪个候选人都不能获得决大多数票，就要在年会结束后立即进行加时赛。除了要继任会长的候补会长外，全国 HOSA 的任何官员都不得在同一个部门连任。

如果会长职位出现了空缺，候补会长可以继任会长。如果其他职位出现了空缺，董事会可以在与执行委员会协商后从提名名单中指定人员填补空缺。如果名单中没有这一职位的候选人，董事会可以选拔另一个有资格的获选人。

（二）进行风险决策

有关学生创新风险治理的决策由学生创新风险治理组织通过各种会议作出，因此这些组织都具有完备的会议制度。以 HOSA 为例，HOSA 全国会议的每一个部门每年都要举行年会，时间和地点由董事会指定。参会人员是州协会的投票代表，每个州协会有多少投票代表由州协会的人数决定。在选出每个代表之后还要选出一个替补代表。代表的任命要在全国会议之前 60 天完成。在全国会议开始之前，执行委员会要委任一个资格委员会和一个规则／仲裁委员会。每个委员会都有一个中学生、一个大学生、一个中等教育顾问和一个中等后教育／高等教育顾问。资格委员会要评审和批准由 HOSA 全国会议制定的代表名单，监督代表的登记，在每场分会的开始提交报告，说明参会代表的数量，并在每次无记名投票时分发选票和统计选票。规则／仲裁委员会要在执行委员会批准的情况下，向会议提交规则说明、经济安排和会议的行为规则。另外，委员会还要评审根据已有程序呈递上来的所有问题和纠纷案，并在限定时间内向执行委员会提出恰当的建议。

（三）风险治理措施的实施

在确定了学生创新风险治理政策之后，创新风险治理组织一般还会通过一些具体措施来落实这些政策，具体包括提供资金支持、推出教育项目、提供智力支持、组织交流活动和开展竞赛活动等。这些活动分别从不同的角度帮助学生克服创新过程中的风险因素，其起作用的方式也是不同的。

1. 提供资金支持

提供资金支持主要是通过为学生提供经费，帮助学生克服创新过程中的经济环境风险因素。以一个创新风险治理组织——密歇根学习中电脑使用者协会（Michigan Association for Computer Users in Learning，简称 MACUL)为例，该组织成立于 1975 年，是一个教育领域的非营利性组织，旨在支持、促进和领导教育技术的有效使用。该组织的成员是所有教育者，既包括正在从教的教师又包括高校中的师范生。该组织的主要任务是帮助师范生和教师认识当前的教育技术现实，了解技术进步的重要意义。[35]在从事这项工作的过程中，该组织一直以激发教育中的创新行为为己任，因此它积极致力于提高教

---

35 Michigan Association for Computer Users in Learning. About MACUL (EB/OL). http://www.macul.org/aboutmacul/, 2011-12-01/2012-03-27.

育者的领导力，领导教学方法的变革，并且还通过为师范生提供资助的方式降低他们创新中的经济风险，促进其创新活动的开展。例如，该组织的专业学习特别兴趣小组（Special Interest Group for Professional Learning，简称 SIG-PL）在 2011 年推出了一项职前创新奖励计划（Pre-service Innovation Award Program），该计划是为高校中的师范生设计的，旨在通过这种认可和支持活动使他们愿意承担风险，并创新教育技术的应用方式以促进学生的学习。想要申请该计划的学生必须提交一门课或指导活动的实施计划，并要以有趣和创新的方式来使用教育技术。该奖的获得者在得到一份奖金之后，还要在 2012 年 MACUL 的年会上汇报自己的课程以及评委的评价结果。[36]

2. 推出教育项目

推出教育项目旨在提高学生与创新有关的知识、技能和品性方面的水平，克服创新过程中的主体风险因素。以 HOSA 为例，该组织在全国领导会议上会推出各种教育项目，旨在有计划、有目的地影响成员的身心发展，包括各种教育和社会学习活动，以及参观展览等。教育活动要发展学生的多重素质，包括生理素质、心理素质、社会素质、领导力、品质、公民责任感、伦理行为以及对所在专业工作价值的尊重。这其中创新力是学生的一个重要素质，因此 HOSA 推出的各种教育活动中也包括提高学生创新力的教育活动，从而可以弥补学校教育中的不足，降低创新人才培养的风险。

3. 提供智力支持

一些学生创新风险治理组织会通过发布信息资源或研究报告等方式为学生或相关组织提供智力支持。如全国教育和经济中心（National Center on Education and the Economy）是一个学生创新风险治理组织，它成立于 1988 年，主要通过研究世界各国高质量的教育系统，发现它们的优秀教育经验，来指导美国教育的发展。[37]在教育领域的各种问题中，创新是一个非常重要的方面，为此该中心经常会组织相关人员研究有关创新的各种问题，加深人们关于创新的理解，从而降低学生及其他人员从事创新活动的风险。在 2005 年 9 月，该中心发布了一份名为《创新和创造来源》（The Source of Innovation and

---

36 Michigan Association for Computer Users in Learning. Pre-service Innovation Award Program (EB/OL). http://sigpl.org/?page_id=47, 2011-12-01/2012-01-10.

37 National Center on Education and the Economy (EB/OL). http://www.ncee.org/, 2011/2012-01-10.

Creativity）的报告，总结了当前所有来自个人和组织的有关创新和创造来源的研究和理论，并由此提出了一些建议，帮助教育系统更好的培养学生的创新态度，降低学生创新失败的主体风险。

该报告首先在总结前人研究的基础上提出了创新的 5 个来源，也即开展创新活动所必不可少的 5 个因素，即：

（1）知识：实现知识广度和深度的平衡；

（2）思维：能够将以前彼此分离的因素结合起来，并想出新的主意。这种"协同"思维必须与分析思维和实践思维相结合；

（3）个人动机：要具有适当层次的内部动机和激情，并辅以适当的外部动机和自信；

（4）环境：具有非威胁性和非控制性的环境，使人能够自由地进行观念的组合和再组合；

（5）明确的创新决定和对创造过程的元认知意识可以促进长期性创造活动的结果的生成。

该报告对进行创新和创造活动所需要的条件和要素进行了理论分析和总结，为教师进行创新教育，以及相关人员和组织采取措施降低学生的创新风险提供了理论基础。在此之上，报告还分析了哪些教育和教学技术对促进创新和创造是有效的，如何对创造力进行评估，以及这些评估有什么影响。[38]由于学生在离开学校后最终要进入工作岗位，该报告还探讨了在工作岗位激励创造和创新的技术，如何促进成功的创业者的发展，美国文化、社会和经济中的哪些因素使这个国家变得具有创造性和创新性，最后报告还为教育和未来的研究提出了一些建议，从更为具体的方面为人们治理学生的创新风险指明了方向。

4. 组织交流活动

组织交流活动旨在为学生和其他利益相关者提供交流平台，使他们在互动中加深对创新的认识，从而减少学生在创新活动中的主体风险因素。例如，HOSA 每年都要召开面向全体成员的全国领导会议。该会在每年 6 月举行，在全国的不同城市都有会议地点。该会议不仅包括各个部门的决策性会议或工作会议，还会安排许多交流活动，需要参加者交流讨论，但不需要作出决策的活动，如各个场次的成员会议、各种研讨会，以及成员之间的互动和交

---

38 Adams, Karlyn. The Source of Innovation and Creativity (R/OL). http://www.fpspi.org/Pdf/InnovCreativity.pdf, 2005-09/2012-01-03.

流等。这些活动虽然不能形成有强制力的最终决议，但有利于成员在讨论中增进对相关问题的认识，提高他们的创新能力，增大创新活动的成功率。[39]

5. 开展竞赛活动

竞赛看上去是一种竞争性的活动，但实际上这也是一种创新风险治理措施。因为在这种活动中，组织者会为参赛者准备竞赛活动的相关资源和材料，参赛者只需要根据给定的问题充分发挥自己的创新能力，无需过多关注创新实践中的各种不确定因素，即使失败也不会受到什么惩罚，因此开展竞赛活动是减少创新实践风险因素的重要措施。以 HOSA 的全国领导会议上推出的"创造性问题解决"活动为例，该活动的目的是鼓励健康科学学生分析问题解决过程，并通过团队合作运用问题解决技能创造新的问题解决办法，以应对虚拟的卫生保健领域的问题。

活动包括两轮竞赛，第一轮是一场笔试，主要评价学生对问题解决过程和方法的理解。得分较高的组将进入第二轮比赛，这时要给他们设置一个与卫生保健有关的问题，让他们创新解决问题的方式。比赛给各小组 30 分钟的时间去分析问题，并给他们一些与问题有关的材料。在经过了准备时间以后，各组有 10 分钟的时间向评委呈现其问题解决办法。

这次活动分中学组和中学后／高教组两类进行。参加活动的人必须是 HOSA 中声誉良好的积极成员。每个组由 3 或 4 人组成。在第一轮笔试中，试题包括 50 道多项选择题。参赛者有一小时的时间完成试题。评分时以小组为单位，即计算每个小组的平均分，得分较高的组将有资格参加第二轮比赛。

第二轮比赛的出场顺序以随机方式安排。每个小组被要求解决同样的问题，因此题目是保密的，直到整个比赛完全结束才能公布，同时也要求参赛者遵循专业伦理，不能向其他组泄露问题，也不能进行小组间的讨论。违反这一规定的参赛者将会受到惩罚。

在 30 分钟的准备时间里，比赛将发给各小组相关的材料，但小组不得携带其他材料进入准备室。比赛还会发给参赛者索引卡片、白板纸和记号笔用来记录和准备，并在口头回答时使用。当准备还有两分钟时，竞赛管理人员会进行提醒，敦促参赛者结束准备，收拾东西，准备进场。

小组有最多 10 分钟的口头回答时间。当只剩下 5 分钟和只剩下 1 分钟

39 Health Occupations Students of American. National Leadership Conference (EB/OL). http://www.hosa.org/nlc/nlc.html,2011-09-07/2012-03-27.

时，相关人员会用时间卡提醒。到了 10 分钟时，回答必须停止，之后评委会利用最多 4 分钟的时间问与题目有关的问题，并询问解决方案。如果两个组的最后得分一样，在笔试阶段得分最高的组将获得冠军。[40]

总之，学生创新风险治理组织中的扶持和监督反馈机制的运行方式是一种共同协调运行方式，这是因为学生创新风险治理组织只是第三部门组织，对各个高校及学生来说并不具有强制力，只是考察学生创新活动的具体情况，再会同利益相关者共同制定一些协调学生创新行为，增加他们交流机会的政策，而学生是否愿意接受政策的指导还要看其自己的意愿，可见在这种机制中，学生个人的自主活动空间是比较大的。

四、学生创新风险治理组织中扶持和监督反馈机制的功能和优势

在当代，社会的发展速度一日千里，这就需要高校培养出的人能够适应不断变化的时代要求，也即要具备创新的意识和能力。因此在高校中，不但教师以及其他管理人员需要从事创新活动，作为受教育者的学生也需要通过从事创新活动来发展他们的创新素质，并利用其创新成果为社会的进步贡献力量。高校中的学生数量众多，这些学生在条件具备的情况下都有可能成为创新主体，因此治理学生创新风险的组织一般都采用分会结构，组织内部各部门之间是一种扶持和监督反馈关系，即在组织的总会之下建立多个分会，并将分会的触角伸向各个高校，及时监督和帮助高校中的学生进行创新活动，减少他们在创新过程中遇到的风险。

与高校中的教师和其他工作人员相比，学生在知识和能力水平上相对较低，他们要进行创新活动会面临更大的风险，因此学生创新风险治理组织可以采取多种措施帮助高校中的学生应对创新风险，如提供资金支持、推出教育项目、提供智力支持、组织交流活动和开展竞赛活动等。这些活动或是通过为学生提供经费以克服其创新的经济环境风险因素，或是通过组织教育和交流活动应对其主体风险因素，或是通过开展竞赛为其提供更多的创新机会以减少其实践风险因素，力图从多个方面减少其损失的可能性，促进其创新活动的成功。

---

40 Health Occupations Students of American. CREATIVE PROBLEM SOLVING (R/OL). http://www.hosa.org/natorg/sectb/cat-iv/cps.pdf, 2011-07/2012-03-27.

第六章 美国高校创新风险治理的协调合作机制

美国利用协调合作机制治理高校创新风险的组织一般都具有网络型的内部治理结构,这种治理结构决定了构成网络节点的各个实体部门会形成一种相互合作的关系。由于各实体部门之间联系的紧密程度不同,这种相互合作关系又可分为协调合作关系和自主合作关系,而具有协调合作关系的创新风险治理机制就被称为协调合作机制。美国利用协调合作机制治理高校创新风险的组织的代表是"国家研究院"(National Academies),该组织是一个私立的、非营利性的机构,主要工作是为政府提供政策建议,为公众提供专业知识,以及促进科学、工程学和医学等方面的科研活动。国家研究院成立于1863年,最初的名称是"国家科学院"(National Academy of Sciences),成立的原因是当时的政府急需一个独立的顾问机构以供咨询科学问题。为此,林肯总统签署了一份国会宪章,要求成立国家科学院,以调查、考察、实验和报告任何科学问题。随着科学在国家和公共生活中的地位日益突出,国家科学院不断发展,并在1916年囊括了"全国研究委员会"(National Research Council),在1964年囊括了"国家工程院"(National Academy of Engineering),在1970年囊括了"医学研究院"(Institute of Medicine),[1]并最终更名为国家研究院。

1　National Academies. Who we are (EB/OL).
　　http://www.nationalacademies.org/about/whoweare.html, 2011-07-17/2012-03-27.

第一节　网络型内部治理结构

协调合作机制的外部治理结构与高校创新风险治理的其他机制一样都是网络结构，也即国家研究院作为一个社会第三部门组织是创新失败风险治理的中心，政府和其他利益相关者则为其提供政策、经费等各方面的支持。协调合作机制在治理结构上的特点主要体现在内部治理结构上。以国家研究院为例，它的内部结构是一种网络结构（见图13），由4个实体组织组成，分别是国家科学院、国家工程院、医学研究院和全国研究委员会。由于国家研究院只是为高校教师提供学术性的服务，对他们的控制力较小，因此国家研究院作为母体组织并没有统一决策权，只是设立了一些行政和服务部门处理一些联络性和服务性的工作，如科研中心图书馆（Reseach Center Library）、国家研究院出版社（National Academies Press）、信息和技术服务中心（Information and Technology Services）、行政办公室（Office of Administration）、首席财务官办公室（Office of the Chief Financial Officer）、合同和拨款办公室（Office of Contracts and Grants）、国会和政府事务办公室（Office of Congressional and Government Affairs）、发展办公室（Office of Development）、一般咨询办公室（Office of the General Counsel）、人力资源办公室（Office of Human Resources）、新闻和公共信息办公室（Office of News and Public Information）和报告评审委员会（Report Review Committee）。[2]这种组织结构既能使各实体性组织以学科为单位独立地处理各项事务，又能够使它们通过行政性和服务性的部门形成一个整体，扩大组织的影响范围。

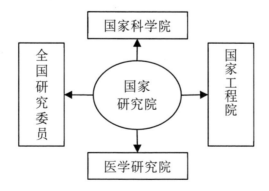

图13　协调合作机制的内部治理结构

2　National Academies. Organization List & Staff Directories (EB/OL). http://www.nationalacademies.org/directories/, 2011-07-17/2012-01-03.

具体来说，国家研究院的四个实体性组织的组织结构如下：

一、国家科学院的组织结构

国家科学院是杰出学者的协会，他们主要从事科学研究，旨在促进科学和技术的发展，并以此来增进社会公共福利。国家科学院是国家研究院四个实体性组织中最早成立的一个，当时美国处于南北战争期间，成立该组织的目的是为政府提供有关科学方面的政策建议。在战后的几年中，科学问题日益复杂，为了拓展对政府的咨询服务，国家研究院根据宪章在 1916 年成立了全国研究委员会。随着科学技术在公共生活中发挥的作用越来越大，国家科学院又根据宪章相继成立了国家工程院和医学研究院。最后，这几个组织统一为国家研究院，而国家科学院则成为国家研究院的下属组织，主要负责对工程学和医学之外的科学领域创新风险的治理。

国家科学院的基本运行规则是研究院的章程（constitution），它规定了国家科学院的组织结构和基本制度。[3]按照章程，国家科学院的决策机构是理事会，它也是高校相关领域创新风险治理的主要决策机构。理事会由 17 个成员组成，其中包括 5 名官员（院长、副院长、内事秘书、外事秘书和财务主管）和 12 名顾问，这些顾问都是从研究院的成员中选出的。国家科学院除了正式成员以外，还有退休成员和外国准会员，而对于正式成员来说，他们必须是美国公民。

国家科学院的最高领导者是院长。院长由理事会选出，其任期并不固定，而是根据具体情况而定，且在必要的时候还可以重新选举。院长还要担任全国研究委员会和其董事会的主席。如果院长长期不在或能力不足，理事会可以指定副院长担任主席职务。院长的选举要在理事会年会上通过无记名投票的形式进行，选出的院长一般从 7 月 1 日开始就职。院长（在院长不在或能力不足时可由副院长暂代）的职权是主持研究院会议和研究院理事会的会议；命名所有的委员会（除特殊情况以外）；执行由理事会批准的调研计划或研究计划，并向赞助机构汇报；在理事会的授权下，将政府所要求的调查委托给研究院的成员，或其他在该学科中有造诣的人员；在理事会的授权下向国会提交年度报告，该报告要包括财务主管和审计委员会的年度报告、委员会关

3　National Academy of Sciences.Constitution (EB/OL).
　　http://www.nasonline.org/site/PageServer?pagename=ABOUT_constitution, 2011-07-18/2012-03-27.

于信托基金的报告摘要、研究院在上一财政年度的活动记录，以及其他相关事项。如果需要采取任何紧急行动，院长可以应政府的要求进行行动，并在下次会议中向理事会报告。

国家科学院的执行机构是执行委员会，它在院长的领导下执行理事会的决定，包括相关的创新风险治理政策。执行委员会的成员总共有 7 人，包括院长、副院长、内事秘书、财务主管，以及院长指定的理事会其他人员。执行委员会的主席由院长担任，秘书由内事秘书担任。执行委员会的成员不能与他们其他职位的任期相重叠。除了提名研究院的成员以外，执行委员会在理事会的两会期间拥有理事会的所有权力，除非是理事会另有安排。

国家科学院的内事秘书和外事秘书要负责各部门的联络工作，在存在质疑的情况下向院长和理事会提供建议，在每年的相关会议上向研究院报告其行为。财务主管要负责研究院所有的收支工作，根据理事会的要求发行债券，并提供凭证；收取会费、付款和订购款，并保管显示收支以及研究院资金情况的账本，监管研究院的公章；在财政年度末期准备一个完整的报告，介绍研究院的财政事务，递交理事会批准，并要在随后的会议中呈递给研究院。财务主管还要在下一财政年度的中期准备一个补充财务说明，以便在年会上汇报。

国家科学院的副院长、内事秘书、外事秘书和财务主管的任期是 4 年，也可以重新选举。根据章程，这些官员的选举要在年会上通过无记名投票的形式进行，选出的官员一般从 7 月 1 日开始就职。在官员任期结束时，他们的卸任日期是 6 月 30 日。当某位除院长以外的官员职位出现空缺时，理事会将会指定另一名官员继任，直到 6 月 30 日，然后再在年会上正式选举新的官员。如果院长的职务出现空缺，副院长将成为执行院长，指导理事会安排正式的院长选举。

理事会还有一个财务委员会，而理事会的财务主管将担任财务委员会的主席。除此以外，财务委员会还要包括院长（或由副院长暂代院长之职）和不超过 6 个由院长指定的其他成员，其中一名成员必须是全国研究委员会的董事会成员。财务委员会有责任保管好研究院的财务资源，并决定所有与研究院持有或代管的证券买卖有关的事项。

国家科学院的具体事务由代表不同研究领域的各部门承担。由于科学研究的分支学科众多，各学科领域的专家要分别处理各自领域的创新风险问题。

每个部门要选出自己的部门主席，负责研究院该部门的工作。部门主席的任期是 3 年，且从选举过后的 5 月 1 日开始就职。部门主席的选举通过邮寄的或电子的无记名投票进行，具体程序由内事秘书批准决定。得票最多的成员将成为部门主席，且他在当选后要提名自己的继任者，要么在选举会议上提名，要么根据程序通过邮寄的方式提名。部门主席不得连任两届，且如部门主席的职位临时出现空缺，国家科学院的院长可任命一个临时主席，直到新主席被选出。[4]

二、国家工程院的组织结构

国家工程院也是国家研究院中的一个独立的实体部门，它的使命是通过聚集工程学专业杰出人才的专业知识和思想来促进国家技术事业的发展。国家工程院的成员主要是优秀的工程师，具体包括 2000 多个由同行选出的成员、外国准会员、经济、学术和政府部门的高级专业人员。他们为不计其数的项目提供领导和专业服务，这里面也涉及到高校教师的工程学研究和创新项目，为降低他们的创新风险发挥了积极作用。[5]

国家工程院的运行规则是研究院的章程，它是 1964 年 12 月 10 日由创始成员在研究院的组织会议上制定的。根据章程，研究院的最高领导机构是理事会，它在研究院的资金、活动、政策和目标方面享有最高的权力，也是高校创新风险治理的决策机构。理事会有权采纳研究院的年度预算，能在必要时制定和补充内部成员，以完成其各种事务性需要。理事会的成员包括研究院的官员、12 个研究院的其他成员以及国家科学院的院长。此外，理事会还要有一个执行委员会，其成员包括研究院的官员、国家科学院的院长以及至少 3 个顾问，顾问的人选要与院长协商，并由理事会批准。研究院的主席要担任执委会主席。

研究院的成员由正式成员和外国准会员构成，其中正式成员必须是美国公民，又包括活跃成员、退休成员和无效成员。研究院的成员通过选举产生，所有当选的成员都能获得研究院的证书。活跃成员的权利包括：有权就研究院事务进行投票；有资格担任官员、顾问或某个常务委员会的主席；有资格

4　National Academy of Sciences. Bylaws (EB/OL). http://www.nasonline.org/about-nas/leadership/governing-documents/bylaws.html, 2011-10-12/2012-03-27.

5　National Academy of Engineering. About NAE (EB/OL). http://www.nae.edu/About.aspx, 2011-07-18/2012-01-01.

在所有的委员会任职；有权提名成员的获选人；有权出席成员年会、经常性会议和特别会议；可以就研究院的事务进行交流。积极成员如果被列入无效成员名单，将不再享受成员的任何权利。

凡是担任了至少 10 年以会费付薪的活跃成员之后，或年龄达到 75 岁的成员就可以从研究院的一线事务和职业生涯中退休。对于那些自己要求解除积极成员身份的成员，在满足上述条件下也可以被列入退休成员名单。退休成员不用缴纳会费或受到评估；没有资格提名成员候选人，但可以提供咨询服务；没有资格就研究院事务进行投票，也没有资格选举其他成员或官员或顾问；没有资格在研究院或在常务委员会任职。但是，退休成员有权在研究委员会任职，并出席成员的年会、经常性会议和特别会议，并就研究院事务进行交流。

美国以外国家的国民，或美国的常住外国人有资格当选外国准会员，条件是他们要满足研究院对成员的要求，并不具有美国国籍。这类人在通过选举后就可以获得研究院的证书。外国准会员的职权包括：有权出席成员的年会、经常性会议和特别会议；可以就研究院的事务进行交流；可以参与研究院的技术事务。但是，外国准会员不得参与研究院的管理，也不用缴纳会费或接受评估。如果一个当选为研究院的外国准会员的人成为了美国公民，他就可以转变为研究院的正式成员，除非他自己不想这么做。

研究院的成员要被分为不同的类别，每一类别都代表工程学的一个重要分支学科。所有的正式成员和外国准会员都要归属于一个学科类别，而每一个学科类别就组成研究院的一个部门。每一个部门的批准和范围界定工作由理事会负责，它还可以确定和改变部门的数量。另外，正式成员和外国准会员只要通知内事秘书或外事秘书就可以改变自己的部门归属。总之，研究院的成员中除了无效成员都是高校创新风险的治理主体，他们通过民主的方式选拔出来，这样能够保证这些人员的专业性和代表性，使相关机构在治理创新风险时能够对风险问题更好地进行认识和把握，有利于提高风险治理的有效性。

三、医学研究院的组织结构

医学研究院有 1700 多名正式成员和外国准会员，他们贡献了大量的时间，为增进国民的健康专业知识和技能服务。每一年，研究所的全体成员都会选出 65 名新成员和 5 名外国准会员进入研究所，选择人员的主要根据是他们的专业知名度和专业成就，以及他们服务于研究所相关工作的意愿。这些成员不但包括健康保健方面的专家，还包括自然科学、社会科学、行为科学、法律、行政、工程和人文领域的专家，[6]人员组成的广泛性使他们能够从多个角度应对与医学研究的有关的创新风险问题，提高创新风险治理的有效性。

医学研究院的领导机构是理事会，它的成员由从研究所成员中选出的人构成，由它进行高校创新风险治理的决策。理事会要包括 21 名成员，其中至少 1/3 的成员要来自于医学和生物学研究领域，来自于健康领域的专家不得超过 3/4。理事会的成员要由研究所的成员选出，他们的任期为 3 年，并可以连任两届。理事会要在与院长及理事会的提名委员会协商之后确定成员的提名名单，候选人的人数至少要比要选的人数多 50%。选举的过程要在 9 月的最后一天完成，无记名选票要在那时发给研究所的成员，并在 11 月的最后一天将选票收回。如果有 10% 的成员签署请愿书，就可以在选票上增加候选人，而这样的事情要通过通知及时告知给成员。如果理事会的席位在该席位任期结束之前 6 个月出现了空缺，理事会就要选择一个代理人员服务直到任期结束。研究所的行政首长是所长，他也要从研究所的成员中选出，且要成为理事会的主席。

医学研究院的最高领导是所长，他是理事会决策的执行长官，负责召集执行委员会开会。在获得理事会的批准之后，所长要委派一个内事秘书和一个外事秘书，二者都要从研究所成员中选出。每个人的任期都是 4 年，且在必要时也可以被要求连任一期。内事秘书和外事秘书的职责要由理事会评审和批准。内事秘书和外事秘书是理事会的非投票成员，需要在所长和理事会的指导下履行自己的职责。

医学研究院的执行机构是理事会的执行委员会，它负责执行由理事会制定的风险治理政策。执行委员会由理事会批准后在理事会的两会期间活动，负责评审所有新的或修改的项目计划。执行委员会由 5 名成员构成，他们要在通过理事会的批准之后在每年年初由所长委任，且其中至少有一名成员应该来自健康专业之外的领域。

对于医学研究院的所有官员，如果他们不在、力所不及或有理事会认定

6　Institute of Medicine. Membership (EB/OL).
　　http://www.iom.edu/About-IOM/Membership.aspx, 2011-07-18/2012-03-27.

的其他原因的情况下，该官员的职权要被理事会委派给其他官员或被选出的成员或理事会的其他前官员或前成员。在研究所理事至少 14 票通过，并在国家科学院的理事会批准的前提下，研究所的理事会可因渎职、不作为或不称职等原因免去所长的职务。当所长职务出现空缺时，理事会要根据程序选择一个继任者。理事会的成员也可以由于上述原因被停职，在这种情况下，理事会要发布解释说明，同时被停职的理事也可以自愿发表声明，而相关文件则要提交给研究所成员投票认可。如果大多数成员都支持理事会的行为，该理事将被免职，理事会会安排一次特殊选举填充这一职位。

由于医学包括很多分支学科和研究领域，研究所又根据具体的研究领域组建了许多委员会，包括"非洲科学学术发展委员会"（Board on African Science Academy Development）、"儿童、青年和家庭委员会"（Board on Children, Youth, and Families）、"食品和营养委员会"（Food and Nutrition Board）、"全球健康委员会"（Board on Global Health）、"卫生保健服务委员会"（Board on Health Care Services）、"健康政策教育项目和奖金"（Health Policy Educational Programs and Fellowships）、"健康科学政策委员会"（Board on Health Sciences Policy）、"选择性人群健康委员会"（Board on the Health of Select Populations）和"人口健康和公共健康实践委员会"（Board on Population Health and Public Health Practice）等，[7]由它们在自己的权限内分别处理相关领域的创新风险问题。

研究所的成员每年要在华盛顿特区召开一次年会，而理事会也可以选择其他地方开这样的会议。在年会上研究所要处理包括与创新风险治理有关的各种项目问题。理事会一年要开不少于 4 次会议，且成员数必须达到半数。[8]

四、全国研究委员会的组织结构

全国研究委员会在成立之后主要处理与科技政策有关的工作，此外，它还在政府之外为公众提供服务，以保证就科学、技术和医学等领域的问题为人们提供独立的咨询，使包括大学教师在内的创新主体在遇到创新难题时可以及时得到帮助，降低其创新失败的风险。全国研究委员会的成员囊括了全

7　Institute of Medicine. Boards (EB/OL). http://www.iom.edu/About-IOM/Leadership-Staff/Boards.aspx, 2011-07-18/2012-03-27.

8　Institute of Medicine. INSTITUTE OF MEDICINE Charter and Bylaws (R/OL). http://www.iom.edu/About-IOM.aspx, 2006-12/2012-03-28.

国的顶级科学家、工程师以及其他专家，他们都自愿为委员会服务，其工作的结果促进了民众的健康、教育和福利，[9]对降低高校教师的创新风险也能起到积极作用。

全国研究委员会的领导机构是董事会，董事会的成员包括国家科学院的院长、副院长、财务主管、3 名由国家科学院理事会指定的其他理事会成员、国家工程院的院长、副院长、财务主管、2 名由国家工程院理事会指定的其他理事会成员、医学研究院所长和 1 名由医学研究院理事会指定的其他理事会成员。其中其他理事会成员的任期都不超过 4 年，但要超过其在理事会中的任期。

国家科学委员会的执行机构是执行委员会，它由 6 个成员组成，即国家科学院院长、其他 2 名由国家科学院院长任命的理事会成员、国家工程院院长、其他 1 名由国家工程院院长任命的理事会成员、医学研究院所长。其中，国家科学院院长要担任执行委员会主席，而各个组织的院长或所长则要从各自的理事会中任命一名执行委员会的候补成员，以防执行委员会开会时各自组织的院长或所长或普通成员不在的情况。[10]

第二节　各要素之间的关系

因协调合作机制与高校创新风险治理的其他机制相比在治理结构上的特点主要体现在内部治理结构上，因此这里在探讨各要素关系时主要侧重于组织内部各要素之间的关系。

一、协调合作式的内部各部门之间的关系

由于国家研究院的组织结构是一种网络结构，其主要决策权在于国家科学院、国家工程院、医学研究院和全国研究委员会这四个实体性组织，因此这四个组织之间并不存在隶属关系，每个组织都有自己的理事会和执行机构，负责制定和处理本组织的政策和事务。然而，这些组织之间的地位也不是完

9　National Academies. About the NAS (EB/OL).
　　http://www.nasonline.org/site/PageServer?pagename=ABOUT_main_page,　2011-07-17/2012-03-28.

10　National Academy of Sciences. Bylaws (EB/OL).
　　http://www.nasonline.org/site/PageServer?pagename=ABOUT_bylaws,
　　2011-07-18/2012-03-27.

全平等的，国家科学院地位较高，对于其他组织有一定的管理权限。如医学研究院的所长和理事会成员可因渎职、不作为或不称职等原因被停职，但这一行为必须得到国家科学院理事会的批准。另外，国家科学院的理事会还有权修改全国研究委员会的组织政策，但不能改变国家科学院与国家科学院理事会的组织关系。国家研究院的这种网络结构决定了其内部各部门之间是一种协调合作式的关系，这尤其适用于主要由各领域的专家构成的组织，它能够实现组织的权力下移，既能使各个研究领域能够较为独立地应对创新过程中的复杂情况，又在各个实体组织之间设置一定的协调机制，使其创新风险治理活动具有一定的协调性。

二、相互依存式的组织与成员之间的关系

研究院与成员之间是一种相互依存关系，这主要体现在研究院想要发挥作用就必须吸引成员参与决策。国家研究院的下属组织每年都要召开年会，如国家工程院的董事会每年要举办一次年会，并在每次年会开始之前的 30 天内，给每个正式成员和外国准会员发书面通知，使他们能够按时参加会议，共同商讨研究院的重大事宜。另外，研究院还经常通过组织交流活动、出版期刊和文献、提供学术奖励等活动直接为教师个人提供学术支持服务，帮助他们提高应对创新失败风险的能力。

三、协商互动式的成员之间的关系

组织的成员之间的关系也是一种协商互动式的关系，这主要体现在国家研究院经常组织一些会议和讲习班，在这些活动中，成员一方面对一些学术问题进行研究，以为国家政策提供建议，另一方面这些活动也为包括高校教师在内的学者们提供了对话和讨论的机会，使他们能够通过互动增进自己对某一研究问题的认识，从而推进自己在本单位的科研创新活动，减少创新活动失败风险。此外，成员在研究院管理部门的各项会议中还可以进行协商活动，通过共同协商就研究院及其下属组织的各项政策达成一致，从而推动研究院的工作，很好地发挥研究院的风险治理功能。

第三节 共同协调运行方式

就协调合作机制来说，其运行方式是一种共同协调方式。它与其他创新

风险治理机制一样要由各成员共同形成一个实体性组织负责组织的决策，但其所作出的决策对成员的影响力不如质量保证组织等利用超主体决策执行机制来治理创新风险的组织那么大，只是起到一种引导和支持的作用，成员是否要接受这种支持完全由成员自己决定。因此，在协调合作机制的运行过程中，相关的风险治理委员会主要是了解成员对创新风险方面的认识和需要，然后再根据了解到的情况对相关的问题进行协商，最后通过成员之间的相互协调达成协议，以帮助组织的成员更好地应对创新风险。具体来说，协调合作机制的运行要经历以下几个步骤：

一、成立风险治理委员会

以国家研究院为例，该组织是一个学术支持性组织，而不是专门的教师创新风险治理组织，只是在制定各种政策时会涉及到创新失败风险治理的问题，一些活动能够起到降低教师创新失败风险的作用，因此其现有的领导机构正在发挥着风险治理委员会的作用。国家研究院各个实体组织的成员都是各领域的优秀学者，他们一般是在组织的年会上通过无记名投票的形式选出的，而各个实体组织的领导机构又是从这些成员中选出的，从而保证进行创新风险治理的人员都是各个研究领域的顶级专家。

例如，国家科学院的官员和成员的选拔要通过无记名投票的形式，且每个选拔活动都要分开进行。理事会要全面监督研究院官员的选拔，要确定选拔活动举行的日期，并委任任何必要的提名委员会。成员的选拔应该在华盛顿的年会上进行，也要通过无记名投票的方式。无记名投票要举行两次，一次是在会议之前的预投票，另一次是在会上的最终投票。

国家工程院的正式成员和外国准会员也要通过选举出现，其提名和选举要遵循理事会批准的政策和程序，同时还要参考"成员政策委员会"（Membership Policy Committee）和"成员委员会"（Committee on Membership）的建议。相关的政策和程序为理事会每年确定新成员和新外国准会员的名额分配提供依据，并要求新成员的提名要由研究院的积极成员提交。相关的同行委员会（Peer Committees）要评价被提名者，并向成员委员会提出提名建议。候选人的人选由成员委员会决定，而内事秘书则要把提名名单呈送给研究院的积极成员。

每一个正式成员的选举和外国准会员的选举都要由内事秘书和外事秘书

分别发出书面通知。每一个被选为成员的人必须在选举后 60 日内书面接受任命。此外，如果不能证明内事秘书或外事秘书发过正式的选举通知，该人员的名字就不能列入正式成员的名单或外国准会员名单。在特殊的情况下，如果理事会发布命令，即使已被接受的成员也可以被免职。一个人被选为正式成员或外国准会员之后，内事秘书或外事秘书要分别负责提供盖有研究院公章的证书。正式成员的证书要有主席、院长和内事秘书的签字；外国准会员的证书要有主席、院长和外事秘书的签字。[11]在选举过后，正式成员和外国准会员只要符合成员条件，其任期都是终身性的。如果有成员辞职，辞呈要提交给院长，并由理事会处理。

国家工程院理事会的官员要由研究院的积极成员选举。在这一过程中，研究院的其他 12 名积极成员要充当顾问，他们中有 9 人要由研究院选出，3 人要由理事会选出。官员和 12 名顾问要被提名为国家工程院基金会信托董事会成员，并且要符合章程中有关基金会的规定。此外，研究院的刚卸任的前主席和前院长要在任期结束之后的一年内继续担任理事会的成员，同时他们还要被提名为国家工程院基金会的管理者。理事会的成员数可以被确定为 19 名、20 名或 21 名，具体由研究院前主席和前院长的工作量决定。理事会每个成员的任期要于选举年的 7 月 1 日开始。理事会中除官员以外的成员的任期为 3 年，并要彼此错开。每一年，研究院要选举适当数量的积极成员进入理事会代替当年任期已满的顾问。理事会中除官员以外的任何成员都不能连续任职超过 6 年。6 年任期的计算应该包括所有的不完全任期，但作为研究院官员的任期不应该被计算到顾问的服务任期中。

二、进行风险决策

针对教师创新失败风险的决策包含在国家研究院下属实体组织的领导机构的一般性决策中。如国家科学院在每年的 4 月举办年会，作出包括创新风险治理决策在内的各种相关决策。此外，委员会的理事会还有权安排其他相关会议，并负责决定会议的时间和地点。在这类会议开始前至少 60 天内，研究院成员要获得书面通知。理事会要确定这类会议的时间和地点，并要在内事秘书的指导下在适当的时候建立筹备委员会。

---

11 National Academy of Engineering. Bylaws of the National Academy of Engineering (EB/OL). http://www.nae.edu/About/leadership/Bylaws.aspx, 2011-07-18/2012-03-27.

国家工程院也要每年举办一次年会，对研究院的重大事宜进行讨论，接受任何理事会认为必要的报告；讨论理事会提出的问题；处理在这之前发生的各种事务。年会的时间和地点要由理事会决定。在每次年会开始之前的 30 天内，研究院要给每个正式成员和外国准会员发书面通知。理事会在必要时还要组织特别会议，就一些特别问题进行决策，并在特别会议开始之前至少 30 天内通知研究院成员，保证会议决策具有广泛的代表性。

国家工程院的理事会每年也要举办一次成员的年会，除此之外每年还要见至少 3 次面，每次会议的时间和地点一般在会议开始前 10 天以书面的形式通知所有的理事会成员。理事会还可以举办主席和院长发起的特别会议，另外理事会的 3 个成员签署针对主席和院长的请愿书，也可以召集特别会议，会议的目的与召集该会的人的目的一致。在特别会议上，理事会可以采取任何经常性会议中可以采取的行动，不管该行动是否在会议通知中提到。理事会的全体成员都可以参加理事会的特别会议，这种会议可以采取电话会议的形式，或利用类似的交流工具，只要所有的与会者都能听到他人的说话。通过这种方式参加特别会议必须本人亲自出席会议，而不能由他人代替。院长或内事秘书要在会议开始之前 10 天发出书面通知，或在会议开始之前 5 天发出电话通知或电子邮件通知，通知中要说明每次会议的时间、地点和目的。即使是那些签署了通知弃权书的成员也要发给他们这个通知。

三、风险治理措施的实施

国家研究院对教师创新失败风险的治理措施一般都是服务性和支持性的，其类型多样，包括组织交流活动、出版期刊文献和提供学术奖励等。在组织交流活动方面，每年国家研究院都要组织上百个会议、讲习班、研讨会、圆桌会议、常务会议以及其他交流平台，吸引高等教育以及其他公私部门最优秀的教授和学者进行相关领域的研讨活动。以国家研究院在 2004 年 6 月召开的科技可持续发展圆桌会议为例，该会议在华盛顿特区举行，旨在评审上一年的工作，并为来年的工作制定计划。在会议的众多议题中，"跨学科组织的价值和脆弱性"、"为承担创新风险创造安全空间的重要性"等议题成为人们讨论的热点，[12] 从而为国家研究院的相关部门进行创新风险治理决策奠定

---

12 National Academies. Roundtable on Science and Technology for Sustainability (EB/OL). http://sites.nationalacademies.org/PGA/sustainability/PGA_050406，2004-06-15/2011-10-13.

了基础。另外，一些仅与某学科的一个具体问题有关的研讨会对于创新风险治理也有重要意义，因为只有不同的学者在相关领域进行充分的思想交流和碰撞才有利于产生出更多的创新的火花。这些研讨会无疑是为学者们提供了产生创新火花的引火装置，为单个或少数学者在相对封闭的环境中进行创新活动所面临的失败风险开辟了有效的疏导渠道。

在出版期刊和文献方面，国家研究院为成员提供许多报告和有影响的期刊，如《国家科学院学报》（Proceedings of the National Academy of Sciences）、《动物实验研究所期刊》（Institute for Laboratory Animal Research Journal）、《通讯研究记录》（Transportation Research Record），以及各个领域最新的研究发现等。此外，国家研究院还主办和发行许多其他方面的文献，如报告、电子公报、新闻通讯、信息手册以及其他档案等，涉及科学、技术和健康等众多研究领域。

在提供学术奖励方面，国家研究院的国家科学院、国家工程院、医学研究院和全国研究委员会每年都出台一些奖项，鼓励和奖励包括大学教师在内的学者的创新成就，具体的奖项有国家科学院的"航空工程奖"（Award in Aeronautical Engineering）、"亚历山大．阿加西奖章"（Alexander Agassiz Medal）、"阿克托斯基奖章"（Arctowski Medal）、"核战争预防的行为研究奖"（Award for Behavioral Research Relevant to the Prevention of Nuclear War）和"约翰．J．卡蒂奖"（John J. Carty Award）；国家工程研究院的"亚瑟．M．比西奖"（Arthur M. Bueche Award）、"查尔斯．塔克．德雷珀奖金"（Charles Stark Draper Prize）、"创始人奖"（Founders Award）、"伯纳德．M．戈登奖金"（Bernard M. Gordon Prize）、"弗里茨．J和多洛雷斯．H．拉斯奖金"（Fritz J. and Dolores H.Russ Prize）；医学研究院的"罗伯特．伍德．约翰逊基金会健康政策奖金计划"（Robert Wood Johnson Foundation Health Policy Fellowship Program）、"古斯塔夫．O．林哈德奖"（Gustav O.Lienhard Award）、"罗达和伯纳德.萨那特国际心理健康奖金"（Rhoda and Bernard Sarnat International Prize in Mental Health）和"IOM／ANF／AAN／ANA 杰出护理专家项目"（IOM/ANF/AAN/ANA Distinguished Nurse Scholar）等。[13]上述奖项既有奖励教师科研创新的，又有奖励教师教学创新的，如国家

13 National Academies. Awards and Honors (EB/OL).
   http://www.nationalacademies.org/about/awards.html, 2011-07-17/2012-03-27.

工程院的伯纳德．M．戈登奖金（Bernard M.Gordon Prize）就是一个教学创新
奖项，该奖于 2001 年推出，主要针对工程技术领域的创新活动及成果，包括
课程设计、教学方法和技术支持学习等方面的新模式和新经验，旨在激励和
保护教师的教学创新积极性，提高学生在工程领域的领导能力和意愿。该奖
金的获得者每年评选一次，总金额为 50 万美元，其中一半直接发给教师个
人，另一半则发给教师所在的机构，以进一步促进创新活动的发展、改进和
推广。[14]可见，奖金对于降低教师教学创新风险的作用体现在两个方面，一方
面是为创新活动奠定经济基础，防止由经费不足导致的创新失败，另一方面
则确保高校为教师提供组织保障，从机构层面为教师的创新活动提供支持，
消除创新推进的阻力。

第四节 协调合作机制的功能和优势

协调合作机制适用于具有网络型内部治理结构的创新风险治理组织，这
种组织是以学术人员为基础的专业性组织，在其中发挥作用的创新风险治理
机制的合理性取决于其是否能够很好地服务于创新风险治理的目的。正如美
国的国家研究院那样，因其专业性特别强，它所要治理的是高校各学科教师
在科研方面的创新风险，主要通过教师的交流和互动提高他们对各自科研领
域的风险问题的认识，来提高他们从事科研创新的成功率。因此，国家研究
院主要通过学者自己的活动来应对自己在科研中面临的风险。由于人类的知
识领域可划分为众多学科，它的内部由按学科划分的相对独立的实体性部门
组成，因各个不同的学科彼此的学科内在逻辑不同，所以该组织需要由各实
体部门内部的专家就创新风险问题进行决策，不能不顾不同学科的发展特点，
由一个机构统一进行决策。

除了治理科研方面的创新风险，由于高校教师在承担科研任务的同时还
承担着教学任务，而教学任务是否能够有效地完成关系到高校科研工作的可
持续发展。因此，国家研究院在治理高校教师科研创新风险的同时还不忘帮
助教师应对教学创新风险，这除了通过相关的交流活动探讨有效开展教学创

---

14 National Academy of Engineering. Bernard M. Gordon Prize for Innovation in Engineering and Technology Education (EB/OL).
http://www.nae.edu/Activities/Projects/Awards/GordonPrize.aspx, 2011-06-21/2011-10-12.

新活动的方法之外，还借助相关奖项帮助教师克服教学创新方面的风险，主要表现在为其提供奖金，克服其教学创新中的经费不足问题，降低其在教学创新中的经济风险。

第七章　美国高校创新风险治理的自主合作机制

　　教师和学生的创新活动并不止于获得创新成果、获得专利，还要努力将其转化成现实的生产力，获得经济价值或社会价值，这一点在自然科学领域尤其重要。在高校中，许多创新活动就创新项目本身来说并非没有取得成功，然而却由于种种原因创新成果被束之高阁，没有被用到实践中，从而使其没有体现其价值，使创新活动没有达到预期目的。在美国高校创新风险治理的实践中，就创新成果转化这个问题上使用的较多的还包括自主合作机制，其中作为美国硅谷核心的斯坦福研究园（Stanford Research Park）是运用自主合作机制治理创新成果转化风险的典型，另外一些虚拟型的网络组织也较多使用自主合作机制帮助教师和学生转化创新成果。

第一节　斯坦福研究园的自主合作机制

　　在斯坦福研究园中，自主合作机制发挥作用主要是通过建立科技园，实现现存社会经济体制及其运行机制的变革，促进产学研合作，为教师的创新成果找到"用武之地"，降低其转化为现实的生产力的风险。斯坦福研究园（Stanford Research Park）坐落在从旧金山向南延伸到圣何塞的硅谷（Silicon Valley）中，它利用斯坦福大学的科研优势吸引了众多高新技术企业，涉及的产业有集成电路、计算机、互联网、军事电子设备、电子玩具、精密仪器制造技术、激光技术和生物科技等领域。以斯坦福研究园为界，自主合作机制的治理结构可以分为外部治理结构和内部治理结构，它们都具有网络化的形态。

一、治理结构

（一）网络型外部治理结构

斯坦福研究园的自主合作机制的治理结构分为外部治理结构和内部治理结构。外部治理结构是斯坦福研究园与政府、其他利益相关者之间形成的组织结构（见图14）。这种组织结构是一种网络结构，其中斯坦福研究园是该网络的核心。它的前身是斯坦福工业园（Stanford Industrial Park），是由斯坦福大学工程学院的院长弗雷德里克．特曼（Frederick Terman）于 1951 年创立的。工业园建立的主要目的是出租大学的土地用来赚钱，而斯坦福校园对于高技术公司的吸引力在于它们能够与斯坦福大学的科研部门和学者建立起紧密的联系，以更好促进高技术公司的创新，并尽快将大学中的创新成果商业化。最先入驻的公司是瓦里安联合公司（Varian Associates），它在斯坦福大学校园边缘建立了一个研究和发展实验室，标志着斯坦福工业园的成立，[1]而这个工业园也是世界上第一个类似的大学科技园。斯坦福工业园建立后，先后有惠普公司、劳克海德导弹与航空公司等59家高技术公司进入，这一方面得益于政府的有利政策和大量订单合同，另一方面特曼等重要人物的倡导和支持也功不可没。

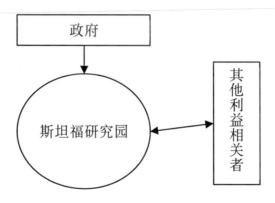

图 14　斯坦福研究园中自主合作机制的外部治理结构图

斯坦福研究园的成功离不开政府的支持，而政府也是外部治理结构的重要组成部分。政府只是从宏观的角度为斯坦福研究园提供法律和政策的支持，

1　Stanford University. History of Stanford (EB/OL).
　　http://www.stanford.edu/about/history/history_ch3.html, 2011-08-21/2012-03-27.

为大学教师和企业的合作提供有利的制度环境，并不直接干涉斯坦福研究园中的活动。除了政府之外，外部治理结构中还有其他利益相关者，它们类型多样，主要指为创新成果转化提供商业服务的组织，如金融公司、律师事务所、会计事务所、猎头公司、市场营销公司、租赁公司、设备制造公司和日常用品零售商等。它们能够为创新成果的转化提供辅助服务，帮助教师和企业处理一些与创新成果转化间接相关的事务。

（二）网络型内部治理结构

斯坦福研究园的自主合作机制的治理结构的特征主要体现在内部治理结构上，在这里主要指斯坦福研究园的内部组织结构。斯坦福研究园的前身——斯坦福工业园是由斯坦福大学和高科技公司非制度化的合作关系发展起来的。当时工业园的开创者特曼在发展大学和公司的合作关系上花费了许多精力，他鼓励大学中的教师和研究人员为公司提供咨询和服务，同时也邀请公司中的科研人员到大学中讲学，并为公司员工提供各种相关培训和专业发展课程。特曼和其他相关人员的努力使大学中的教师和高技术公司看到了合作的好处，其中之一是高校教师可以更好地将自己的科技创新成果转化为经济收益，而公司也可以更快地获得最新的技术发明。

斯坦福工业园中的合作关系推动了整个硅谷的发展。最初，硅谷中只有斯坦福大学这一所大学，主要涉及电子产业。随着斯坦福工业园在促进产学研合作和高科技创新方面的推进，硅谷在经济上获得了巨大的成功，其1998年的产值相当于当年我国 GDP 的 1/4，且培育出了英特尔公司、SUN 微公司、苹果公司和 Cisco 等世界知名的跨国公司。面对硅谷的繁荣，更多的大学加入了硅谷的创新合作行列，如加利福尼亚大学伯克利分校和加利福尼亚旧金山大学等，其所涉及的产业也有所拓展，现已经包括了科学、医学和工程学等诸多行业。[2]

从治理结构的角度来讲，由于斯坦福工业园的建立主要是为了加强大学和高技术公司之间的联系，其在内部组织结构上形成了一种网络结构，即其组织结构不像其他风险治理组织一样有各种规范的实体部门，而是由大学及其教师和高技术公司之间形成了各种各样正式和非正式合作和互动关系，这些互动关系共同构成了科技园机制的内部治理结构（见图15）。

---

2 李建军：《硅谷模式及其产学创新体制》（D）。北京：中国人民大学，2000，3-5。

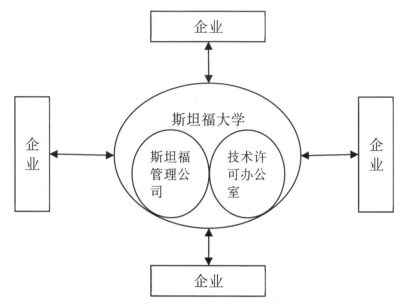

图 15　斯坦福研究园中自主合作机制的内部治理结构图

　　围绕大学及其教师与公司之间形成的各种合作关系，在斯坦福研究园中也有一些实体部门发挥管理职能和服务职能，主要包括以下两个部门：

　　1. 斯坦福管理公司（Stanford Management Company）

　　斯坦福管理公司是斯坦福研究园的管理部门。该公司成立于 1991 年，是斯坦福大学的一个部门，主要任务是投资和管理斯坦福大学所获的捐赠，以及其所拥有的动产和不动产，主要目的是为斯坦福大学的发展提供经济支持。[3]在斯坦福研究园中，斯坦福管理公司的责任是管理土地和房屋的出租，并为前来租房的公司提供后勤服务，从而为斯坦福研究园发挥风险治理作用提供必要保障。

　　斯坦福管理公司由理事会领导，理事会成员由斯坦福大学董事会委任。理事会成员包括投资和动产管理专家、斯坦福大学校长、财务处处长、斯坦福大学董事会主席，以及斯坦福管理公司的首席执行官。理事会的主要任务是批准财产分配目标、监督外部财产管理者的聘任，并评价斯坦福管理公司的投资和专业表现。斯坦福管理公司的首席执行官是经理，经理又管理着四个部门，包括投资管理部门、独立投资部门、财务、运营和行政部门以及人力资源部门，具体管理着公司内的业务。

3　Stanford University Stanford Management Company. Welcome To Stanford Management Company (EB/OL). http://www.smc.stanford.edu/, 2011/2012-03-27.

2. 斯坦福大学技术许可办公室（Office of Technology Licensing）

斯坦福大学技术许可办公室是风险治理过程中的重要部门，该办公室成立于 1970 年，[4]主要目的就是管理斯坦福大学的智力资本，将斯坦福大学中产生的创新成果转化成实实在在的产品，并给从事创新活动的教师以及支持创新活动的大学以回报，助其消解创新成果转化过程中的风险。到 1995 年，该办公室已经从一个仅有一人，只从三项技术那里获得了 5.5 万美元的试验计划，发展成了一个有独立建制，包括 20 个成员的办公室，向全世界的公司授权了 1100 多项发明，其中的 220 项都获得了回报，总额达 4400 万美元。

技术许可办公室的主要工作是进行技术许可，即对斯坦福大学各院系教师的创新成果进行评价，寻找可能对该创新成果感兴趣的公司，然后通过共同协商将创新成果授权给企业使用，并将相应的经济回报分给大学教师、合作研究者和所在的院系。在美国的其他大学，技术许可活动主要有两种模式，一种是行政模式，一种是法律模式。在行政模式中，许可活动被委托给行政人员，将其作为行政活动进行技术许可；在法律模式中，许可活动由专利律师管理，他只负责对发明专利进行保护。斯坦福大学的技术许可办公室超越了这两种模式，它所雇佣的技术许可助理要具有科学或工程学学位，还要具有企业工作经验和市场营销经验，特别还要具有技术许可经验等。他们必须能与学者、企业中的管理者和科学家、专利律师和政府赞助机构的官员进行有效地沟通。他们还要能够进行独立工作，成为有效的生意人，能够有始有终地对项目进行管理。

一般来说，每项技术转让事务都委托给单个的技术许可助理来运作，但在技术许可办公室中，也有一些促进助理间相互交流的途径。例如，技术许可助理会组成多个小组，这些小组每周召开一次会议讨论有趣的或不寻常的业务，发表意见和问题，分享有价值的工作经验，并相互之间提供帮助。此外，工作人员每月还会召开一次会议，简要评审正在协商中的技术许可事项，以加强人们对信息的了解和事务的处理。

二、各要素之间的关系

在治理结构的基础上，创新成果转化风险治理的整个系统的各要素之间

---

4 Stanford University Office of Technology Licensing. About OTL (EB/OL).
　http://otl.stanford.edu/flash.html, 2011-08-21/2012-03-27.

还需要通过互动，建立起各种相互关系，以使斯坦福研究园中的自主合作机制发挥创新风险治理的作用。具体来说，各要素之间的关系又分为斯坦福研究园与外部相关组织之间的关系，以及斯坦福研究园内部各部门和主体之间的关系。

（一）斯坦福研究园与外部相关组织之间的关系

在斯坦福研究园与外部相关组织的关系方面，政府对研究园来说主要发挥政策引导的作用，并以此对研究园的运行进行宏观调控。例如，政府对创新活动和风险投资活动的财税优惠政策对斯坦福研究园中的创新成果转化活动影响很大。这些政策对于在研发过程中投入较大的企业和风险投资活动给予税收优惠，促使教师能够更多地与企业合作进行研发活动，并能够为一些风险较大的项目寻找到资金支持，从而降低创新成果转化的经济风险。

其他利益相关者与斯坦福研究园之间是一种支持和合作的关系。首先，其他利益相关者可以为斯坦福研究园中的教师和企业提供金融类的支持和服务。由于高科技产业具有高投入、高风险、高回报的特点，高科技创新成果的成功转化没有强大的资金保证是不行的。美国的硅谷中除了有大量高新技术公司，还有许多创业投资机构和风险投资公司。据统计，美国共有 1000 多家知名风险投资公司，其中就有 600 多家设在硅谷，其密集程度高居全球榜首。[5]这些金融服务类公司提供的大量资金不但推动了高新技术的发展，而且对于教师的创新成果转化来说还起到了风险规避的作用，因为风险资本的存在可以让大学教师只需将精力放在新技术的开发和转化上，而不需要考虑资金问题，即使转化失败也不用赔偿，从而大大降低了创新成果转化的风险。其次，其他利益相关者可以为斯坦福研究园中的教师和企业提供中介服务和商业服务。由于斯坦福研究园主要是促进大学教师和企业的合作，而这些主体在进行创新成果转化活动时对随之产生的法律、会计或营销等事务可能并不擅长，由此可能为创新成果的成功转化带来风险。为此，斯坦福研究园外围的一些中介性和商业性服务公司对于研究园的顺利运行可以发挥重要作用，如律师事务所、会计公司、运输公司、广告公司、公共关系公司等。这些公司可以利用自己所掌握的各种专业知识和技能，克服由非技术性事务处理

5　王志章：《硅谷怎么办：硅谷模式文化于中国高新区建设》（M）。北京：中国档案出版社，2007，93。

不当而带来的创新成果转化风险。第三，其他利益相关者还可以为斯坦福研究园中的教师和企业提供生活方面的支持和服务。高校创新成果想要成功转化的一个基本前提就是创新主体和其他从事创新成果转化工作的人的基本生活需要能够得到满足。斯坦福研究园所在的硅谷中还不乏提供餐饮、住宿、医疗、住宿等生活服务的机构和企业，这些机构的存在为硅谷营造了一个舒适的生活环境，能够为创新主体解决生活上的后顾之忧，使他们能够全心全意投入到创新和创业活动中去。

（二）自主合作式的内部各部门和主体之间的关系

斯坦副研究园内部的实体部门较少，它们主要是分工为研究园中的组织和个人提供所在领域的服务。作为一个网络组织，斯坦福研究园内部各个节点不像其他网络组织那样都是实体部门，而是既可以是实体部门又可以是个人主体，在有的时候个人主体要直接和某个实体部门或机构互动。就实体部门来说，斯坦福研究园中直接发挥管理职能的是斯坦福管理公司，它在研究园中只发挥土地、设施和资产的管理作用，并提供相应的后勤服务。然而，斯坦福研究园中的财产管理和后勤服务也是服务于研究园的发展目标的，也就是要通过园内基础设施的管理和建设，更好地吸引高技术公司进驻研究园，为其与大学及其教师建立合作关系提供机会。

另一个在斯坦福研究园中发挥重要作用的部门是技术许可办公室。斯坦福大学对技术许可办公室的管理是相当分权化的。技术许可办公室中的技术许可助理对特定发明负有全责，他们只需遵循一般的指导方针和政策，而正是技术许可助理较高的决策权促成了技术许可活动的成功进行。在其他大学，人们也能看到一些高度集权化的管理模式，在这种模式中，技术转让部门的常规决策也要由大学的委员会、院长或副院长批准，而正是这种做法导致了事务的拖延，甚至导致了技术转化活动的失败。技术许可办公室对于高校中的创新主体和进驻研究园的企业来说扮演的主要是一种联络者的角色，它先从斯坦福大学各个学院、教师和学生那里接收创新成果，评价其商业价值，然后再制定商业许可战略，考量其技术和市场风险，决定是否为该发明申请专利，寻找可能对该发明感兴趣的企业，并在适当的时候通过许可协议授权企业对创新成果进行使用。[6]一旦创新成果成功地转化给了企业，技术许可办

6　Stanford University Office of Technology Licensing. What We Do (EB/OL).
　　http://otl.stanford.edu/about/about_what.html, 2011-08-21/2012-03-27.

公室就会将回报交给提供创新成果的院系，使从事创新活动的个人得到分成，并更好地促进整个社会的创新。技术许可办公室在促进创新成果转化时并不仅仅关注经济回报，还注重实现公共利益，尤其要关注弱势群体的利益和发展中国家在治疗、诊断和农业技术方面的问题，必要时可以将一些发明免费提供给发展中国家。

除了通过技术许可过程促成创新成果的转化，斯坦福研究园中的大学教师和公司还会在斯坦福研究园这个平台上自主建立各种合作关系，具体来说包括以下几个方面：[7]

（1）由公司赞助，与斯坦福大学的师生共同进行合作研究；

（2）举办论坛和讲习班，鼓励技术信息的交流；

（3）公司为学生提供实习岗位；

（4）公司招聘斯坦福大学的毕业生；

（5）公司邀请大学教师参加公司的董事会；

（6）公司邀请大学教师充当顾问；

（7）公司对斯坦福大学的技术许可办公室（Office of Technology Licensing）进行咨询；

（8）公司可以使用斯坦福大学的图书馆系统。

上述的各种合作关系对于减少大学教师的创新成果转化风险十分有好处。例如，大学教师和高技术公司进行的合作研究是直接按照公司的需求定制的，这就使大学教师的创新活动具有极强的针对性，创新成果产生后可直接用于公司的技术开发和产品生产，使教师不必再花时间和精力去为自己的创新成果寻找买家，直接降低创新成果转化风险。

举办论坛和讲习班可以促进大学教师和公司之间的技术信息交流，一方面公司可以了解教师的创新成果，并及时地加以利用；另一方面，教师也可以利用这个机会了解公司的需求，避免创新活动的盲目性。因此，这种类型的合作关系也可以降低教师的创新成果转化风险。

邀请教师充当公司的董事会成员或顾问也可以发挥降低教师的创新成果转化风险的作用。教师在公司任职或为公司服务可以使教师成为联系大学和公司的纽带，促使双方相互了解对方的需要和科研现状，提高大学教师创新

7　Stanford University Real Estate. Stanford Research Park (EB/OL). http://lbre.stanford.edu/realestate/research_park, 2011-08-21/2012-03-01.

成果转化率。

使用斯坦福大学的图书馆系统则可以让公司及时了解相关领域的创新情况，这不但使公司能够利用斯坦福大学教师的创新成果，还可以以此为途径了解其他大学的科研进展，从而拓宽大学教师和公司的合作范围，增加创新成果的转化数量。

总的来说，斯坦福研究园无论是通过技术许可办公室促成高校创新主体和企业形成合作关系，还是通过推出其他计划或措施促成他们的合作，高校中的教师和企业对创新成果转化和创业活动的热切态度和主动行动是合作成功的关键点。这种合作不像在其他创新风险治理组织中那样主要通过定期组织的会议和论坛来引导，而是根据创新活动和企业发展的具体情况和需要随时随地进行，而且不一定必须借助斯坦福研究园技术许可办公室等实体部门，即使借助这些部门的力量它们也只是起一些辅助性的作用，即只是在某些场合或环节帮助其找到合作对象，或促进合作关系的发展。

三、主体间协商运行方式

斯坦福研究园中的自主协商机制作用的发挥取决于研究园中的高校教师和企业能否围绕一个具体创新成果或项目建立起合作关系，实现创新成果的转化，而研究园所发挥的只是一个平台作用。因此研究园的组织化程度较低，它主要通过一些技术许可机构促成教师和企业之间的合作，通过主体间的协商达成技术许可协议，帮助教师降低创新成果转化的风险。可见技术许可过程是创新成果转化的核心程序，而围绕这一程序，高校创新主体和企业所建立的其他合作方式也是必不可少的，它们共同推动着创新风险治理过程的运转。具体来说，技术许可过程要遵循以下几个步骤：[8]

1. 公开发明。技术许可过程始于发明的公开。一般来说，所有研究赞助协议都要求公开发明，政府部门赞助的研究协议也是如此。公开发明要求研究者填写一份一页的表格，详细说明发明的名称、研究团队、研究的赞助者、研究计划提出日期、研究步骤和公开发表或其他公开形式。在提交表格的同时，还要提交对发明的描述，如向赞助者提供的出版物原件或报告等。技术许可办公室收到的每一项被公开的发明都会委托给一个技术许可助理，由他

8　Stanford University Office of Technology Licensing. A History of OTL Overview (EB/OL). http://otl.stanford.edu/about/about_history.html, 2000/2012-03-27.

负责整个技术许可过程。

2. 评价发明。在这一阶段，技术许可助理必须详细了解发明，知道其创新点和潜在的应用价值。研究者在提交发明时一般都会提供这些信息，但技术许可助理还可以从校内外的其他渠道了解相关信息，这一了解信息的过程要遵循保密协议。一般来说，技术许可助理要鉴别发明的使用价值和应用价值、它与现存技术的关系、竞争优势、创新点、潜在市场和该领域可能对其感兴趣的公司。这一信息收集的过程在其收到发明公开件以后就立即开始，并要在提交专利申请之前结束。

3. 市场运作。在评价发明之后，技术许可助理要接触潜在的被授权公司，告诉他们发明的一般情况，但并不泄露任何秘密。如他们可以向公司解释发明能够做什么，但不能详细告诉它们是怎样做到的。向公司举例说明发明的好处可以有效地引起公司的兴趣。接着，技术许可助理可以为对评价发明感兴趣的公司提供一份信息保密协议，使他们有权评价发明的细节和完整信息，但禁止他们将其用于商业用途。

有时，发明者可能会偏向某一个公司或讨厌一个愿意购买使用权的公司。在这种情况下，技术许可助理会尊重发明者的贡献，并尽可能地遵循其意愿。然而，技术许可助理也要保证其他相关人员的合法利益，如研究的赞助者、合作发明者、为发明者工作的研究生以及大学等。然而，发明到底怎样处置还是取决于技术许可助理，只要他遵循所有的指导方针、政策和正式的认可程序，就可以对相关业务进行自由裁量。

4. 商讨授权协议。如果一个公司对一项发明非常感兴趣，下一个步骤就是商讨授权协议。在这一过程中，潜在的被授权公司可能会亲自坐在桌边与作出发明的教师、其他合作研究者、技术许可助理以及其他相关人员进行协商，就相关条款的细节达成一致。由于高校具有一定的特殊性，因此它对一些条款具有豁免权。例如潜在的被授权公司可能会要求发明不侵犯外部专利权，要求大学对有关授权的所有信息保密，或要求在该领域对发明进行改进的优先权。在这种情况下，大学不必遵循这些条款，因为大学没有能力确定其他类似专利是否存在，不能禁止研究者与其他研究者进行自由地讨论或发表科学论文，也不能禁止其他研究者对同一问题进行研究或同一课题的继续研究。

5. 执行选择权。有时，一个公司可能会认为某一项技术还不成熟，可能会就选择权进行协商，这主要适用于发明还远未完成的情况。例如，即使是工业界的专家也不能判断发明的适用性、其潜在的实用价值和市场、其完成时间以及进行商业开发所需要的资源。在这种情况下，技术许可助理一般只要求其在选择期限内支付申请专利的支出。

6. 为发明申请专利。斯坦福大学的技术许可办公室只为那些能够获得回报的发明申请专利，所说的回报或者来自被授权公司，或者来自选择权的执行。然而这也不是绝对的，技术许可助理也会为一些极端重要的发明填写专利申请，即使还没有协商达成授权协议或选择权协议。如果一项发明需要申请专利，技术许可助理一般会与潜在的被授权公司协商填写专利申请。专利申请可以拿给参与协商的公司看，但要遵循保密协议。此外，由于所有的专利活动都要通过外部的专利律师事务所进行，技术许可助理需要为每项业务选择最优秀的专利律师。在这一过程中，发明者一般需要提供详细的信息和最新的实验结果，以便更好地起草和填写申请，并在以后回答专利考察员的问题。然而，并非每一项发明都要申请专利，例如软件就需要有版权进行保护，而印有斯坦福标记的标志性商品、商标符号在产品上的使用，如体恤衫、棒球帽等则不需要申请专利。

7. 管理合作关系。当授权协商完成，授权协议被执行时，技术许可助理依然要对保持授权关系负责，主要包括监督被授权公司的行为，接受报告和专利使用权费用，监督资金在发明者、发明者所在的学院，以及发明者所在的系的分配，具体的分配方式要遵循斯坦福大学的公式。有时，技术许可助理要联系被授权公司以分享信息，讨论销售绩效不佳的问题，敦促二级授权或讨论业务的改进。在最近几年，技术许可办公室还通过独立的会计公司对特定被授权公司尽行审计，以认可专利权使用费报告和其他费用，而技术许可助理则负责发起审计，并对审计进行监督。审计的结果表明，业务在运行中有时会出现一些非恶意的差错，在这种情况下，被授权公司一般会积极地改进它们的内部工作过程，以履行合同上规定的义务。

最后，如果环境发生了重大变化，技术许可助理还可以重新对协议，或协议的部分条款进行协商，以保证相关方的互利关系。

以上过程主要应对的是在创新成果转化方面个人所面对的风险，除此以外，创新成果转化活动还可能会带来社会风险，如由于创新成果的转化，新技术为企业所垄断，导致其与社会公众的利益相冲突，阻碍科技的进步等。

为了防止这类社会风险问题的出现，斯坦福研究园还要求相关方在技术许可过程中遵循九点规定。这九点规定源自于2006年夏天，斯坦福研究院院长亚瑟．比内恩斯托克（Arthur Bienenstock）召集的有关高校技术转化方面的会议，与会者有各大学的科研官员、技术许可主任和美国医学院联合会（Association of American Medical Colleges）的代表，反映了美国大学界普遍享有的核心价值观。与会者一致认为，尽管每一项技术许可事务都有不同的情况，但相关部门在进行许可时都要考虑商业需要、各自大学的价值观，以及以下的九点规定：[9]（1）大学有权保留发明的处置权，并有权允许其他非营利组织和政府组织处置被许可的发明，以保护大学的科研能力。（2）独家许可的形式应有利于技术发展和使用。（3）尽量最小化对技术"未来发展"的授权。（4）大学应该关注并帮助管理与技术转化有关的利益冲突。（5）保证人们能够普遍获得研究工具。（6）要谨慎使用强制措施。（7）注意出口规章。（8）意识到与专利联销机构合作的重要意义。（9）更多考虑未满足的需要，如那些被忽视的病人群体或地域的需要，特别关注可用于发展中国家的治疗、诊断和农业技术。

四、斯坦福研究园中自主合作机制的功能和优势

自主合作机制的主要功能是通过为高校中的创新主体和企业创造合作机会，帮助创新主体转化创新成果，减少由创新主体独自转化创新成果成本过高而造成的创新风险。许多关注高校创新成果转化的创新风险治理组织都利用自主合作机制来促进创新成果转化，但这类创新风险治理组织所组织的活动只能在特定时间段内进行，利益相关者对交流活动的参与较为被动，难以在有限的时间内充分了解对方的信息，并进行合作。斯坦福研究园中的自主合作机制恰恰能够解决这个问题，它为高校创新主体和企业建立了持久性的交流平台，让各方利益相关者在这个平台上根据自己的需要自由、主动地进行合作。同时为了减少各方合作中的障碍，斯坦福研究园还建立了技术许可办公室等实体部门作为他们合作关系的促进者。总的来说，斯坦福研究园中的自主合作机制有以下几个优势：

首先，斯坦福研究园中的自主合作机制有利于降低创新成果转化的成本。

9　Stanford University Office of Technology Licensing. In the Public Interest: Nine Points to Consider in Licensing University Technology (R/OL). http://otl.stanford.edu/about/about_why.html, 2007-06-03/2011-08-22.

创新成果转化是让创新成果实现价值的重要环节，而这一环节作用的发挥也是需要成本的，如果成本过高将会提高创新成果转化的风险。创新成果转化成本表现在信息成本和合作成本两个方面，就信息成本来说，大学教师想要将自己的研究成果转化为现实的生产力，就必须寻找到合适的企业，这便涉及到是否能及时、准确地获得相应的企业和市场信息问题。斯坦福研究园的自主合作机制的特征之一就是能够通过多种正式和非正式的渠道向教师传递有关创新成果转化的信息，一方面它设有"技术许可办公室"这一正式机构有针对性地向教师发布相关信息，另一方面它由于聚集众多高新技术企业，从而加强了教师和企业的联系，从而能够使他们之间建立各种非正式的联系，这也有利于降低信息获取和传播的成本。

除了信息成本之外，合作成本也是创新成果转化的一项必要成本，而斯坦福研究园的自主合作机制恰恰可以在降低合作成本上发挥重要作用。一方面，高新技术企业在地理上向高校的集中促进了高校教师和企业家的交流，以及高校和企业之间的文化融合，从而既增加了他们的合作机会，又提升了他们彼此间的认同感和信任感，增进了他们达成创新成果转化契约的意愿。另一方面，斯坦福研究园设有专门的技术转化机构——技术许可办公室，它能够利用专业人员为教师和企业的合作牵线搭桥，并通过各方的协商和沟通提升创新成果转化契约的完备性，降低了高校教师个人因缺乏经验而带来的合作风险。

其次，斯坦福研究园中的自主合作机制有利于发挥行业间溢出效应。行业间溢出效应又称为"上下游关联效应"，一般指一个企业在进行某项活动时，不但能够获得活动的预期结构，而且还会对其生产经营活动的上游或下游企业、组织或人员产生有益影响。在斯坦福研究园中，由于各种与高校创新活动有关的企业都聚集在一起，因此高校创新主体和相关的企业之间就能够组成创新成果转化的链条。在该链条中，高校教师可以说是创新成果的生产者，而企业则是创新成果的客户，可以说教师是企业的上游组织，而企业是高校教师的下游组织。企业在与教师合作的过程中可以通过各种方式提高教师创新活动的成功率和成果的转化率，降低创新成果转化的风险，如通过为教师的科研活动提供资金、设施和原材料提高其创新活动的成功率，从而降低创新成果转化的风险；为高校教师提供在企业中工作的机会，使他们能够了解企业运作的知识和技术，使他们在未来能够更有效地与企业合作，甚至直接通过创业活动来实现创新成果的转化；通过企业已有的人脉为高校教师寻找更多的客户，使之能够拓宽创新成果转化的对象组织。

第二节　虚拟组织的自主合作机制

斯坦福研究园尽管组织结构松散，它毕竟是建立在实实在在的土地、厂房等的基础上，实体性是较强的。然而随着生产力的发展和互联网技术的发达，美国社会上出现了一些从事创新成果转化活动的虚拟组织，它只有一个提供最基本服务的后台办公室，高校创新主体、企业和其他利益相关者的交流和互动大部分在网上进行，例如美国的全国创业技术转化委员会（National Council of Entrepreneurial Tech Transfer，简称 NCET2）就是一个利用自主合作机制进行创新风险治理的虚拟组织。

一、网络型内部治理结构

虚拟组织中的自主合作机制就治理结构来说也分为外部治理结构和内部治理结构，由于其外部治理结构与斯坦福研究园的自主合作机制的外部治理结构差异不大，即由政府对这类虚拟组织从政策法律的角度进行宏观调控，并由其他的各种利益相关组织提供各种支持，与其进行合作，因此这里主要探讨其内部治理结构。以一个从事创新成果转化活动的虚拟组织——全国创业技术转化委员会为例，该组织的服务对象是大学中从事创新活动的教师和社会上其他领域的发明家，旨在帮助大学中的创新主体发起创业计划，对创业计划进行资助，并提供创新教育。该委员会汇聚了多方利益相关者，包括发明家、经济发展组织、公共和私人投资者，通过促进他们之间的合作推进大学创新社区的建立。为此，委员会通过召开年会吸引创新的利益相关者分享经验，进行创造性的对话，并进行共同合作。[10]

为委员会提供后台服务的办公室是研究商业化和小企业创新研究中心（Research Commercialization and SBIR Center），其使命是开发大学教师创业计划，并促进超过 60 万的科学技术专业的研究生在工业部门的就业。该中心的工作重点是促进创新、商业化和技术转化，在人事制度上并不是会员制，而是向公众开放，任何对全球创新经济感兴趣的人都可能在该中心得到帮助，

---

10 National Council of Entrepreneurial Tech Transfer. About NCET2 (EB/OL). http://www.ncet2.org/about, 2011-08-23/2012-03-27.

具体包括大学教师、大学技术转化部门的行政人员和专业人员、创业计划开发的管理者和专业人员、风险投资和天使投资人、经济发展官员、大学经济发展官员、政府官员、企业家、技术许可专家、企业发展官员、公司战略投资者、当地企业家以及大学研究园的管理者等。

总的来说，委员会是一个虚拟组织，因此其组织结构是一种网络结构，唯一的实体部门是研究商业化和小企业创新研究中心，由它作出必要的决策，为委员会的运作提供必要的支持，并通过年会等形式为相关人员创造交流平台。在该组织中，人与人形成的关系大都是临时性的，只是通过会议、计划、课程和论坛等契机才使利益相关者聚在一起，其目的是为了实现组织目标而迅速对环境的变化做出反应。此外，由于组织结构虚拟性的特征，许多功能的发挥并不需要人员到场，而只需要在网上进行，因此组织对相关人员缺乏直接的控制力，组织功能的发挥需要依靠人们的相互信任。

二、各要素之间的关系

在全国创业技术转化委员会各部门之间的关系上，由于委员会是一个虚拟组织，因此它仅有的实体部门是研究商业化和小企业创新研究中心，具体负责委员会推出的各种计划，举办的各种论坛和课程等，并主要通过年会的形式发挥交流平台的作用。

在全国创业技术转化委员会与服务对象的关系上，它的服务对象非常广泛，没有会员身份的限制，在其网站上注册是免费的。委员会针对高校创新主体最主要的服务途径是大学教师创业计划，主要帮助大学教师围绕其所在的科学技术领域制定创业计划，搭建基础研究和商业产品之间的桥梁，主要利用小企业创新研究、天使和风险投资基金。在该计划中，大学教师主要专注于科学研究的部分，较为耗时的行政管理任务则由研究商业化和小企业创新研究中心承担，从而帮助大学教师和刚毕业的研究生从联邦政府的小企业创新研究计划（Small Business Innovation Research Program）申请资助，使教师所在的大学实验室获得更多的联邦投资，吸引大学毕业生在教师所在公司的就业，并使研究者及其所在大学获得技术授权收益和股份。在这一过程中，大学教师只需对公司进行命名，建立银行账户，并填写相关的经费申请，其他的大量工作由研究商业化和小企业创新研究中心为教师处理，包括：[11]

---

11 Research Commercialization and SBIR Center.. Faculty Startup Program (FSP) (EB/OL).

帮助筹建有限责任公司和企业。为帮助教师筹建公司，研究商业化和小企业创新研究中心会准备、评审和填写各种文件，包括公司章程、最初运营协议、创建者协议、咨询协议、就业协议和知识产权协议。

招聘科学和商业顾问和监督员。顾问的好坏往往关系到公司的成败，为此研究商业化和小企业创新研究中心会帮助寻找好的顾问和监督员，以使研究公司获得成功。

经费管理和法律支持。研究商业化和小企业创新研究中心会为教师提供助理，减轻教师在行政和法律工作上的负担。

建立公司网站。一个企业的运营不能缺少有效的网站，因为政府投资者、发明家和顾客首先要看公司的网站，为此研究商业化和小企业创新研究中心会帮助建立精美的公司网站，划分出公共区域和私人区域，分别来存放公共文件和保密文件、计划和市场营销材料。

开发市场营销材料。递交给政府投资者、发明家和顾客手中的材料是成功的关键，为此研究商业化和小企业创新研究中心会为教师准备市场营销材料。

商业计划咨询和评审。具有一致性的商业模式和计划是公司走向成功必不可少的，为此研究商业化和小企业创新研究中心会帮助教师进行专利和知识产权战略分析、市场分析、竞争定位和最优资源战略制定。

小企业创新研究资助申请。研究商业化和小企业创新研究中心会帮助企业的创立者准备高质量的经费申请，从而帮助教师赢得资助。

移民服务。研究商业化和小企业创新研究中心会帮助需要转变身份的外国学生留在美国，并为小企业创新研究公司工作。

关系发展。向潜在的合作者推销公司的技术是获得额外资助的途径，因而是非常重要的，为此研究商业化和小企业创新研究中心会帮助搜索全球 1000 个网站，为公司寻找合作伙伴。

- 联邦实验室关系建设。联邦实验室通常有较多的研究和研究者，可通过大学教师的公司进行商业化，为此研究商业化和小企业创新研究中心会帮助教师与合适的联邦实验室签订合作研究和发展协议（Collaborative Research and Development Agreements，简称 CRADA）。

---

http://center.ncet2.org/index.php?option=com_content&view=article&id=267:ncet2-university-start-up-program&catid=35,2011-08-23/2012-03-27.

- 筹资战略。除了小企业创新研究的初始投资之外，来自天使投资人和风险投资者的后续投资是维持公司运转的重要力量，为此研究商业化和小企业创新研究中心会帮助教师搜寻各种资源，包括天使投资人、经济发展基金和种子风险基金委员会等。
- 管理团队招聘。随着公司的成长，教师需要建立起自己的管理团队。研究商业化和小企业创新研究中心会帮助寻找有这方面经验和能力的企业家，并与其合作打造公司的管理团队和基础建制。
- 提供模板文件图书馆。研究商业化和小企业创新研究中心有完善的模板文件图书馆资源，覆盖大学教师的公司运营需要的大部分法律文件，具体包括运营协议、管理合同、分包协议、就业协议和咨询协议等。

除此以外，全国创业技术转化委员会还能够提供的其他服务包括：[12]

- 研究商业化和小企业创新研究方面的讲习班和课程，它们围绕特定的教育目的组织起来，并在结束时有考试。对于高级课程来说，通过者将会获得结业证书；
- 召开年会和网络研讨会，其中网络研讨会是免费的、更加非正式和自由的；
- 进行针对工业和小企业创新研究公司的职业介绍；
- 通过发布研究者的信息建设在线网络。

这些服务对于教师创新成果转化的风险治理能够发挥巨大作用。如举办研究商业化和小企业创新方面的讲习班和课程能够具体提高大学教师转化创新成果的意识和能力，使他们面对自己的创新成果知道如果进行商业化，了解应该到哪里寻找商业合作伙伴，以及到哪里去寻求相关支持等。

召开年会和网络研讨会是为大学教师、企业以及相关人员提供交流的平台，帮助大学教师为自己的创新成果找到买主，帮助企业在大学教师的创新成果中寻找商业价值，同时也能够帮助为创新成果转化提供中介服务的人员了解各方的需要，更好地从事创新成果转化的工作。

在网上公布研究者的信息也是帮助企业了解大学教师创新情况的有效办法，一来可以加强企业对大学教师及其创新成果的了解，二来也有利于企业为自己正在进行的创新活动找到合适的研究人员，而大学教师与企业在研究

---

12 Research Commercialization and SBIR Center (EB/OL). http://center.ncet2.org/index.php?option=com_content&view=frontpage&Itemid=1, 2011-08-23/2012-03-27.

上的合作，也可以使教师的研究成果直接为企业所用，有效降低创新成果转化风险。

在大学教师和其他利益相关者的关系上，他们之间是一种平等交流和互动的关系。他们通过对话和讨论等活动达成的共识或协议并不服务于委员会本身的决策，而只是有助于建立他们自己的合作关系，从而促进大学教师的创新成果转化。

三、主体间协商运行方式

在全国创业技术转化委员会中，自主合作机制的作用方式是一种主体间协商运行方式，创新成果的最终转化要通过教师、企业和其他的利益相关者通过相互协商才能够实现。这种模式适用于制度化和组织化程度较低的组织，主要通过定期召开会议等形式，或通过公布信息为利益相关者提供协商契机，使利益相关者间通过协商达成共识，实现对创新成果转化风险的助理。

四、虚拟组织中自主合作机制的功能和优势

作为一种网络组织，虚拟组织在治理创新成果转化风险的措施方面与实体性网络组织没有太大的差别，都是建立交流平台、提供教育培训、实施创业计划等措施帮助高校创新主体提高创新成果转化的成功率。然而不同的是，虚拟组织在进行这些活动的时候主要依靠网络平台，利益相关者可以足不出户获取所需要的信息，提升了信息流动的速度，增大了利益相关者合作的效率。虚拟组织是内部治理结构分权化的极致，这种组织中的自主合作机制更加突出创新主体及其他利益相关者合作的自主性，即创新主体要更加注重自主把握机会，与相关企业就合作方式进行自主协商，并及时根据环境的变化调整相互之间的合作策略。

在强调利益相关者发挥自主性的同时，虚拟组织还注重利用后台办公室等核心职能部门发挥协调和辅助的作用。例如全国创业技术转化委员会的"研究商业化和小企业创新研究中心"就是这样一个核心职能部门，它不仅是虚拟网络的缔造者，同时它还能承担起高校创新主体在创业过程中所不熟悉的工作，减少他们在创业过程中所遇到的风险。此外，由于虚拟组织的大部分工作依托网络进行，唯一的后台办公室规模较小，不需要建立或租用大规模的办公场所，因此可以极大地节省行政管理费用，降低创新风险治理的成本。

第八章 美国高校创新风险治理机制的治理特性及对我国的启示

第一节 美国高校创新活动风险治理机制的治理特性

美国上述几种高校创新风险治理机制虽然要解决的风险问题不同，在风险治理机制的治理结构、要素间关系和运行方式上也表现出了不同特点，但它们在本质上都是治理机制，因此可以根据治理理论的基本主张总结出它们所包含的治理特性：

第一，创新风险治理的主体是包括政府在内的多方组织和人员。治理活动强调治理主体的多重性，对美国高校创新活动的风险的治理也不例外，它的治理主体包括了与高校创新活动有关的多方组织和人员。在众多组织和人员中，处于中心地位的是各种第三部门的高校创新风险治理组织，这些组织有些将应对风险问题作为自己的主要任务，有些虽未将应对风险问题作为自己的主要任务，但因其主要任务与高校中的各种创新活动息息相关，其在工作中必须要关注创新风险问题，并要采取措施对创新风险进行治理，因此这种组织也发挥着高校创新风险治理的中心作用。围绕高校创新风险治理组织这个中心，创新风险治理的利益相关者包括了政府、企业、高校、其他第三部门组织以及相关的个人，其中政府是一个重要的利益相关者，因为治理的对象一般都是一些与社会发展和公众利益紧密相关的公共问题，而这些公共问题又都是政府这个公众利益的代言人本该关注的问题，只不过由于政府组织本身的局限性使之不能成为管理此类问题的最佳主体，才要以治理的形式吸收多方利益相关者共同参与管理，因此政府虽不一定成为创新风险治理过程中的主要治理者，但必须成为治理活动的主要参与者。事实证明，无论在针对哪种高校创新风险的治理活动中，我们都能够看到政府的影子。政府在高校创新风险治理活动中扮演的是一个支持者和监督者的角色，一方面它会为创新风险治理组织提供法律、政策、经济和信息服务等各种形式的支持，另一方面它又通过相应的政策和程序来监督和规范创新风险治理组织的行为，保证其有效运行，并充分发挥创新风险治理的作用。

第二，创新风险治理的治理结构是一个自组织的行动者网络。根据哈肯的定义，所谓自组织即一个系统的结构或功能不是外界强加的，外界仅以非特定的方式作用于该系统。[1]美国高校创新风险治理的这个行动者网络便是这样的一个自组织系统，它的中心一般是第三部门的创新风险治理组织，这种组织并不是由政府自上而下强制建立的，而是相关领域的组织和人员出于自身需要自行建立的，因此具有自组织性。自组织的存在方式是有序的，这便决定了高校创新风险治理组织中的各主体之间的互动并不是纯偶然和随机的，而是具有一定的"制度化"特征。通过考察美国高校创新活动的风险治理机制，我们可以发现由于不同的创新风险治理组织要解决的创新风险问题不同，相关人员在组织中的合作的"制度化"程度也不相同。例如，一般的教育中介组织由于是实体性的组织，组织中的成员都建立起了长期的、稳定的联系，组织事务的运行都可依照已有的章程进行；组织化程度较低的组织，如斯坦福研究园，由于并不是一般意义上的实体性教育中介组织，教师、企业和其他利益相关者之间的联系并不一定是长期的和稳定的，而是往往依托于某一个具体的创新项目或成果，进行面对面的协商和沟通。近些年来，随着高校创新风险治理实践的发展，美国的一些创新风险治理组织开始打破单独行动的状态，寻求与其他相关组织结成联盟，向更高层次的有序结构演化，以期在更大范围上利用外界的物质、能量和信息，更好地发挥创新风险治理的职能。

第三，创新风险治理的运行过程存在权力依赖关系。与普通的行政管理

1　Haken, H.(1998). Information and Self-Organization:AMacroscopic Approach to Complex Systems,Berlin,Springer-Verlag, 1988, p.11.

过程不同，美国高校创新风险治理过程的权力运行方式并不是自上而下的关系，而是一种上下互动和相互依赖的关系，也即治理主体为了实现创新风险治理目标而共同协商、分工合作，实现人力、物力和信息等资源的交换。以美国的一个大学生创新风险治理组织——全国学院发明家和创新者联盟（NCIIA）为例，该组织的一切活动都要在政府所制定的法律和政策的基础上进行，另一方面政府也会通过相关的基金会为 NCIIA 的活动提供经济支持。除了从政府处获得资助，以及从成员处收取会费以外，NCIIA 为了更好地运转还需要从其他利益相关者处获得经费，如各种第三部门的基金会和企业等。此外，在创新风险治理的具体实施过程中，NCIIA 还经常与高校合作，通过课程和教学的变革来支持学生的创新和创业活动，帮助学生克服创新活动中的风险。

第四，创新风险治理可以采用各种正式和非正式的管理工具。美国高校创新风险治理组织所形成的创新风险治理政策和措施并不是单独发挥作用，而是必然依托于政府在相关方面出台的法律和政策，这种正式的法律和政策就属于正式的管理工具。非正式的管理工具就是第三部门的创新风险治理组织所出台的各种非正式政策和措施，由于这些创新风险治理组织大都是相关组织和人员自愿组建和参与的，它们并不像政府部门一样由于依托于国家政权而具有强制性，因此它们所出台的管理工具很多都是非正式的，只是由于利益相关者对组织权威的认同而自愿在相关工作中来执行它们的政策或接受它们的指导。

第二节　我国高校创新活动在风险治理方面的缺陷

一、社会对高校创新风险问题关注不够，治理结构待完善

相较于美国来说，我国针对高校创新风险治理的组织数量和种类相对较少，能为创新风险的治理提供的治理结构基础还不够完备。就已有的少数高校创新风险治理组织来说，由于社会各界对创新风险治理问题的认识还不够充分，较少通过第三部门的相关组织来调动各方利益相关者的积极性，共同采取措施来帮助高校中的创新主体应对创新风险问题，因此这些组织还有待进一步发展。以我国的大学科技园为例，科技园是治理高校创新成果转化风险的重要组织。我国在经历了几年的发展之后已经有了一些规模较大的科技

园，如清华大学科技园总面积 50 平方米，目前已有 20 家本校企业、40 多家社会科技企业、4 个国家级和部委级的工程中心，已有 23 家企业入园接受孵化，[2]但在其发展过程中取得了较大实质性进展的只有清华大学科技园和东北大学、哈尔滨工业大学的科技园等少数几个。科技园在促进教师创新成果转化方面作用巨大，因此我国应进一步发展大学科技园以为高校创新风险治理机制的运行提供完善的治理结构基础，减少创新主体在从事创新活动时面临的创新风险。

我国的高校创新风险治理组织在经济不发达的地区数量更少。因为在经济发达地区，社会对高科技产品的需求量大，能够拿出更多的资金扶持与高校创新活动相关的社会组织，虽不一定对创新风险问题有深刻的认识，但这些组织的产生和运行必然能够在一定程度上帮助高校创新主体应对创新风险。相对于东部发达省份，中西部不发达省份经济发展程度相对较低，信息相对闭塞，资源相对较少，对高校创新风险的治理问题的重视程度还不够高，因此高校创新风险治理组织在这些地区发展较慢，创新风险治理结构还不完善。

受发展程度的限制，高校创新风险治理组织在社会上的影响还不够大，尚难以吸引到较多的高素质人才，从而限制了这些组织专业化水平和服务质量的提升空间，反过来又会使社会各界对这类组织的重视程度不能较快提高，影响了高校创新风险的有效治理和创新事业的长远发展。

二、创新风险治理组织存在行政化倾向，组织部门间关系待理顺

高校创新风险治理机制想要顺利运行，除了要具有完善的治理结构，还要求高校创新风险治理组织与外部相关组织，以及其内部各部门之间形成合理的关系，能够满足发挥风险治理作用的需要。事实上，我国的高校创新风险治理组织与内外各组织部门之间的关系存在一定的问题，主要表现为行政化倾向突出，即其管理理念、职能配置、组织建构、运转机制、决策管理等方面呈现出与行政机构相似的特征，外部对行政部门的依附性较强，内部各部门表现出科层化的特征，不能适应作为第三部门组织发挥创新风险治理作用的需要。具体来说，高校创新风险治理组织与其内外部组织部门之间关系的

---

2 唐更华、黄荣斌、汪博天：《硅谷高科技产业化的 10 大借鉴》（M）。深圳：海天出版社，2002，269。

缺陷表现在以下两个方面：

（一）高校创新风险治理组织与外部相关组织之间关系的缺陷

在高校创新风险治理组织外部的相关组织中，政府是一个重要的利益相关者，而在政府与高校创新风险治理组织之间的关系方面，中国与美国的情况是十分不同的。美国政府与创新风险治理组织的关系只有三种，一是政策引导和上传下达的关系，二是认证和被认证的关系，三是支持和合作的关系。在这三种关系中，政府或是通过法律或政策对创新风险治理组织进行宏观调控，或是以认证为手段认可组织进行创新风险治理或从事其他相关活动的资格，或作为一个平等主体为创新风险治理组织提供帮助，无论在那种关系中政府都不会直接干预创新风险治理组织的内部事务。中国政府与高校创新风险治理组织的关系却更为密切，由于中国的许多第三部门组织都脱胎于原来的行政部门，政府对第三部门组织的管理并未完全摆脱行政管理方式的影响，许多第三部门组织实际上都是依托政府。以科技中介机构为例，国外的这类组织大多数都是社会上的独立法人，而我国这种类型的组织大多数是官方和半官方性的，完全依靠自身能力独立发展的机构只占 15%左右。[3]

中国政府与高校创新风险治理组织之间的关系出现行政化倾向的根源在于组织对政府部门的资源依赖。根据美国学者菲佛的资源依赖理论，主体想要实现对某一组织的控制，需要满足以下几个条件：1. 主体要占有一些资源；2. 主体占有的资源对组织来说非常重要；3. 主体对资源的专有程度；4. 主体对资源的分配和使用权；5. 主体让组织明白其偏好的能力；6. 主体对组织自主决策和行动的控制力；7. 主体了解组织行为的能力。[4]中国政府对高校创新风险治理组织的控制强度之所以比美国大，恰恰是因为政府与组织之间资源占有和分配情况不同。美国的一些创新风险治理组织虽然也接受政府资助，但它更重要的经济来源还包括会员的会费，以及社会的捐助。即使是来源于政府的经费，政府也无权决定组织对它的具体使用方法。中国的高校创新风险治理组织的经济来源主要是政府，吸纳社会捐助的情况还不普遍。政府不但能够决定对组织经费的分配，还能够左右组织的决策和行为，有的组织在

3　刘培亭、亓昭东：《浅谈我国科技中介机构的发展》（J）。泰山学院学报，2006，
（2）：67-69。

4　〔美〕杰弗里．菲佛、杰勒尔德．R．萨兰基克：《组织的外部控制——对组织资源依赖的分析》（M）。北京：东方出版社，2006，286-287。

工作中所做的项目主要依靠政府提供项目，[5]由此导致组织行动的自主性相对较低，对政府存在较大的依赖性。

中国政府与高校创新风险治理组织的关系影响了其他相关组织与高校创新风险治理组织之间的关系。以对应对高校教师学术自由风险可以发挥重要作用的教师工会为例，由于我国的执政党是中国共产党，中国共产党是工人阶级的先锋队组织，因此我国的工会实行的是共产党领导的单一工会制，唯一的工会组织是中华全国总工会，不存在其他非党组织建立的工会。中华全国总工会在组织上横向按照产业划分为中国教科文卫体工会全国委员会、中国海员建设工会全国委员会、中国能源化学工会全国委员会、中国机冶建材工会全国委员会、中国国防邮电工会全国委员会、中国财贸轻纺烟草工会全国委员会、中国农林水利工会全国委员会等驻会全国产业工会、中华全国铁路总工会、中国民航工会全国委员会、中国金融工会全国委员会等不驻会全国产业工会，以及中共中央直属机关工会联合会、中央国家机关工会联合会。[6]在纵向上，不同的产业又在各地方建立了各级工会，从而形成了产业和地方相结合的组织原则。可以说，中华全国总工会在政府的支持下成为全国所有工会的全国性总部，高校中的所有工会都是它的分会，形成了一种等级化的统一的组织体系。在这种情况下，高校教师加入工会就是加入作为中华全国总工会基层分会的工会，即使这个工会在维护教师的合法权益、保护教师的学术自由方面并未起到特别大的作用，也不能转投其他工会。[7]虽然我国的教师工会在改善教师福利，争取教师权益方面也产生了积极影响，但由于工会中其他利益相关者对学术自由风险治理的参与较少，限制了其学术自由风险治理作用的进一步发挥。

（二）高校创新风险治理组织内部各部门之间关系的缺陷

我国政府与高校创新风险治理组织之间关系的行政化倾向传导到高校创新风险治理组织内部就是组织的各部门之间的关系表现出一种科层化的特征。以我国的科技园为例，自从硅谷的斯坦福研究园在促进创新成果转化方

---

5 高艳利：《我国高等教育中介组织生存发展问题及对策研究》（D）。长沙：湖南大学，2007，29。

6 中华人民共和国中央人民政府.中华全国总工会（EB/OL）. http://www.gov.cn/test/2005-06/28/content_18094.html, 2005-06-28/2011-09-14.

7 邱立成：《社会主义市场经济条件下的工会法制架构》（A）；丁刚：《现代大学制度下的中国高校工会》（C）。长春：吉林大学出版社，2011，44。

面取得成功后，我国也模仿硅谷的模式依托大学建立了许多科技园。据统计，1998 年，我国各高校在周边或高新技术开发区建立起了 10 多个大学科技园。到 1999 年，大学科技园已发展到 36 个，其中有 15 个大学科技园已被国家科技部和教育部确定为全国试点科技园。[8]大学科技园的建立在推动创新成果转化方面的贡献是巨大的，但在取得的成就方面则逊于硅谷，其中一个重要的原因是政府对科技园的行政干预使科技园的组织结构在科技园功能的发挥方面造成了一定的影响。我国的科技园内部的各部门和主体并没有像斯坦福研究园那样在网络型内部治理结构的基础上形成一种自主合作式关系，而是普遍建立了管委会，并在之下形成了包含若干行政部门的科层制模式。等级制的组织结构和命令执行式的上下级关系对教师的创新成果转化活动产生了一定的制约作用，它使大学和企业之间的交流和合作有时会面临一些行政障碍，使信息交流和传播的顺畅程度有所减弱。

其他类型的高校创新风险治理组织也是如此，以具有分会式结构的教师工会为例，美国高校中的基层工会组织虽隶属于上级总会，但他们在运行过程中却保持着一定的独立性，这使它们能够根据所在高校的学术自由情况采取一些具有针对性和适宜性的措施。我国在高校中也有基层的工会组织，但由于其在运行上实行的是一种行政式的下级服从上级的制度，在一定程度上可能对其工作的主动性和灵活性产生制约。另外，高校中的工会对于所在单位的行政机构也表现出较强的依赖性，其主要原因是工会运行所需要的经费主要来自所在单位行政部门的拨款。经济上的不独立在一定程度上会限制组织上的独立性，基层工会的管理者多由高校的相关领导任命，这样一来高校行政部门对于工会管理者的影响力较大，使其在从事维护教师权利的相关工作时难免会有所牵制。

三、高校创新风险治理程序待健全，治理措施较少

我国第三部门组织本身的制度建设有待进一步完善，社会各界对高校创新风险治理的关注度有待提高，因此现有的一些高校创新风险治理组织尚未形成健全的创新风险治理程序。创新风险的治理是一个多方利益相关者共同参与的过程，这就需要组建创新风险治理委员会，或让已有的相关委员会承

8　唐更华、黄荣斌、汪博天：《硅谷高科技产业化的 10 大借鉴》（M）。深圳：海天
　　出版社，2002，239。

担创新风险治理的任务。在这一过程中，人员的选拔十分重要，因为人员的组成情况决定了所做出的决策是否有代表性，是否能够照顾到不同利益相关者对风险问题的认识。然而，中国的高校创新风险治理组织在内部管理上存在一定的行政化倾向，对人员的组成和选拔尚未出台较为完备的规定，决策时的制度和程序有待进一步健全，有时对于某件事情主要由领导者进行决策，具有一定的主观随意性。创新风险治理在最后需要制定风险治理战略，明确未来应对风险问题的方向和重点，然而我国许多第三部门的相关组织制定风险战略的意识还不够强，尚未形成较为丰富的风险治理政策。

通过创新风险治理过程制定出风险治理战略之后，还需运用具体的创新风险治理措施对各种创新风险进行治理，从而将战略落实。高校创新风险依据不同的标准可以划分为多种风险类型，而不同类型的风险又可以由多种风险因素引起，这就需要用不同的措施应对不同的风险。美国的高校创新风险治理组织往往根据具体问题采取多种措施治理创新风险，如针对教师创新失败风险，美国的一些学术团体会通过提供学术奖励的方式应对教师由于经济环境风险因素引起的创新失败风险，使教师不会因经费不足而被迫终止研究计划，或放弃成本较高的研究手段，而导致创新失败。组织交流活动、出版期刊文献等是另一类创新风险治理措施，它们可以为教师提供交流思想的平台，提高其知识能力水平，帮助其克服由于主体风险因素引起的创新失败风险。例如，组织学术交流活动可以使教师在交流中受到同行的启发，将已有的创新观念进一步拓展和深化，减少观念向现实转化的障碍，从而降低因思维固化造成的创新失败风险。出版学术期刊一方面可以起到与学术交流活动同样的作用，使教师在阅读他人的研究成果时为自己的研究活动找到新的灵感，另一方面还可以使教师获得更多的知识资源，降低教师在研究时知识储备不足而导致的创新风险。我国社会上的学术支持性组织相对较少，所出台的应对教师创新活动中的失败风险的措施还不够丰富多样。

针对教师创新成果转化风险，美国的一些基金会、关注高校创新活动的专业协会以及大学科技园都会从不同的角度采取措施帮助教师应对创新风险。例如，相关的基金会一般会通过为教师的创新成果转化项目提供资助帮助其应对转化过程中的经济环境风险因素；专业协会经常会为从事创新成果转化工作的人员提供各种培训，增进他们进行创新成果转化的能力，以克服由于相关工作人员的主体风险因素导致的创新成果转化风险；大学科技园则一般会在相关的大学中设立技术许可办公室，帮助教师降低与企业的合作成本，应对创新成果转化实践中的各种风险。相比之下，中国的创新成果转化风险治理组织的作用尚未得到充分发挥。据统计，中国的高校和相关科研机构每年大约产出 3 万项科技创新成果，能够实现创新成果转化的只占 20%，而真正能够实现商品化和产业化的只占 5%。可见，我国的高校创新成果转化这一环节存在一定的问题，相关的创新成果转化组织发挥的作用有待进一步加强，从而有效减少从事创新活动的教师面临的风险。

针对教师学术自由风险，美国主要的治理组织由专业组织和工会组织两种，采取的风险治理措施多样，但最为主要的是学术自由谴责和集体谈判制度。这两种措施出现得较早，存在时间长，目前已发展得较为成熟，对于保护高校教师的学术自由发挥了积极的作用。我国目前并不存在类似美国那样的教师专业组织，现有的教师工会组织所发挥的作用也有待加强，因此治理教师学术自由风险的措施有待增加。

针对教育行政人员创新风险和学生创新风险，美国由于存在各种各样的服务于教育行政人员和高校学生的组织，其中与治理创新风险有关的组织也非常繁多，因此这些组织会从创新主体所遇到的环境风险因素、主体风险因素和实践风险因素等出发，采取多种措施，如提供奖励资助、发布信息资源、组治交流活动以及推出研究和教育计划等，帮助创新主体克服因不同原因引起的风险，提高创新成功的几率。我国由于专门的教育行政人员以及学生组织数量较少，能够为高校中的这类创新主体所提供的风险治理措施也是较少的。

第三节　建立和完善我国高校创新风险治理机制的策略

高校中进行的创新活动具有高不确定性，经常会面对各种各样的风险，这就需要发挥多方利益相关者的力量对创新风险进行治理。为了降低或减少失败风险，我们需要借鉴美国经验，建立起完善的教师创新失败风险治理机制，从而帮助高校中的各类创新主体降低或消除在教学、科研和社会服务过程中面临的创新风险。

一、推动第三部门创新风险治理组织的建设

所谓"治理"就是要强调多方利益相关者的共同参与，尤其是如果想让

它达至一种"善治"状态就要求公民的自愿合作和对权威的自觉认同，因此高校创新风险的治理光靠政府是不够的，还要依赖发达的公民社会和公民社会组织。为此，我们要建立相应的第三部门组织来承担高校创新风险治理的任务，让其成为高校创新主体应对创新风险的一大助力。首先，我国可以建立质量保证组织来承担或参与高等教育的各种评估工作，它虽不是专门的创新风险治理组织，但鉴于创新活动在高校中的重要地位，这些组织在从事质量保证工作时必然要关注创新问题，从而成为一种类型的创新风险治理组织。这些组织要有效发挥创新风险治理作用就必须在制定或参与制定高等教育质量保证政策时考虑到高校创新风险问题。由于质量保证活动所针对的高校层次和类别的不同，创新风险治理政策的侧重点也应有所不同，如针对本科教育的质量保证活动，应该将重点放在教师的教学创新风险问题上，如考察高校的办学指导思想是否鼓励创新；是否为教师在教学中的创新活动提供支持，如提供一定的教学设施、图书资源和经费支持等；教师承担的教学工作量是否适量，以使教师有一定的从事创新活动的时间；高校是否存在有利于教师创新的管理制度等。如果是针对研究生教育的质量保证活动，应该将重点放在教师的科研创新风险问题上，同时也应该兼顾教师在教学创新方面的风险，具体来说要考察高校能否为教师的科研活动提供支持，如提供科研设施、图书资源和经费支持等；高校的科研管理制度是否合理；高校是否鼓励教师在研究生教学生中进行创新等。

其次，学术团体也是一种类型的高校创新风险治理组织，它尤其可以通过提供学术支持服务对教师的创新失败风险发挥治理作用。由学术团体来提供学术支持服务，相比于由政府提供学术支持服务的优势在于，第三部门的学术团体是独立的，不受政府的意志左右，其组织的活动能够反映广大高校教师和相关研究人员的需要和利益，而不是仅仅满足政府的需要；另一方面，由学术团体提供学术支持服务，相较于由单个高校组织相关活动的优势在于，学术团体能够代表更广泛的教师和其他学术工作者，打破不同高校之间的门户之见。另外，高校不但承担着研究任务，还承担着教学任务和社会服务任务，由高校来组织相关活动有可能给高校教师带来额外的负担，而由专门提供学术支持服务的学术团体来提供相关服务，则可以减轻高校的负担，并提高所组织的活动的质量。为此，我们要建立第三部门的学术团体，使之成为教师创新失败风险的重要治理者。这种学术团体可以是大范围的，涵盖学术界的各种学科的教育中介组织，也可以是单一学科的教育中介组织。组织可以是新建的，也可以在我国现有的学术性教育中介组织的基础上发展出来，无论是通过哪种途径产生的，都要注意保持组织的相对独立性，使之真正成为由教师和多方利益相关者组成的教育中介组织，而不是教育行政部门的附庸。此外，如果没有规模较大的、涵盖多学科的学术团体，而只有以各个学科为单位的学术性教育中介组织，当这些组织获得良性发展之后，可以联结成一个网络组织，从而整合资源，提高对高校教师创新失败风险的治理层次。

　　第三，大学科技园对创新成果转化风险具有良好的治理作用，因此我们要积极促进科技园的发展，尤其要加强科技园中的创新成果转化办公室的作用。在美国的斯坦福研究园中，斯坦福大学技术许可办公室是一个相当重要的部门，可以说它是连接高校教师和高新技术企业的纽带，为教师和企业寻找合作机会，促进技术许可和创新成果的转化。斯坦福大学技术许可办公室在进行技术许可时要遵循一定的程序，它先要对斯坦福大学各院系教师的创新成果进行评价，然后根据评价的结果寻找可能对创新成果感兴趣的公司，最后通过与企业、大学教师以及其他利益相关者进行协商，将创新成果授权给企业使用，并将经济回报按照规则分配给教师、合作研究者和相关的院系。技术许可办公室的工作一方面避免了教师的创新成果不能转化的风险，另一方面又使相关专业人员介入到教师和企业的合作过程，可以降低教师自己寻找合作企业可能遇到的风险。为此，我国的大学应该加强技术许可办公室或其他相关部门的建设，完善其工作制度和程序，使其能够有效地分担教师的创新成果转化风险，使教师能够将更多的精力投入到创新活动之中。在利用创新成果转化办公室进行创新风险治理的同时，还要注重保护公共利益，降低创新成果转化给社会带来的风险。以斯坦福大学技术许可办公室为例，它在进行创新成果转化的过程中，除了帮助教师和高校追求经济效益，还注重保护公共利益，防止因企业追求私利而损害社会利益。由于大学是追求新知的场所，而新知识的产生要建立在已有知识的基础上，因此，斯坦福大学技术许可办公室规定在进行技术许可工作时要遵循几点规定：1.规定大学有权保留发明的处置权，并有权授权其他非营利组织和政府处置被许可的发明，从而保护大学的科研工作的顺利进行，不会因企业掌握了发明的使用权，就不能在已有发明的基础上继续进行创新。2.技术许可办公室在进行技术许可时不但要考虑被许可企业是否能为教师和高校带来经济效益，还要考虑该企业在掌握了该技术后，是否有改进和发展该技术的动力，这样可以防止企业在垄断该技术后止步不前，从而为公众利益的进一步实现带来损失。3.规定技术许可办公室要最小化对技术"未来发展"的授权。所谓对技术"未来发展"的授权就是让企业掌握改进和发展相关技术的权利，而其他企业或研究人员则无权对该技术进行改进和发展。因此，技术许可办公室在进行技术许可时，只是对现有的专利及其使用进行授权，而不会授予企业技术的"未来发展"权。4.规定技术许可办公室要更多关注弱势群体和欠发达地区的需要，从而使技术的转让不仅仅能够满足教师获利和企业盈利的需要，而且还注重社会价值的实现，使弱势群体和欠发达地区也能够享受科技创新的成果。为此，我国高校中的创新成果转化机构及相关部门在工作时，也要注意保护公众利益和社会价值，使创新成果转化工作不会给创新活动本身以及社会的发展造成不必要的风险。

第四，我国并无以保护学术自由为主要目的专业组织，工会组织在保护教师学术自由方面的作用还需进一步加强，因此我们应该由广大高校教师联合起来组成保护学术自由的组织，而政府的作用在于为这样的专业组织创造良好的政策环境，并对其进行必要的扶持。同时，建立起来的组织也要加强自身建设，让以高校教师为主体的多方利益相关者共同参与对学术自由风险的治理，同时要保证对学术自由问题的处理既有利于维护教师的利益，保护教师的创新力，又不能违背公共利益，防止组织成为个别教师谋取私利的工具。学术自由风险治理组织的组织结构应该采用分会模式，例如美国大学教授协会除了有全国层面的办公室，还在许多大学设有分会。分会对于保护学术自由的作用巨大：1.可以监督各地大学的学术自由状况，并及时将损害学术自由的情况报告给全国层面的办公室，进行统一处理。2.可以成为各地大学的咨询机构，使大学的管理者和其他相关人员在遇到关于学术自由的难题时能够从分会中获取信息，从而协助他们解决相关问题。3.可以影响地方政府的决策，通过对地方政府的游说以及其他政治活动，促使地方政府重视学术自由问题，并在决策时作出有利于保护学术自由的决定。为此，我国在建立保护学术自由风险治理组织时也要积极地在各大学建立分会，从而起到监督地方的学术自由状况、为高校相关人员提供咨询，以及影响相关部门的决策的作用。此外，如果我国在未来建立起了多种高校学术自由风险治理组织，还要促进他们之间合作关系的建立。美国的学术自由风险治理组织数量众多，这些组织在治理过程中并不是各行其是，而是可逐渐趋于联合，通过结成一个合作网络，以提高学术自由风险治理的层次和力度。例如，校园自由交流联盟就是由与教师学术自由相关的组织结成的联盟，包括美国大学教授协会、美国公民自由联盟、美国劳工联盟和工业组织大会、美国教师联盟、美国图书馆联合会等 20 多个组织，其目的是通过交流和合作，发挥集体的力量，更好地促进教师学术自由风险的治理。鉴于此，我国的高校教师组织在治理学术自由风险时，也应该加强与其他学术自由风险治理组织的合作，实现多个组织的联合治理，以提高其在社会上的影响力

　　第五，我国的教育中介组织中还没有专门的教育行政人员创新风险治理组织，因此未来应该加强对这方面的组织的建设。美国社会上存在着多种教育行政人员创新风险治理组织，如大学风险管理和保险协会、全国学院和大学商务官员协会、全国学院和大学律师协会、大学和学院董事会协会等。其中，大学风险管理和保险协会是一个专门的针对教育行政人员的风险治理组织，而创新风险是教育行政人员所要面临的风险之一，因此对教育行政人员创新风险的治理也是组织工作的一部分。全国学院和大学商务官员协会、全国学院和大学律师协会、大学和学院董事会协会等组织只是针对高校中的一部分行政人员建立的，因此其所关注的创新风险更具有针对性，主要是满足某一类教育行政人员的工作需要。我国在教育行政人员创新风险治理方面可以先建立一个针对高校所有类型教育行政人员的风险治理组织，待条件成熟后，再鼓励相关高校和人员建立针对不同类型教育行政人员的创新风险治理组织，为不同类型的创新风险寻找到组织依托。

　　第六，在治理学生创新风险方面，教育中介组织可以发挥巨大作用。以美国治理学生创新风险的高校组织——全国学院发明家和创新者联盟为例，该组织的成员是各大高校，旨在通过鼓励美国高校中的发明、创新和创业教育，为相关课程的开发提供资金，支持校园中创新团队的活动，加强对学生的创新教育，并促使学生的创新成果实现社会价值。如果说以高校为成员的学生创新风险治理组织在治理时还有自上而下的味道，那么以学生为成员的学生创新风险治理组织可谓是一种能够体现学生自治的组织。例如，美国健康职业学生组织就是一个对学生创新风险进行治理的学生组织，该组织的成员是健康职业领域内的学生，它旨在通过提高学生的创新能力来降低学生创新活动中的风险，从而为社会提供高素质的健康职业工作人员。我国由大学

生组成的教育中介组织较少，因此应该借鉴美国的经验组建治理学生创新风险的学生组织。这类组织应以学生为主体，同时还应该包括那些对学生创新活动感兴趣或从事相关工作的人员。由于学生组织是一个群众性的组织，为了保证组织成员的广泛性，应该在各大院校建立起组织的分会，使分会能够更有针对性地治理当地高校的学生创新风险问题。在建立分会时，总会应该对其提供帮助，如派遣一个顾问负责分会的筹建，主要职责是调动学生的积极性，召开组织会议，鼓励学生竞选分会职务等。学生创新风险治理组织在性质上属于第三部门的教育中介组织，因此应独立于政府部门，在管理上遵循自治原则，但由于我国的学生创新风险治理组织的发展还处在萌芽阶段，社会活动的经验较少，因此政府、高校以及其他相关组织应该对学生组织的建立进行扶持，为其提供法律、政策，以及人、财、物等方面的支持，以使这类组织的学生创新风险的治理作用真正能够得到发挥。

二、理顺高校创新风险治理组织的内外部关系

我国的高校创新风险治理组织与内外部组织部门间关系方面的主要问题是高校创新风险治理组织对政府存在较大的依赖性。为了理清政府和高校创新风险治理组织之间的关系，我国首先应该制定相关的法律和政策来规定政府和创新风险治理组织的权利和义务，明确应该由社会承担的责任和义务。2012 年 3 月两会期间，政府工作报告中提出要"推进依法行政和社会管理创新，理顺政府与公民和社会组织的关系"，在这些公民和社会组织中，具有高校创新风险治理功能的组织占有一席之地，因此应该让教育行政部门在一定程度上进行放权，赋予其充分的自由来履行自己的责任。

其次，高校创新风险治理组织应该建立完善的章程，保证组织的决策能够代表高校和多方利益相关者的利益。例如，美国的高级学院和大学认证委员会在章程中规定，委员会的成员由获得委员会认证的高校组成，并由高校的校长或首席执行官作为高校的代表出席各种会议。这些大学校长每年举行一次年会，而这个年会是委员会的最高权力机构，主要任务是听取委员会管理人员上一年的工作报告，讨论未来一年的工作计划以及相关问题。由大学校长组成委员会的最高权力机构来处理高等教育质量认证问题，有利于保证质量认证的专业性，使其能够遵循高等教育的发展规律。然而，高等教育又不仅仅是本行业、本地区自己的事，高等教育的顺利运转还需要多方利益相

关者的参与。因此，委员会在选拔管理人员时，不但要求大学校长提名，还要求代表中小学的学校认证委员会的会长提名，同时候选人不但要有来自高级学院和大学认证委员会所在的西部地区的人员，还要有来自西部地区以外的人员，并且要照顾到性别和种族的多样性。可见，高级学院和大学认证委员会的章程体现了多方利益相关者的治理要求，这其中又以保证大学的自治为重点，从而形成了以大学为权威，多方利益相关者参与的治理结构。我国在建立第三部门创新风险治理组织时，要制定完善的章程，明确规定组织的人员组成、各部门和人员的权利和义务、人员的选拔方式，以及会议制度等，从而使组织真正具有独立性，成为多方利益相关者治理高校创新失败风险的组织依托。

第三，改变第三部门组织以政府为主导的资金分配模式，多渠道筹措组织经费。我国应该打破第三部门组织对政府资源的过度依赖，这并不是说要减少政府对创新风险治理组织的拨款，而是要完善资金的分配和使用制度，让由多方利益相关者组成的董事会或理事会掌握对政府拨款的分配和使用权。此外，高校创新风险治理组织还要多渠道筹措组织经费，除了要收取成员高校或个人的会费，还要积极通过各种途径从其他相关组织那里获得投资和赞助，丰富组织的资金来源渠道，使政府不再是组织资金来源的唯一渠道。

三、完善高校创新风险治理的治理程序

高校创新风险治理组织是否具有完善的风险治理程序非常重要，作为该程序的第一步，首先要组建创新风险治理委员会。委员会必须保证多方利益相关者能够参与组织的决策，以实现多方利益相关者对高校创新风险的治理。例如，美国国家研究院的国家科学院的最高领导机构是理事会，理事会的成员有17人，包括5名官员，即院长、副院长、内事秘书、外事秘书、财务主管和12名顾问，这些人员都要从研究院的成员中选出，而研究院的成员必须是相关领域有一定影响力的专家。相关人员的选拔要在研究院的年会上通过无记名投票的形式进行，这样不但能够使选拔具有公正性，而且还可以保证专家治理，使理事会能在创新风险治理时作出合理的决策。

创新风险治理程序的第二步是进行风险识别，即在创新活动的风险事故发生之前运用各种方法确定创新风险有哪些，有什么表现，以及是由什么原因造成的。风险识别非常重要，因为人们只有正确地认识风险才能对其作出

评估，并进行风险决策。风险识别主要有两种方法，第一种方法是过程分析法，即先描述出创新主体所从事的创新活动的整个过程，分析在这个过程中涉及哪些创新活动，然后找出其中薄弱环节，识别出可能遇到的风险、表现、原因以及可能的损失。另一种方法是部门分析法，即将创新主体的创新活动放在一个系统中来考虑，了解系统的各个部门中存在的创新风险，包括高校中与创新相关的各个部门、高校外与创新主体有关的企事业单位，以及其他利益相关者带来的创新风险。该方法先要列出各个相关部门有利于推动创新的应有做法，然后考察各部门在现实中出现的各种偏差，寻找出现偏差的原因，预测偏差的后果，并最终确定创新风险。由于不同的利益相关者自身的利益、所处的位置以及对问题的看法不同，他们即使面对同一个环节和部门也会对创新风险产生不同的认识，因此风险识别的过程也是一个利益相关者协商互动的过程，最终要综合分析不同人的观点，以形成共识。

创新风险治理程序的第三步是风险评估，即根据上一个阶段搜集的相关信息以及达成的共识，选择恰当的风险评估工具对创新风险进行评估，从而准确判断风险的性质。一般情况下，创新活动面临的风险并不止一个，这就要求人们根据不同风险损失的大小和可能性对不同的风险进行评级。风险评估包括客观风险评估和主观风险评估两个方面，客观风险评估主要是利用统计数据衡量损失的大小和发生的概率，从而用量化的数字来标示风险的大小。然而并不是风险的所有方面都能够量化，在有些情况下，同一个风险在不同的人眼中有着不同的含义，这就涉及到风险的主观评估，即由多方利益相关者从多个角度描述自己对相关风险的评价和理解。在综合衡量风险的客观方面和主观方面之后，人们要根据风险严重程度的排序对不同的风险给予不同的对待。对于那些不良影响较大，且发生概率较高的风险要予以优先考虑，对于那些不良影响较小，而又不经常发生的风险只需要予以定期评估，从而保证人们能够将主要精力放在公认为比较重要的风险上。

治理程序的第四步是进行风险决策，即在判断了创新风险的性质之后，选择风险管理的方法和措施，制定风险治理战略。如果确定创新风险为简单风险，风险治理战略可以采用传统的风险管理方法，不需要增加额外的措施。如果确定创新风险为复杂风险，风险治理战略则可以通过增加高校创新活动的利益相关者关于创新风险的知识的方法，增强其应对风险的能力。如果确定创新风险为不确定性风险，风险战略就需要采取以预防为主的风险管理战略，增强高校创新活动的利益相关者在遭受损失后的恢复能力。如果确定创新风险为模糊风险，则意味着人们对该类风险的认识尚难取得一致，因此需要通过增强人们交流与对话的方式，来促进人们对创新风险的理解。

治理程序的第五步是执行风险治理战略。在选择好风险管理战略之后就需要对决策进行执行，在一段时间以后对执行的效果进行评估，并依据评估结果进入下一轮的风险治理。整个风险治理的过程要求相关部门和人员及时进行反馈，这种反馈一方面可以使利益相关者对相关的高校创新风险进行重新认识和评估，另一方面也可以根据人们对风险治理结果的了解重新制定风险治理战略，提高风险治理的效果。

四、采取多种措施促进对高校创新风险的治理

高校创新主体所遇到的创新风险是多种多样的，从创新主体的角度划分，可以将其分为教师创新风险、教育行政人员创新风险和学生创新风险。其中，由于教师是高校创新活动的主力，因此这里又从风险事件的角度将教师创新风险划分为教师创新失败风险、教师创新成果转化风险和教师学术自由风险，再加上教育行政人员创新风险和学生创新风险总共构成五种创新风险。这五种风险针对的创新主体不同，引起风险的原因也不尽相同。因此，本书围绕这五种创新风险，结合美国的经验分别就它们可采用的风险治理措施提出建议。

（一）丰富对教师创新失败风险的治理措施

教师创新失败风险治理的主要环节是制定风险管理战略，风险管理战略只是一个宏观的规划，要使其真正发挥风险治理的作用还要综合运用各种具体的措施。从风险因素的角度考虑，能够引起或增加教师创新活动损失机会，或加重损失程度的条件包括环境风险因素和主体风险因素等。首先，从环境风险因素的角度考虑，环境风险因素是指引起或增加教师创新活动损失机会，或加重损失程度的环境因素，包括自然环境风险因素、经济环境风险因素、社会文化环境风险因素等。从治理环境风险因素的角度考虑，我们可以采取的具体措施是多样的，如为了应对自然灾害或天灾人祸对研究设施带来的破坏和对人员生命健康带来的损害，减少对创新活动造成的损失，质量保证组织可以鼓励高校，或由教师专业协会为教师提供或介绍科技保险，包括关键研发设备保险、高管人员和关键研发人员团体健康保险和意外保险等，可以帮助高校教师分散风险，一旦损失发生能够对损失进行补偿。

经济环境风险因素是指在经济活动中引起或增加教师创新活动损失机会，或加重损失程度的因素，例如由于经济不景气，政府对高校科研活动投入减少等。为了应对经济环境风险因素，高校创新风险治理组织不但可以通过各种方式为教师的创新活动提供资助，而且还可以进行多方宣传活动，让政府和社会了解教师创新活动的重要性，保证政府对高校创新活动的投入。

社会文化环境因素是指在社会文化中引起或增加教师创新活动损失机会，或加重损失程度的因素。例如，我国长期以来受到官本位文化的影响，官员的地位高于高校教师，使许多教师不是一门心思做学问，而是积极地去寻求行政职务，从而可能会影响学术的长足发展。为此，高校创新风险治理组织一方面要加强宣传教育活动，让高校和教师深化对学术研究重要性的认识，鼓励教师更好地将精力投入到学术研究活动中，另一方面，创新失败风险治理组织可以倡导建立现代大学制度，改变高校内外部的管理制度，实现大学自治，提高学术人员的地位，克服教师创新活动的社会文化风险。

其次，从主体风险因素的角度考虑，主体风险因素主要是指由于教师的主观原因引起或增加教师创新活动的损失机会的因素，包括主体能力风险因素、主体道德风险因素和主体心理风险因素等。主体能力风险因素是指由于教师自身能力上的缺陷引起或增加教师创新活动的损失机会的因素。不同的学者从不同的角度对创新能力的要素进行了划分，如周昌忠认为创新能力包括对问题的敏锐性、统摄思维活动的能力、迁移能力、侧向思维能力、形象思维能力、联想能力、记忆力、思维的灵活性、评价能力、"联结"和反"联结"能力、产生思想的能力、预见能力、语言能力和完成能力等。可见，想要成功地完成创新活动，光是具有相关领域的专业知识还不够，还要切实提高自己的相关能力，为此，质量保证组织可以鼓励高校，或由教师专业协会在适当的时候开设一些能力提高班，帮助有需要的教师提高自己的相关能力，以更好地完成创新活动。

主体道德风险因素是指由于教师缺乏诚信或学术道德引起或增加教师创新活动的损失机会的因素。例如，个别教师由于缺乏学术道德而篡改研究数据，这样表面上让人们以为研究活动成功了，然而实际上，由于研究数据不真实，并没有真实地反应事物发展的规律，因此并不能为社会的发展和科学的发展带来任何价值，反而会对其他的研究者带来误导作用。为此，教师专业组织可以通过引入科研成果检测系统，完善同行评审制度等措施应对教师在创新活动中的道德风险，使专业组织发挥专业自律的作用。

主体心理风险因素是指由于教师的心理原因引起或增加教师创新活动的损失机会的因素。有专家研究发现，具有较高创新性的人往往具有较高的独立性、较强的求知欲、强烈的好奇心、敏锐的观察力、丰富的想象力、较强的幽默感和较顽强的意志等。为此，质量保证组织可以鼓励高校，或由教师专业组织在必要时开设一些心理辅导课，培养和加强教师与创新有关的心理素质，降低其在创新活动中的心理风险。

（二）丰富教师创新成果转化风险的治理措施

在治理教师创新成果转化风险的过程中，无论是大学科技园还是其他科技中介组织，都应该采取多种措施，拓宽教师与企业的合作渠道，为教师创造创新成果转化的机会。首先，大学科技园和其他科技中介组织应鼓励教师和相关企业进行合作研究，而不仅仅是将教师已有的创新成果转让给企业。合作研究除了可以拓宽研究经费和其他资源的来源渠道，降低创新失败风险，而且还节省了寻找企业以转化创新成果的环节，可以使项目中产生的创新成果直接为企业所用，大大降低了创新成果转化的风险。

其次，大学科技园和其他科技中介组织要举办多种形式的论坛和讲习班，鼓励科技园中的企业参加。举办多种形式的论坛和讲习班等于是为教师和企业搭建了一个交流的平台，借用平台的力量，一方面教师可以了解企业的需要，从而调整自己的研究方向，使创新成果更具有实用价值，从而降低创新成果转化的风险；另一方面，企业也可以更好地了解高校中正在进行的创新项目，找到可以为己所用的创新成果。

第三，鼓励企业聘请高校教师在企业任职。企业可以聘请高校教师参加企业的董事会，或成为企业的顾问，这种做法可以让教师参与企业的决策，从而实现高校科研项目与企业的对接，促进教师创新成果的转化；另一方面，企业也可以通过与来工作的高校教师的交流，了解高校中的科研项目，从而寻找适合企业的科研成果。

第四，允许企业利用高校的图书馆资源。想让企业了解高校教师的科研情况，除了可以举办论坛，鼓励企业聘请教师到企业工作，还可以允许企业运用高校的图书馆资源。这一方面可以吸引更多的企业入驻科技园，从而增加教师与企业的合作机会；另一方面，企业也可以利用图书馆资源加深对相关领域科研进展的了解，这不但能够使企业从开设科技园的高校中寻找可利用的创新成果和合作机会，而且还可以将合作的范围伸向其他大学，扩大创新成果转化的范围，进一步降低创新成果转化的风险。

第五，拓宽风险投资的渠道，为教师进行创新成果转化活动提供经济支持。首先，要采取措施促使政府相关部门完善有关风险投资的法律法规。我国的风险投资行为虽然在实践中有所发展，但在法律层面上却并没有专门的立法，甚至在现存经济法中有与鼓励风险投资相抵触的内容。为此我国要进行针对风险投资的专项立法，大力促进高新技术产业的发展和高校教师创新成果的转化。其次，我国的风险投资主要来自政府拨款和银行贷款，来自社会中企业和个人的投资较少，风险投资的来源渠道还不够多样化，为此高校创新风险治理组织要鼓励风险投资公司、银行、政府、高校以及其他各种类型的企事业单位进行风险投资活动，构建多元化的资本结构。第三，加速风险投资的人才培养。为了保证风险投资行业的发展，高校创新风险治理组织还应协助相关教育机构积极培养资本运作的人才，这些人不但要懂得与资本有关的事务，了解相关学科领域，懂得经营管理和市场调研，还要有极强的风险意识和抗风险能力，保证风险投资公司能够真正发挥应有的作用。

（三）丰富教师学术自由风险的治理措施

美国大学教授协会和美国教师联盟在治理学术自由风险时采用了多种措施，而这些措施可以为我国进行学术自由风险治理提供借鉴。首先，我国的学术自由风险治理组织可以通过发表学术自由原则声明来明确界定学术自由问题。美国大学教授协会自成立起，就多次发表学术自由声明。最早的一次学术自由声明《1915年学术自由和学术任期原则宣言》，界定了学术自由的含义，并阐述了与学术自由有关的问题。现在使用较为广泛的声明文件是《1940年学术自由和终身聘任制原则声明》，该声明是与美国大学和学院协会在1940年联合发布的，它在1915年声明的基础上对学术自由的相关问题进行了进一步说明，尤其是对作为学术自由重要保障的终身聘任制进行了较为细致的解释。到了1970年，美国大学在总结三十年来的经验基础上，结合当时的形势又对1940年的声明进行了解释，并对相关问题进行了修订，使之能够反映人们对学术自由的最新认识。我国目前关于学术自由的立法并不完善，社会公众对什么是学术自由，以及如何保证学术自由也缺乏了解。因此，我国的专业组织可以通过发表学术自由声明帮助人们明确对学术自由的认识，并制定具体的指导性文件指导各大学正确地贯彻学术自由原则。原则声明制定之后并不是一成不变的，而是要根据社会的发展以及学术界的最新认识进行适当的调整，这样才能保证原则声明对专业组织治理教师学术自由风险发挥有效的指导作用。另外，教师工会组织也可以通过发表学术自由声明，阐明对学术自由问题的认识。工会组织发表的学术自由声明和专业组织发表的学术自由声明可以有所不同。专业组织的学术自由声明主要是从学术发展的角度来说明学术自由的重要意义，而工会组织的学术自由声明则可着重从教师权利的角度来阐发对学术自由的认识。两个组织的学术自由声明只是从不同的角度来阐述问题，但其基本原则可以保持一致，这样就要求两类组织可以形成一定程度的合作，通过协商确定学术自由的基本原则。

其次，学术自由风险治理组织可以通过学术自由谴责活动制约高校对学术自由的侵犯。美国大学教授协会是一个第三部门的专业组织，而不是政府部门，因此它对各大学不具有强制力，只能将侵犯学术自由的大学列入谴责名单，通过公众和舆论的压力促使相关大学改正自己的行为。虽然这一措施靠社会压力发挥作用，但对学术自由还是能够起到保护作用。因此，我国的专业组织也可以借鉴这种做法，先派出调查小组对侵犯学术自由的事件进行调查，如调查属实就将该大学列入谴责名单，直到该大学改正自己的行为再把它从名单上删去。这一措施想要充分发挥作用，必须要保证相关专业组织在社会上有较高的知名度和影响力，甚至能够影响政府的法律和政策，反之，如果其在社会上缺乏影响力，则这种谴责的方式便很难发挥作用。

第三，学术自由风险治理组织可以通过政治活动影响国家政策，代表教师参与高校的民主管理。工会组织的基本职能之一是代表职工参与国家和社会事务，以及所在企事业单位的民主管理。因此各级教师工会组织有义务通过各种政治活动来影响各级政府的决策，使国家政策朝着有利于保护学术自由的方向发展。教师工会组织所进行的政治活动的类型可以多种多样，如可以通过中央和各级政府的会议发表自己对学术自由问题的看法；可以通过访问各级政府的官员以及人大代表来发表自己的意见和建议；也可以通过扩大面向公众的宣传来增进公众对学术自由问题的认识，提高对学术自由问题的重视。另一方面，高校中的工会组织要积极参与高校的民主管理，并争取自己的权利。工会参与高校的民主管理并不是只靠自身的力量就能够做到的，而是要通过多方努力推动现代大学制度的建立，使教师工会成为监督者，对学校党政权力的管理活动进行监察和督促，其目的在于维护广大教师的学术自由权利，促进我国高校对学术自由的保护。

第四，可以通过集体谈判制度处理高校中涉及学术自由的具体问题。集体谈判是美国教师联盟作为一个工会组织经常利用的一种维权方式，这一方式也可以被我国的教师工会组织所借鉴。集体谈判又被称为"集体订约，是一种谈判过程，即大学管理当局和地区主管部门与教师的双方代表参与这种谈判，旨在达成雇佣双方都能接受的并对双方均有约束力的关于工资、福利待遇、工作条件等方面的协议。"9由于美国教师联盟将学术自由也看作是教师的一种重要权利，因此当教师的学术自由遭受侵害时，美国教师联盟也采用这种方式与高校以及相关教育部门进行谈判，以维护教师的学术自由权利。

集体谈判只是对这种学术自由风险治理措施的一般性描述，在实际谈判过程中具体要采取什么手段还要根据具体的情境而定。集体谈判一般不是直接针对学术自由这个问题本身进行谈判，而是针对一些与学术自由密切相关的问题，如终身聘任制、高校的内部治理制度等。具体来说，集体谈判可以分为三个步骤，第一个步骤是准备阶段，即要评估所在工会的结构和能力，能否胜任集体谈判工作；制定工会的集体谈判目标；确定集体谈判的议程，包括调查可以参加集体谈判的成员，制定初步的集体谈判程序，通过对话、会议和电子邮件等形式征求反馈意见，并据此确定最终议程。第二个步骤是执行阶段，即要求教师、工会代表、高校管理者和相关教育部门的代表坐在一起，进行沟通和谈判。在这一过程中，要制定一个明确的谈判时间表，定期提出建议和反对意见，并注重就相关问题与广大师生进行交流。谈判时要维持融洽的气氛，同时还要保证谈判的进展，并在该过程中尽量寻求其他组织和广大师生的支持，以保证令双方满意的协议的达成。第三个步骤是后续阶段，即要使达成的协议获得利益相关者的认可，让工会的成员以及合作者看到自己的努力取得了成就，并要对他们做出的贡献予以肯定，并继续保持与利益相关者的合作关系。最后工会还要对集体谈判协议进行评估，判断其是否达到了工会的目标，还存在哪些不足，以后还要做出哪些努力，并着手准备未来可能发生的集体谈判。

可见，集体谈判本身就是一个较为微观的学术自由风险治理措施，它本身又深刻体现着治理过程的实质。集体谈判过程中涉及了多方利益相关者，

---

9 李子江：《学术自由在美国的变迁和发展》(M)。北京：北京师范大学出版社，2008，142。

包括了政府、工会、高校以及其他利益相关者，从而分担了教师自身所需面对的学术自由风险。集体谈判中的权力关系并不是自上而下命令——执行关系，而是表现为多方主体之间的沟通和协商，是一种互动的关系。集体谈判过程不仅可以利用各种正式的法律和政策，还可以利用各种非正式的管理工具。集体谈判可以用来解决许多光靠法律和政策无法解决的问题，能够调动多方利益相关者的力量，从多个角度帮助教师解决学术自由问题。为此，我国的相关组织，特别是高校中的工会组织应该充分利用集体谈判这种措施，依照国家的相关法律和政策，通过互相协商的方式，达成有关教师学术自由问题的协议，并通过多种途径争取公众的支持，巩固集体谈判的成果，为教师营造良好的学术自由氛围。

（四）丰富教育行政人员创新风险的措施

相关的高校创新风险治理组织在治理高校教育行政人员创新风险时也要从创新活动所面对的各种风险因素出发来设计风险治理措施，具体可包括以下两个方面：

首先，环境风险因素是导致高校中的教育行政人员创新风险的重要风险因素之一，如由于经济不景气政府对高校管理创新的投入减少，便有可能使教育行政人员的管理创新活动面临资金不足的风险。因此创新风险治理组织应该加强对政府和公众的宣传，让他们了解高校管理创新的重要性，促使政府保证对高校在这方面的投资，从而减少教育行政人员在创新活动中的经济风险。

其次，主体风险因素是导致高校中的教育行政人员创新风险的另一个风险因素，如教育行政人员可能会因为创新能力不足，或缺乏创新精神而容易面临失败的风险。为此，创新风险治理组织可以开设一些讲习班来加强对教育行政人员创新能力和心理素质方面的培训，以使之能够减少创新过程中的主体风险因素，提高创新的成功率。此外，美国的教育行政人员创新风险治理组织的一些做法也可资借鉴，如为教育行政人员提供信息资源，组织研讨会和其他交流活动等。这些措施有利于加深教育行政人员对于创新活动的理解，减少由于认识不足而导致的创新风险。

（五）丰富学生创新风险的治理措施

对于学生创新风险治理组织来说，它应该开发出丰富多样的创新风险治理措施，以帮助学生应对由多种原因引起的创新风险。首先，环境风险因素是引起学生创新风险的重要原因之一，对于学生创新活动来说它又包括经济环境风险因素、教育环境风险因素等。经济环境风险因素是指在经济活动中引起或增加学生创新活动损失机会，或加重损失程度的因素，例如由于经费紧张致使学生无钱开展创新活动，导致学生创新失败几率增加等。为了应对经济环境风险因素，学生创新风险治理组织可以通过多种方法为学生提供创新资助，鼓励学生大胆地进行创新活动。另一方面，学生创新风险治理组织还可以大力开展宣传活动，提高政府、高校以及其他利益相关者对学生创新活动的重视，促使他们拿出更多的资金用来支持学生创新活动。

高校的教育环境是学生生活的重要环境，因此教育环境风险因素也是学生创新活动面临的重要风险因素之一。教育环境风险因素多种多样，包括教育目标忽视对学生创新能力的培养、课程教材内容陈旧不利于培养学生创新能力、校园文化缺乏创新精神等。为了应对这些风险因素，学生创新风险治理组织也大有可为，如组织宣传教育活动，帮助高校领导者、教师和学生认识到学生创新的重要性；开展一些创新课程开发项目，鼓励高校教师开发一些培养学生创新能力的课程等。

其次，主体风险因素也是学生创新活动的重要风险因素，主要指学生缺乏创新精神和创新能力，为顺利进行创新活动造成风险等。在这方面，学生创新风险治理组织应该组织一些讲习班和教育活动，帮助学生减少主体创新风险因素。在这方面又可以分为两类措施，第一类是直接针对学生的教育活动，另一类是针对高校教师的活动，即让他们掌握培养学生创新力的方法，然后再由他们回到高校中对学生进行培养和教育。

参考文献

一、专著

1. 〔英〕彼得．泰勒-顾柏，〔德〕詹斯．O．金编著；黄觉译：《社会科学中的风险研究》(M)。北京：中国劳动社会保障出版社，2010。

2. 方勇：《高等教育与国家创新体系》(M)。重庆：西南师范大学出版社，2006。

3. 赫尔德：《治理全球化：权力、权威与全球治理》(M)。北京：社会科学文献出版社，2004.12。

4. 李金贵：《新经济挑战与高校创新》(M)。哈尔滨：哈尔滨工业大学出版社，2002。

5. 李志仁：《高等教育与国家创新体系建设》(M)。郑州：大象出版社，2005。

6. 缪鑫平：《高校创新论》(M)。长沙：湖南人民出版社，2008。

7. 冒荣：《大学精神与高校创新》(M)。青岛：中国海洋大学出版社，2009。

8. 威廉森：《治理机制》(M)。北京：中国社会科学出版社，2001。

9. 吴志成：《治理创新：欧洲治理的历史、理论与实践》(M)。天津：天津人民出版社，2003.11。

10. 熊志翔：《高等教育制度创新论》(M)。广州：广东高等教育出版社，2002.8。

11. 杨德广：《先进文化与高校创新》（M）。上海：上海交通大学出版社，2009。

12. 杨俊一、钱国靖：《知识经济与高校创新》（M）。上海：复旦大学出版社，2001。

13. 俞可平：《治理与善治》（M）。北京：社会科学文献出版社，2000。

14. 〔美〕珍妮. X. 卡斯帕森、〔美〕罗杰. E. 卡斯帕森编著；童蕴芝译：《风险的社会视野（上）：公众、风险沟通及风险的社会放大》（M）。北京：中国劳动社会保障出版社，2010。

15. 〔美〕珍妮. X. 卡斯帕森、〔美〕罗杰. E. 卡斯帕森编著；李楠、何欢译：《风险的社会视野（下）:风险分析、合作以及风险全球化》（M）。北京：中国劳动社会保障出版社，2010。

16. 朱先奇：《制度创新与中国高等教育》（M）。北京：中国社会出版社，2006。

17. Abdellaoui, Mohammed and Hey, John D. (2008), editors.Advances in decision making under risk and uncertainty.Berlin; London: Springer, c2008.

18. Ale, Ben J.M. (2009). Risk: an introduction: the concepts of risk, danger and chance. London; New York: Routledge, 2009.

19. Aven, T. (Terje) (2010). Misconceptions of risk. Chichester, West Sussex, U.K.: Wiley, c2010.

20. Aven, T. (Terje) (2008). Risk analysis: assessing uncertainties beyond expected values and probabilities. Chichester, England; Hoboken, NJ: Wiley, c2008.

21. Bammer, Gabriele and Smithson, Michael (2008).Uncertainty and risk: multidisciplinary perspectives. London; Sterling, VA: Earthscan, 2008.

22. Beck, Ulrich (2009), 1944-translated by Ciaran Cronin. World at risk. Cambridge, UK; Malden, MA: Polity, c2009.

23. Borne, Gregory (2010); with a foreword by Luke Martell; preface by Ortwin Renn. A framework for sustainable global development and the effective governance of risk.Lewiston, N.Y.: Edwin Mellen Press, c2010.

24. Bostrom, Ann, French, Steven and Gottlieb, Sara, editors (2008). Risk

assessment, modeling and decision support: strategic derections. Berlin: Springer Verlag, c2008.

25. Bouder, Frédéric, Slavin, David and Löfstedt, Ragnar E. (2007). The tolerability of risk: a new framework for risk management.London;Sterling, VA: Earthscan, 2007.

26. Cox, Louis A. (2009).Risk analysis of complex and uncertain systems.New York, NY: Springer, 2009.

27. Czarniawska, Barbara (2009); translated from Swedish by Richard Fisher.Organizing in the face of risk and threat.Cheltenham, UK; Northampton, MA: Edward Elgar, c2009.

28. Evanoff, Douglas D., Hoelscher, David S. and Kaufman, George G. (2009).Globalization and systemic risk (M). Singapore; Hackensack, N.J.: World Scientific, c2009.

29. Fichtelberg, Joseph (2010).Risk culture: performance and danger in early America. Ann Arbor: University of Michigan Press, 2010.

30. Fuentes-Nieva, Ricardo and Seck, Papa A. (2010).Risk, shocks, and human development: on the brink.New York: Palgrave Macmillan, 2010.

31. Gardner, Dan (2008). Risk: the science and politics of fear (M). Toronto: McClelland & Stewart, c2008.

32. Hörnqvist, Magnus (2010). Risk, power, and the state after Foucault. Milton Park, Abingdon, Oxon, (England); New York: Routledge, 2010.

33. Hutter, Bridget M. (2010). Anticipating risks and organizing risk regulation. Cambridge: Cambridge Univ. Pr., 2010.

34. Lidskog, Rolf, Soneryd, Linda and Uggla, Ylva (2010).Transboundary risk governance. Sterling, VA. Earthscan, 2010.

35. Lund, Mass Soldal, Solhaug, Bjornar, Stolen, Ketil and Soldal, Mass (2010). Model-Driven Risk Analysis: The CORAS Approach. Berlin: Springer Berlin, 2010.

36. Norman, Thomas L. (2010). Risk analysis and security countermeasure

selection. Boca Raton: CRC Press, c2010.

37. OECD (2010). Risk and regulatory policy: improving the governance of risk. Paris: OECD, c2010.

38. Patashnik, Eric M. (2008). Reforms at risk: what happens after major policy changes are enacted.Princeton: Princeton University Press, c2008.

39. Renn, Ortwin (2008). Risk governance: coping with uncertainty in a complex world / Ortwin Renn.London; Sterling, VA: Earthscan, 2008.

40. Renn, Ortwin and Walker, Katherine D. (2008). Global risks governance: concept and practice using the IRGC framework. Dordrecht, The Netherlands: Springer, c2008.

41. Siegrist, Michael, Earle, Timothy C. and Gutscher, Heinz (2010). Trust in risk management: uncertainty and scepticism in the public mind. Washington, D.C.: Earthscan, 2010.

42. Slovic, Paul (2010). The feeling of risk: new perspectives on risk perception. London; Washington, DC: Earthscan, 2010.

43. Svedin, Lina M., Luedtke, Adam and Hall, Thad E. (2010). Risk regulation in the United States and the European Union: controlling chaos. New York: Palgrave Macmillan, 2010.

44. Woodman, Gordon R. and Klippel, Diethelm (2009). Risk and the law. Abingdon, Oxon; New York, NY: Routledge-Cavendish, 2009.

45. Zinn, Jens O. (2008). Social theories of risk and uncertainty: an introduction. Malden, MA: Blackwell Pub., 2008.

二、学位论文

1. 蔡德章：《基于成员合作的高校创新团队组织有效性研究》（D）。哈尔滨：哈尔滨工业大学，2008。

2. 陈运平：《高校科技创新体系、能力及其对经济增长的贡献研究》（D）。南昌：南昌大学，2007。

3. 郭琳：《首都高校对科技人才自主创新的激励研究》（D）。北京：中国地质大学，2008。

4. 黄华：《西方治理理论的价值取向与理论困境》(D)。吉林：吉林大学，2006。

5. 黄姝君：《我国高等教育公共性缺失及其应对策略——基于治理理论的视角》(D)。武汉：华中科技大学，2009。

6. 何华玲：《风险社会的公共治理问题探析》(D)。苏州：苏州大学，2007。

7. 金明浩：《高校科技创新中的知识产权制度研究——以专利制度为中心》(D)。武汉：华中科技大学，2007。

8. 李钊：《民办高校办学风险防范研究》(D)。武汉：华中科技大学，2008。

9. 刘力：《产学研合作的历史考察及比较研究》(D)。杭州：浙江大学，2001。

10. 刘延松：《高校创新动力研究》(D)。西安：西安科技大学，2005。

11. 龙献忠：《从统治到治理——治理理论视野中的政府与大学关系研究》(D)。武汉：华中科技大学，2005。

12. 罗春伟：《学术自由权的法理阐释》(D)。苏州：苏州大学，2008。

13. 王磊：《大学创新学术团队研究》(D)。上海：华东师范大学，2008。

14. 王诗宗：《治理理论及其中国适用性：基于公共行政学的视角》(D)。杭州：浙江大学，2009。

15. 肖斌：《技术创新风险社会分摊研究》(D)。长沙：湖南大学，2006。

16. 杨文晓：《试论科技风险的产生与规避》(D)。厦门：厦门大学，2009。

17. 杨咏梅：《从管治到善治——基于治理理论的高校学生管理模式创新研究》(D)。上海：华东师范大学，2006。

18. 叶春生：《推行创新教育与教育管理体制研究》(D)。武汉：华中科技大学，2005。

19. 余梦：《高校知识产权保护与管理问题研究》(D)西安：西安电子科技大学，2008。

20. 于杨：《治理理论视域下现代美国大学共同治理理念与实践研究》(D)。长春：东北师范大学，2008。

21. 曾箭华：《全球治理理论的兴起及其中国视角》(D)。上海：华东师范大学，2006。

22. 张亚杰：《高校科技创新能力评价研究》（D）。武汉：武汉理工大学，2009。

23. 张永丽：《以人为本与高校创新主体的塑造》（D）。北京：中央民族大学，2004。

24. 张玉岩：《高校创新主体激励机制研究——委托代理理论的视角》（D）。西安：西安科技大学，2005。

25. 朱晓东：《大学知识创新体系研究》（D）。南京：东南大学，2005。

三、期刊文章

1. 安心、赵巧琴：《论高校创新的三个层次》（J）。辽宁教育研究，2003，（8）：38-39。

2. 程光泉：《全球化视野中的风险治理》（J）。社会主义研究，2006，（5）：101-103。

3. 雷琼：《中西大学学术自由与学术责任的历史演进与启示》（J）。广东教育学院学报，2009，（12）：80-100。

4. 李兴江、李泉：《创新及创新体系的构建》（J）。西北师大学报（社会科学版），2002，（9）：120-125。

5. 肖川：《纵览中外探索大学创新教育之路》（J）。高等教育研究（J），2006，（2）：105-107。

6. 姚锡远：《关于创新教育研究若干问题的思考》（J）。高等教育研究，2004，（1）：20-23。

7. 张成福、陈占锋、谢一帆：《风险社会与风险治理》（J）。教学与研究，2009，（5）：5-11。

8. 张炜：《高校创新的范式与管理：集成创新》（J）。中国软科学，2004，（2）：1-7。

9. 周春明、杜宁、常运琼：《地方高校社会服务的基本形式研究》（J）。湖州职业技术学院学报，2008，（3）：86-88。

10. Caniëls, Marjolein C. J., Bosch Herman van den (2011), the role of Higher

Education Institutions in building regional innovation systems. Papers in Regional Science, Volume 90, Issue 2, pages 271-286.

11. Drenth, P. J. D. (2006). Institutional Innovations in Higher Education. Annals of the New York Academy of Sciences, Volume 798, Issue 1:223-237.

12. Fulton, Oliver, Trow, Martin (1974). Research Activity in American Higher Education. Sociology of Education, vol. 47(winter):29-73.

13. Getz, Malcolm, Siegfried, John J, Anderson, Kathryn H. (1997). Adoption of innovation in higher education. The Quarterly review of economics and finance (1062-9769) Getz yr: 1997 vol: 37 iss: 3 pg: 605-631.

14. Miyata, Yukio (2000). An empirical analysis of innovative activity of universities in the United States. Technovation, Volume: 20, Issue: 8, Pages: 413-425.

15. Murray, G. (2008). On the Cutting Edge (of Torpor): Innovation and the Pace of Change in American Higher Education. AACE Journal, 16(1), 47-61. Chesapeake, VA: AACE.

16. Prager, DJ (1980). Research, innovation, and university-industry linkages. Science Volume: 207 Issue:4429 Pages:379-384.

17. Sonka, Steven T. Chicoine, David L. (2004). Value and University Innovation. American Journal of Agricultural Economics, Vol. 86, No. 5, Dec. 2004, Pages: 1337-1344.

18. Vught, Frans van (1999). Innovative universities. Tertiary Education and Management, Volume: 5, Issue:4, Page:347-354.

19. Williams, Gareth (1981). Of adversity and innovation in higher education. Studies in Higher Education, Volume 6, Number 2, 1981, pp. 131-138 (8).

四、电子文献

1. Accrediting Commission for Senior Colleges and Universities. Applying for Eligibility with WASC (EB/OL). http://www.wascsenior.org/resources/eligibility, 2011-07-16/2012-03-27.

2. AlbCrt, M.. Govemance without Govermanment? Reflections on the Orders of

the European Union (EB/OL). http://aei.Pitt.edt 盯 2431/01/002881_l.PDF, 2009-03-23/2012-03-20

3. American Association of University Professors. AAUP Constitution (EB/OL). http://www.aaup.org/AAUP/about/bus/constitution.html, 2009-06-13/2011-10-29.

4. American Association of University Professors. About the AAUP (EB/OL). http://www.aaup.org/AAUP/about/, 2011-08-26/2012-03-27.

5. American Association of University Professors. Academic Freedom and Tenure: Cedarville University (EB/OL). http://www.aaup.org/AAUP/programs/academicfreedom/investrep/2009/cedarville.html, 2009/2012-03-27.

6. American Association of University Professors. Advesory Committees (EB/OL). http://www.aaup.org/AAUP/comm/advisorycommittees.html, 2011-08-28/2012-02-10.

7. American Association of University Professors. Association Business Committees (EB/OL). http://www.aaup.org/AAUP/comm/businesscommittees.html, 2011-08-28/2012-02-10.

8. American Association of University Professors. Censure List (EB/OL). http://www.aaup.org/AAUP/about/censuredadmins/, 2011-08-26/2012-03-27.

9. American Association of University Professors. 1915 Declaration of Principles on Academic Freedom and Academic Tenure (EB/OL). http://www.aaup.org/AAUP/pubsres/policydocs/contents/1915.html, 1915/2012-03-27.

10. American Association of University Professors. Fund Governing Committees (EB/OL). http://www.aaup.org/AAUP/comm/fundcommittees.html, 2011-08-28/2012-03-27.

11. American Association of University Professors. Government Relations (EB/OL). http://www.aaup. org/AAUP/GR/, 2011-10-29/2012-03-27.

12. American Association of University Professors. On the Relationship Between AAUP Chapters and Faculty Senates (EB/OL). http://www.aaup.org/AAUP/involved/startchapter/senatesandchapters.html, 2011-08-27/2012-03-27.

13. American Association of University Professors. Special Committees (EB/OL). http://www.aaup.org/AAUP/comm/specialcomms.html, 2011-08-28/2012-02-10.

14. American Association of University Professors. State Conferences (EB/OL). http://www.aaup.org/AAUP/about/asc/default.html, 2011-08-28/2012-03-27.

15. American Association of University Professors. National AAUP Committees (EB/OL). http://www.aaup.org/AAUP/comm/default.html#contcomm, 2011-08-28/2012-03-27.

16. American Association of University Professors. State Conferences (EB/OL). http://www.aaup.org/AAUP/about/asc/default.html, 2011-08-11/2011-08-27.

17. American Association of University Professors. What is Censure (EB/OL). http://www.aaup.org/AAUP/issues/AF/censure.html, 2011-07-11/2011-08-27.

18. American Federation of Teachers. Academic Staffing Crisis (EB/OL). http://www.aft.org/issues/highered/acadstaffing.cfm, 2011-09-01/2012-02-01.

19. American Federation of Teachers. Forming a Union (EB/OL). http://www.aft.org/about/union101/ forming-union.cfm, 2011-09-01/2012-03-27.

20. Association of Governing Boards of Universities and Colleges. About AGB (EB/OL). http://agb.org/about-agb, 2011/2012-03-27.

21. Association of Governing Boards of Universities and Colleges. Centers and Initiatives (EB/OL). http://agb.org/centers-and-initiatives, 2011/2012-02-13.

22. Association of Governing Boards of Universities and Colleges. Conferences and Workshops (EB/OL).

http://agb.org/conferences-and-workshops, 2011/2012-03-27.

23. Association of Governing Boards of Universities and Colleges. Council of Presidents (EB/OL). http://agb.org/council-presidents-0, 2011/2012-03-27.

24. Bloomberg. Obama Aide Outlines Ways to Promote Innovation (Transcript) (EB/OL).http://www.bloomberg.com/news/2011-10-07/obama-aide-outlines-ways-to-promote-innovation-transcript-.html, 2011-10-07/2011-12-11.

25. Emerson, Charles D.. The Historical Compendium of URMIA (EB/OL). https://www.urmia.org/about/compendium.cfm, 1986-08/2012-03-27.

26. Free Exchange on Campus. About Free Exchange on Campus (EB/OL). http://www.freeexchangeoncampus.org/index.php?option=com_content&task=view&id=1&Itemid=2, 2006-02-15/2011-09-01.

27. Health Occupations Students of American. HOSA Bylaws (R/OL). http://www.hosa.org/natorg/hosabylaws.pdf, 2010-06/2012-03-27.

28. Health Occupations Students of American. HOSA, INC. AND THE BOARD OF DIRECTORS (EB/OL). http://www.hosa.org/natorg/secta/part1-16.html, 2011-09-07/2012-03-27.

29. Institute of Medicine. Boards (EB/OL). http://www.iom.edu/About-IOM/Leadership-Staff/Boards.aspx, 2011-07-18/2012-03-27.

30. Institute of Medicine. INSTITUTE OF MEDICINE Charter and Bylaws (R/OL). http://www.iom.edu/About-IOM.aspx, 2006-12/2012-03-28.

31. Institute of Medicine. Membership (EB/OL). http://www.iom.edu/About-IOM/Membership.aspx, 2011-07-18/2012-03-27.

32. Kauffman Foundation. FIVE-YEAR STRATEGIC DIRECTION AND STRATEGIC PLAN 2005-2009 (EB/OL). http://www.kauffman.org/uploadedFiles/KFStratPlan0509_081904.pdf, 2004/2012-03-27.

33. Kauffman Foundation. Leading Through Leverage (EB/OL). http://www.kauffman.org/Section.aspx?id=About_he_Foundation，2011-08-

24/2012-03-27.

34. Lemelson Foundation. Grantmaking (EB/OL).
    http://www.lemelson.org/grantmaking, 2010/2012-03-27.

35. Lemelson Foundation. Mission-The Lemelson Foundation is dedicated to improving lives through invention (EB/OL).
    http://www.lemelson.org/index.php, 2010/2012-03-27.

36. Massachusetts Association of Technology Transfer Offices. MATTO By-Laws (EB/OL). http://www.masstechtransfer.org/by-laws/, 2012-03-27.

37. Meyer Memorial Trust. History (EB/OL). http://www.mmt.org/history, 2011-09-05/2012-03-20.

38. Meyer Memorial Trust. Mission and Values (EB/OL).
    http://www.mmt.org/mission-and-values, 2011-09-04/2012-03-27.

39. Meyer Memorial Trust. Trustees (EB/OL). http://www.mmt.org/trustees, 2011-09-05/2012-03-13.

40. Michigan Association for Computer Users in Learning. About MACUL (EB/OL). http://www.macul.org/aboutmacul/, 2011-12-01/2012-03-27.

41. Michigan Association for Computer Users in Learning. Pre-service Innovation Award Program (EB/OL). http://sigpl.org/?page_id=47, 2011-12-01/2012-01-10.

42. Microsoft. What is the Imagine Cup (EB/OL).
    http://www.imaginecup.com/CompetitionsContent/WhatistheImagineCup.aspx, 2011-09-04/2012-03-27.

43. Middle States Commission on Higher Education. 2011 (January) Fostering A Campus Culture of Assessment (PA) (EB/OL).
    http://www.msche.org/default.asp?idWebPage=397, 2011-01-10/2011-10-12.

44. National Academies. About the NAS (EB/OL).
    http://www.nasonline.org/site/PageServer?pagename=ABOUT_main_page, 2011-07-17/2012-03-28.

45. National Academies. Awards and Honors (EB/OL).

http://www.nationalacademies.org/about/awards.html, 2011-07-17/2012-03-27.

46. National Academies. Organization List & Staff Directories (EB/OL). http://www.nationalacademies.org/directories/, 2011-07-17/2012-01-03.

47. National Academies. Roundtable on Science and Technology for Sustainability (EB/OL).http://sites.nationalacademies.org/PGA/sustainability/PGA_050406, 2004-06-15/2011-10-13.

48. National Academies. Who we are (EB/OL). http://www.nationalacademies.org/about/whoweare.html, 2011-07-17/2012-03-27.

49. National Academy of Engineering. About NAE (EB/OL). http://www.nae.edu/About.aspx, 2011-07-18/2012-01-01.

50. National Academy of Engineering. Bernard M. Gordon Prize for Innovation in Engineering and Technology Education (EB/OL). http://www.nae.edu/Activities/Projects/Awards/GordonPrize.aspx, 2011-06-21/2011-10-12.

51. National Academy of Engineering. Bylaws of the National Academy of Engineering (EB/OL). http://www.nae.edu/About/leadership/Bylaws.aspx, 2011-07-18/2012-03-27.

52. National Academy of Sciences. Bylaws (EB/OL). http://www.nasonline.org/about-nas/leadership/governing-documents/bylaws.html, 2011-10-12/2012-03-27.

53. National Academy of Sciences.Constitution (EB/OL). http://www.nasonline.org/site/PageServer?pagename=ABOUT_constitution, 2011-07-18/2012-03-27.

54. National Association of College and University Business Officers. Course Descriptions (EB/OL). http://www.nacubo.org/Events_and_Programs/Course_Descriptions.html, 2011-10-09/2012-03-27.

55. National Association of College and University Business Officers. Innovation Award (EB/OL).
http://www.nacubo.org/Membership_and_Community/NACUBO_Awards/Innovation_Award.html, 2010/2012-02-13.

56. National Association of College and University Business Officers. Reaching New Heights in Chicago (EB/OL).
http://www.nacubo.org/Business_Officer_Magazine/Magazine_Archives/September_2008/Reaching_New_Heights_in_Chicago.html, 2008/2012-03-27.

57. National Collegiate Inventors and Innovators Alliance. Advance your project or career through these events (EB/OL). http://nciia.org/competitions, 2011-09-03/2012-03-27.

58. National Collegiate Inventors and Innovators Alliance. Grants (EB/OL). http://nciia.org/grants, 2011-09-03/2012-03-06.

59. National Collegiate Inventors and Innovators Alliance. Intel ISEF (EB/OL). http://nciia.org/node/991, 2011-09-04/2012-03-06.

60. National Collegiate Inventors and Innovators Alliance. NCIIA's Student Ambassadors 2011-12 (EB/OL). http://nciia.org/ambassadors2011, 2011-09-04/2012-03-27.

61. National Collegiate Inventors and Innovators Alliance. NCIIA Student Ambassadors program (EB/OL). http://nciia.org/studentambassadorsFAQ, 2011-09-04/2012-03-01.

62. National Collegiate Inventors and Innovators Alliance. Network (EB/OL). http://nciia.org/network, 2011-09-04/2012-02-23.

63. National Collegiate Inventors and Innovators Alliance. Open 2011: NCIIA 15th Annual Conference (EB/OL). http://nciia.org/network/conference/2011, 2011-09-04/2012-02-23.

64. National Council of Entrepreneurial Tech Transfer. About NCET2 (EB/OL). http://www.ncet2.org/about, 2011-08-23/2012-03-27.

65. National Science Foundation. Engineering Innovation Center Brings Together

Tools to Launch Future Entrepreneurs (EB/OL).
http://www.nsf.gov/news/news_summ.jsp?cntn_id=121178&org=DUE&fro
m=news, 2011-07-25/2011-11-20.

66. Palo Alto Institute. About Us (EB/OL). http://paloaltoinstitute.org/about-us,
2011-11-29/2012-03-27.

67. Palo Alto Institute. Grants (EB/OL). http://paloaltoinstitute.org/grants, 2011-
11-29/2012-01-17.

68. Research Commercialization and SBIR Center. Faculty Startup Program (FSP)
(EB/OL).http://center.ncet2.org/index.php?option=com_content&view=artic
le&id=267:ncet2-university-start-up-program&catid=35, 2011-08-23/2012-
03-27.

69. Stanford University. History of Stanford (EB/OL).
http://www.stanford.edu/about/history/history_ch3.html, 2011-08-21/2012-
03-27.

70. Stanford University Office of Technology Licensing. A History of OTL
Overview (EB/OL).
http://otl.stanford.edu/about/about_history.html, 2000/2012-03-27.

71. Stanford University Office of Technology Licensing. About OTL (EB/OL).
http://otl.stanford.edu/flash.html, 2011-08-21/2012-03-27.

72. Stanford University Office of Technology Licensing. What We Do (EB/OL).
http://otl.stanford.edu/about/about_what.html, 2011-08-21/2012-03-27.

73. Stanford University Real Estate. Stanford Research Park (EB/OL).
http://lbre.stanford.edu/realestate/research_park,2011-08-21/2012-03-01.

74. Stanford University Stanford Management Company. Welcome To Stanford
Management Company (EB/OL). http://www.smc.stanford.edu/, 2011/2012-
03-27.

后　记

　　本书是由我的博士论文修改而成的，因此在回顾本书的写作历程时也不得不对我自本科到博士的十年求学历程做些交待。我在本科教育阶段读的是教育学专业，攻读硕士学位时选择从事比较教育的研究。由于我对该研究方向充满兴趣，我自然而然地将北京师范大学的国际与比较教育研究院作为我继续深造的理想之地，并最终通过不懈努力，如愿以偿地踏进了北京师范大学的校门。北京师范大学是中国师范类大学的翘楚，其中的国际与比较教育研究院是全国成立最早、规模最大、影响力最强的比较教育研究机构，能成为该院的一名博士生我深感荣幸。在这里，我师从导师马健生教授学习和研究，马老师不但有极高的学术造诣，而且在道德修养和为人处事方面也堪称典范。在他的门下我不但受到了严格的学术训练，而且在做人和做事等各个方面都受益匪浅。三年接受博士教育的历程既是艰苦的，又是充实的。在攻读博士学位期间，我除了撰写博士论文，还在前期参与了大量的课题研究，这些课题不但使我受到了充分的学术锻炼，而且也为我博士论文的撰写奠定了坚实的基础。最后，除了要感谢马老师对我博士论文的指导，还要感谢院长刘宝存老师为我提供了这个出版博士论文的机会，感谢他在我毕业参加工作之后依然给予我的关心和提携。

　　就博士论文来说，论文的题目是《美国高校创新活动的风险治理机制研究》，之所以选定这个题目是受到了导师马健生老师的很大启发的。我的导师在与我探讨学术问题时曾经对我说，当前的研究者一般都从激励的角度来刺激人们从事高校创新活动，很少有人从问题的另一面，即风险的角度来研究如何应对高校创新活动中的风险。导师的话引发了我的深思，我在查阅了相关的文献之后也深刻感受到了人们对高校创新风险问题的忽视。接着，我便开始潜心研究和思考应对高校创新风险的方式问题，并在对有关风险的理论进行一番潜心探索之后，决定采用风险治理理论作为我论文的理论基础。

然而，从风险治理的理论来研究高校创新风险问题是存在一定困难的。风险治理理论就是将治理理论引入对风险问题的研究，这里所说的治理理论从 20 世纪 90 年代之后才逐渐兴起，理论本身还不完善。而风险治理理论则更是一种新兴的理论，从 2000 年之后才开始有一些关于风险治理的论著。在导师和同门同学的鼓励之下，我并没有在困难面前却步。在论文的撰写过程中，我经常就论文各部分的内容和思路向导师请教，每次都能从导师的真知灼见中获得启发。

总之，我非常感谢导师敏锐的眼光帮助我发现了这一片被忽视的学术天地。它是我学术生涯的一个里程碑，不但将我的学术成就推向了一个新的高度，而且还为我未来的研究工作开辟了广阔的后续空间。与此同时，我还要感谢国际与比较教育研究院的其他老师，如曲恒昌老师、刘宝存老师、高益民老师、肖甦老师等，他们不但在我开题时提出了很多宝贵的意见，使我能够更好地完善文章结构，而且他们在我撰写博士论文的过程中也不断提供各方面的支持，帮助我克服学术之路上的一个又一个障碍。"独学而无友，则孤陋而寡闻"。在这里我还要感谢师门中和班级中陪伴我成长的同学们，他们是我学习中的至交好友，在我们平时的交流和讨论中经常给我提供各种中肯的意见和建议，对于我博士论文的顺利完成也发挥了重要的作用。

然而，博士论文的完成并不是一件事情的终点。俗话说，好文章是改出来的，而对于一本二十多万字的博士论文来说，字斟句酌的反复修改更是促使其不断完善的必要前提。因此，当完成论文初稿的短暂喜悦过去之后，我再次阅读自己的博士论文时发现，论文无论在结构方面，还是在一些重要内容的论述方面都有一些或多或少的瑕疵，至于论文在字、词、句、标点符号等文字方面的疏漏更是多得不可计数，于是直到答辩之前我又对其进行了多次修改。几年之后在博士论文行将出版之时，我又将论文取出重新审视，慨然发现撰写论文真是一个学无止境的过程，论文需补充修改之处甚多，然而由于书稿交稿截止日期已至，许多遗憾之处或许只能留待日后去弥补。

虽有遗憾，但我心中更多的是欣喜和对周围人的感恩之情。在这里，我要再次感谢我的导师马老师、院长刘宝存老师、比较教育学院的其他老师、我的父母亲人、我的同学朋友，以及在我求学过程中所有帮助过我的人，并将本书作为一件礼物献给他们，感谢他们为我完成本书而给予我的各方面支持、关心和爱护！

孙珂

2021 年 9 月 1 日